KB198104

번아웃 로그아웃

BURNOUT

번아웃 최고 권위자가 제시하는 지속 가능한 직장 문화

번아웃
로그아웃

크리스티나 매슬랙, 마이클 P. 라이터 지음 | 이주만 옮김

LOGOUT

상상스퀘어

일러두기 ───

1. 이 책에서 수록된 참고 문헌 중 국내 출간된 도서는 번역된 제목만 표기하고, 국내 미출간 도서는 번역된 제목 옆에 원서 제목을 처음에만 병기했습니다.

2. 이 책에 나오는 외래어는 국립국어원 외래어표기법을 따랐으나, 외래어표기법과 다르게 통용되는 일부 용어의 경우에는 예외를 두었습니다.

우리에게 개인적인 사연을 들려주고 경험을 나누고

우리가 던진 질문에 대답하며

번아웃을 조명해준 모든 이에게 이 책을 바친다.

팬데믹으로 인해 업무 방식이 많이 달라진 이후 매슬랙, 라이터의 연구는 더 크게 주목받으며 인정받고 있다.

_〈블룸버그〉

이 책은 번아웃을 개인 문제로만 규정한다면 지속 가능한 해결책을 찾을 수 없다는 중요한 통찰을 전한다. 건강한 직장 문화를 만들고 노동력 부족 문제를 극복하는 데 실질적인 도움을 받을 수 있을 것이다.

_〈포브스〉

번아웃 최고 권위자인 매슬랙과 라이터는 많은 사람이 기대하는 업무 방식이 어떻게 그들을 지치게 만드는지 주목하며 부정적인 감정이 개인과 직무 간 6가지 불일치에서 비롯된다고 강조한다. 이 책은 문제를 측정하고 해결하는 방법을 제시하며, 더 나은 조화를 위한 조언을 제공한다. 예를 들어, 균형, 통일성, 리듬 같은 실제 디자인 원칙을 사용하여 일을 재설계하는 방법을 다룬다.

_〈파이낸셜타임스〉

《번아웃 로그아웃》은 번아웃 진단과 관리 방법을 다양한 비유와 사례로 쉽고 설득력 있게 설명한다. 변화 관리, 번아웃, 일과 삶의 균형, 개인의 직무 적합성 등 직장 내 관리자와 실무자에게 꼭 필요한 내용을 담았다.

_〈초이스〉

《번아웃 로그아웃》에서는 널리 퍼진 직장 내 불만족과 번아웃의 원인을 철저히 분석하고 그 해결책을 제안한다. 관리자와 고용주라면 반드시 알아야 할 조언이 들어 있다.

_〈커커스리뷰〉

이 책은 '번아웃'이라는 흔히 일어나면서도 심각한 직장 문제를 해결하기 위한 심도 깊은 접근법을 제안한다.

_〈라이브러리저널〉

시의적절하고 실용적인 책이다. 건강한 직장 문화를 조성하려는 비즈니스 리더라면 꼭 살펴볼 만한 가치가 있다.

_〈퍼블리셔스위클리〉

전 세계 관리자들이 번아웃을 더 잘 이해하도록 돕는 책이다. 모든 조직의 근로자와 관리자에게 현명하고 분명한 경고를 전한다.

_〈커렌트〉

열정적이고 경험 많은 리더조차도, 조직이 지속 가능하게 변화하려면 번아웃에 초점을 맞춰야 한다는 사실을 모를 때가 많다. 번아웃 분야 최고 권위자들이 쓴 이 책은 번아웃 문제를 평가하고 해결책을 구현하는 데 필요한 팁과 도구를 제공한다. 오늘날과 미래의 리더들이 꼭 읽어야 할 책이다.

_아리아나 허핑턴, 허핑턴 포스트 미디어그룹의 회장이자 편집장

차례

20세기에 탄광에서 일했던 광부들은 갱내에 카나리아를 새장에 넣어 들고 갔다. 공기 질을 확인하기 위해서였다. 카나리아는 일산화탄소를 비롯한 여러 유독가스에 민감하게 반응했다. 그래서 카나리아가 횃대 위에서 동요하거나 떨어지면 서둘러 갱도를 탈출해야 한다는 경고로 받아들였다.

2000년대 들어 이 관행은 사라졌지만, 유독가스를 진단하는 카나리아가 더 오래 즐겁게 노래하도록 만드는 일이 우리 목표라고 한번 가정해보자. 이 목표를 실현하려면 어떻게 하는 것이 가장 좋을까? 카나리아의 회복탄력성을 높이고 더 강인하게 키워 어떤 조건에도 견딜 수 있도록 해야 할까? 아니면 카나리아(와 광부)가 안전하게 제 역할을 다하도록 유독가스를 제거하고 탄광을 고쳐야 할까?

최근 갤럽 설문조사에서 미국 노동자 대다수는 자신이 하는 일을 그저 그렇다거나 보잘것없다고 평가했다.[1] 다른 나라 노동자들의 경우 미국보다 만족도가 더 낮아서 자기 일에 애착을 느끼는 경우가 20%에 불과했다.[2] 최근 영국 시민을 대상으로 조사한 바에 따르면 일터에서 느끼는 행복지수가 다른 활동을 할 때 느끼는 행복지수 평균보다 8%가량 낮았다. 노동보다 불만족 지수가 높은 경우는 병상에 누워 지낼 때뿐이었다.[3]

일터란 너무나 많은 사람에게 만족이나 자긍심의 원천이 아닌 냉소하고 절망하며 견뎌내야 하는 불쾌한 장소임이 분명하다. 이 책을 쓰면서 다양한 직종의 노동자들을 직접 조사했고 그 과정에서 노동자들이 직장에 관한 여러 이야기를 들려주었다. 다음은 노동자들의 불만과 실망감을 대표적으로 보여주는 대화다.

한 의사가 말했다. "그토록 오랜 시간 110%의 노력을 기울였는데 결국 심신은 지치고, 내 일에 환멸을 느꼈습니다. 참 씁쓸합니다. 의대 학위로 다른 직업을 가질 수만 있다면 그렇게 하고 싶습니다. 내 자식이 의대를 간다면 말릴 겁니다."

한 첨단기술기업 노동자가 말했다. "제 일이 마음에 들어요. 저는 배우기를 좋아하고 매우 긍정적인 사람이에요. 하지만 사람들과 좋은 관계를 맺기가 힘든 곳이에요. 동료 간 경쟁이 치열하고, 뒤에서 험담하고 모략하고, 정보를 감추기에 급급해요. 처세에 능숙해야 살아남는 곳이죠. 사람들과 같이 일하기가 너무 힘들고 몸도 마음도 지쳤어요."

한 엔지니어가 말했다. "기업은 늘 새로운 방향으로 나아가려 합니다. 그건 좋아요. 다만 실무를 맡을 사람들의 의견은 수렴하지 않은 채 경영진에서 중요한 결정을 단독으로 내린다는 것이 문제죠. 부서 업무나 프로그램이 예고 없이 달라질 때마다 직원들은 무시당하는 기분이 들어요. 직무 요건을 개선하는 데 무엇이 필요한지 의견을 구하거나 묻는 사람도 없어요."

여기에 역설이 존재한다. 조직이 표방하는 이상과 노동자들의 경험 사이에 통하는 부분이 없고, 심할 경우 상충한다. 경영진은 서로 존중하고 협업하는 조직 문화의 가치를 찬미하지만, 조직 내에서는 무례한 언행과 권력 남용, 직장 내 괴롭힘이 끊이지 않는다. 조직에서는 직원 참여도의 중요성을 쉴 새 없이 강조하고 컨설턴트까지 동원하지만, 직무 불만족 문제는 여전히 심각한 사안이다. 신나고 흥미로운 업무를 할 가능성이 가장 큰 직종에서도 이 문제는 예외가 아니다. 사려 깊은 리더는 구성원의 직무 만족도와 생산성, 건강 증진에 깊은 관심을 보인다. 그리고 시행한 프로그램이 성과를 거둔 사례도 있다. 하지만 조사 결과를 보면 목표를 이루지 못하고 실패한 사례도 흔하다.

근무 환경에서는 직장 내 대인 관계뿐 아니라 권력과 경제 요인에도 영향을 받고, 수많은 직종에서 갈수록 스트레스가 증가하는 추세다. 이를테면 수익을 늘리고 비용을 줄여야 하는 압박감이 심해져 정리해고를 단행한다 치자. 그러면 남은 직원들이 나머지 업무를 모두 떠안아야 한다. 일부 업계에서는 공공정책의 변화로 노동자가 고객에게 더는 서비스를 제공하지 못하는 일이 발생하기도 한다. 미국에서 민간의료보험이 주도하는 관리가 증가하자 환자에게 제공할 서비스에 제한이 생긴 사례가 이에 해당한다. 실질 임금과 복지 혜택이 줄어드는 직장도 많다. 사정이 이러하니 21세기 직장인은 근본적인 모순에 처한다. 한편에서는 업무 집중력과 창의력을 요구하는 목소리가 날로 커지고, 다른 한편에서는 조직이 직원 참여도를 오히려 떨어뜨리는 변화를 단행한다.

번아웃

근무 환경이 열악해지면서 노동자는 감당하기 힘든 **기력 소진, 냉소주의와 소외감, 낮은 직무 효능감**에 시달린다. 번아웃으로 알려진 3대 증상이다. 번아웃 증후군은 이 세 가지 측면에서 서로 영향을 끼치는 여러 문제를 장기간 겪을 때 발생한다. 번아웃을 겪는 노동자는 몸과 마음이 늘 피로하고, 업무와 관련된 모든 것에서 거리를 둔다. 그리고 조직 구성원으로서 유익한 영향력을 발휘할 자신감을 상실한다. 요컨대, 번아웃을 겪는 노동자는 극심한 스트레스에 시달리고 동료들과의 관계가 원만치 않고 자기 자신을 좋게 평가하지 않는다. 번아웃이라는 말은 활활 타올랐다가 이제 재만 남았다는 뜻이므로 이런 증상을 나타내는 용어로 참 적절하다. 예전에 뜨겁게 타오르던 충성심과 열정은 식어버리고 어느덧 기력을 소진한 노동자는 이제 아무 열의를 느끼지 못한다. 노동자가 열정을 잃고 재만 남은 이유는 쉴 새 없이 몰아붙이는 근무 환경 탓이다.

번아웃은 새로운 용어가 아니다. 사실 1세기 전부터 대중이 널리 사용하던 용어였고 어쩌면 훨씬 오래전부터 사용했을 가능성도 크다. 구글 엔그램 뷰어에 따르면 이 용어는 1820년대에 처음 등장했다. 1950년대에는 삶에서 괴로운 일을 겪을 때 사람들이 스트레스 반응을 보인다는 개념이 등장했다.[4] 이전에는 엔지니어들이 자동차, 전구, 로켓 추진체 같은 장비가 반복 작업으로 과부하가 걸려 제대로 작동하지 않는 상태를 가리킬 때 번아웃이라는 용어를 흔히 사용했다. 이 용어가 직장생활에도 적용되고 초창기 실리콘밸리에서 벤처기업을 가리키는 표현으로 '번아웃 숍'이 유행하게 된 이유도 엔지니어들이 이 말을 자주 사용했기 때문일 테다. 번아웃은 마약중독자를 가리키는 은어이기도 하고 '초가 남김없이 다 타 버린' 상태를 의미하기도 한다. 그레이엄 그린Graham Greene은 1961년 에 영적 위기와 환멸에 빠진 건축가를 다룬 소설 《번아웃 케이스 A Burnt-Out Case》를 발표했다.[5]

1970년대에는 보건의료 서비스 분야에 종사하는 노동자들이 업무와 관련해서 느끼는 위기 상황을 설명할 때 번아웃이라는 용 어를 썼다. 이 책의 공저자 매슬랙Maslach은 연구 프로젝트를 위해 보건의료 노동자들과 면담하는 과정에서 노동자들이 번아웃이라 는 용어를 빈번하게 사용한다는 사실을 깨달았다. 얼마 후 매슬랙 은 연구 주제를 번아웃으로 변경했다.[6] 그는 1981년에 수전 잭슨 Susan Jackson과 번아웃 경험을 측정하는 도구인 매슬랙 번아웃 척도 MBI를 발표했다. 그 후 우리 두 사람(라이터와 매슬랙)은 세 가지 연구 를 함께했다. 매슬랙 번아웃 척도 개정 버전과 직무 적합성 진단표 Areas of Worklife Survey: AWS를 개발하는 일, 세계 각지의 학자들과 번아 웃에 관한 연구를 수행하는 일, 그리고 번아웃에 관한 첫 공저를 집 필하는 일이다.[7] 1997년에 첫 책을 출판한 이후 우리는 수많은 조 직에서 번아웃 증상을 조사했다. 번아웃 증상이 어떻게 악화하는 지 추적하고 그 과정을 역전시켜 사람들이 업무에 몰입하도록 유 도할 방법을 찾았다. 번아웃을 이해하는 일은 우리가 평생에 걸쳐 주력한 연구 과제다. 이 책에서 모든 연구 결과를 통합해 번아웃이란 과연 무엇이고 어떻게 대처해야 하는지 설명하려고 한다.

2019년에 세계보건기구who는 번아웃을 직장에서 일하는 노동자의 행복지수에 악영향을 미칠 수 있는 직업 관련 현상으로 공식 인정했다.[8]

번아웃은 만성적 직무 스트레스가 제대로 관리되지 않을 때 발생하는 증후군이다. 세 가지 측면에서 그 특징을 요약하면 다음과 같다.

- 에너지가 고갈된 느낌 또는 기력이 소진된 느낌
- 직무에서 거리감을 느끼고 업무와 관련해 부정적인 감정과 냉소주의 증가
- 직무 효능감 저하

세계보건기구가 번아웃을 직무와 관련한 현상으로 인정한 이듬해에 코로나바이러스(코로나19)가 창궐했고 사무실, 학교, 레스토랑, 식품제조공장을 비롯한 수많은 작업장이 폐쇄되었다. 2020년 초에 코로나19가 대유행하며 수많은 사람이 사전 경고나 준비할 시간도 없이 직장에서 급격한 변화를 겪었다. 코로나 감염 환자가 쏟아지면서 업무 부담이 급증한 보건의료 노동자나 별안간 비대면 방식으로 학생을 가르쳐야 하는 교사를 생각해보자. 수많은 직장

인이 자기 부서에서 인원 감축을 단행할지 모른다는 불확실성을 견뎌야 했고, 해고될 위험에 처했다.

기업은 수익 창출이라는 목표에 부합하도록 근무 환경을 설계하므로 노동자의 필요는 미처 돌보지 못할 때가 많다. 그리고 이 같은 근무 환경은 노동자에게 실제로 **유해**할 가능성이 크다. 여러 위험 요인 즉 과중한 업무, 유해 요소, 고용 불안정성, 낮은 통제감 등을 수십 년에 걸쳐 연구한 결과에 따르면 건강하지 못한 근무 환경은 노동자의 심신에 악영향을 끼치고, 이는 결국 수익 감소로 이어졌다.[9] 여기에 코로나19라는 위험 요인이 하나 더 등장했고 노동자는 밀폐된 공간에서 부대끼며 장시간 일해야 했다.

코로나19 팬데믹 중에 사람들은 스트레스를 받았고 흔히 **번아웃**이라는 표현을 사용했다. 이 용어를 어떤 의미로 사용하든 번아웃을 연구하는 학자들 사이에 통용되는 정의는 따로 있다. 일반인이 평소에 우울증에 걸렸다는 표현을 사용하지만, 의학적으로 우울증을 진단하는 기준이 따로 있는 것과 같은 이치다. 우리는 수십 년 동안 번아웃 증상을 조사하고 분석해왔으며 코로나19로 고통을 겪었던 만큼 그 어느 때보다 번아웃을 깊이 이해하고 이에 대처할 방법을 공유하는 일이 절실하다고 느꼈다.

근무 환경에서 발생하는 불일치 문제

번아웃은 개인과 직무 사이의 불일치 때문에 발생한다. 세계보건기구에서 규정한 대로 번아웃은 직업 관련 현상이며 만성적 직무 스트레스가 '제대로 관리되지 못한' 결과다. 직장에서 정한 직무 요건이 거기서 일하는 사람의 필요와 어긋날 때 개인과 직무 사이에서 발생하는 불일치로 양쪽 모두 어려움을 겪는다. 보통 불일치는 여섯 가지 형태로 발생한다.

- 과중한 업무
- 통제감 부족
- 불충분한 보상
- 소속감 결여
- 공정성 결여
- 가치관 충돌

이 여섯 가지 가운데 어느 하나에서든 불일치가 발생하면 번아웃 위험성을 높인다. 일례로 업무 부담 문제를 살펴보자. 평일 근무 시간에 업무를 다 처리할 수 없으면 연장 근무를 해야 하고, 중요한 일상에 쓸 시간을 포기해야 한다. 가족이나 친구와 보내는 시간, 수면 시간, 취미활동에 쓸 시간 등을 뺏기는 것이다. 개인과 직무 사이에서 발생하는 불일치 문제의 뿌리를 들여다보면 사람들을 움직이는 동기가 무엇인지 잘못 이해하는 경우가 많다. 그러니까 사람들이 무엇에 의욕을 느끼고, 무엇을 보상으로 여기고, 무엇에 불만을 품는지 오판한다. 다시 말해, 기본적인 심리 욕구를 제대로 이해하지 못한다. 이 여섯 가지 영역 가운데 어느 한 곳이라도 노동자가 기대하거나 선호하는 업무 방식과 멀어지면 번아웃 위험성도 증가한다.

앞으로 이 여섯 가지 형태의 불일치 문제를 자세히 설명할 것이다. 어떤 문제인지, 어째서 유해한지, 또 어떻게 문제를 해결하고 직무 적합성을 개선해야 하는지 다룬다. 여섯 가지 문제를 개선하거나 교정할 수 있다면 번아웃을 예방하고 직원 참여도를 촉진할 길도 열린다.

탄광의 카나리아 비유는 번아웃 문제를 이해하기에 더없이 유용하다. 번아웃 문제에서 핵심 요소인 사람, 환경, 그리고 이 둘의 관계라는 세 가지 측면을 고려할 수 있기 때문이다. 카나리아 한 마리가 탄광 안에서 눈에 띄게 괴로워하면 환경에 문제가 있음을 알리는 적색경보다. 그 환경은 카나리아만이 아니라 거기서 일하는 광부들에게도 악영향을 미친다는 의미다. 고통받는 카나리아와 탄광 사이의 관계는 말하자면 개인과 환경 사이에서 발생하는 심각한 불일치를 나타낸다. 노동자는 산소가 절실하지만, 근무 환경에는 일산화탄소가 가득하다. 이 관계를 개선해 개인이 안전하게 일하려면 개인과 작업장을 위해 무엇을 해야 할까? 앞으로 그 해답을 논하려고 한다.

1부

BURNOUT

끝없는 마라톤

LOGOUT

1장

번아웃 숍 노동자

 한때 실리콘밸리에서는 기업을 가리켜 '번아웃 숍burnout shop'이라고 부르곤 했다. IT 벤처 창업이 붐을 일으킬 때였다. 신생 기업을 만들면 자금이 들어왔고 회사는 그 돈으로 직원을 고용했다. 이들 기업은 구인광고에 자기 회사가 번아웃 숍으로 명성이 높다는 사실을 대놓고 자랑했다. 장시간 노동(24/7, 즉 일주일에 7일, 하루 24시간 일하는 개념도 실리콘밸리에서 생겨났다)과 엄청난 업무량을 감당하려면 모두 예외 없이 개인 생활을 희생해야 했다. 이렇게 몇 년 일하다 보면 직원들은 번아웃 증상을 겪고, 더는 일할 수 없는 이들은 유망한 스톡옵션이 있는 신생 기업으로 회사를 떠날 때가 많았다.

실리콘밸리의 번아웃 숍에서 일하는 것은 극한 환경에서 조금이라도 더 빨리 달려야 하는 단거리 전력 질주와 같았다.

오늘날의 번아웃 숍은 어떤 특징이 있을까? 간단히 말해 지금은 단거리 경주가 아니라 전력 질주로 마라톤을 하는 격이다. 많은 기업이 단기에나 가능한 자기희생과 속도 전략을 장기 운영 모델로 채택했다. 한 컨설턴트는 "지금은 노동자 모두가 극한의 업무를 수행한다"라고 언급했다.[1] 하지만 전력 질주하는 속도로 장기간 일하는 것은 지속 가능한 전략이 아니다. 이 전략은 결국 끊이지 않는 스트레스와 탈진, 수면 부족을 초래해 저조한 업무 성과로 이어지고, 개인과 가정생활에 크나큰 지장을 준다. 개인과 일 사이에서 나타나는 이 같은 불일치는 갈수록 심화되고 있다.

직무 스트레스 요인

어떤 이들은 일터든 가정이든 삶이란 연속되는 스트레스를 다루는 일인데 이게 무슨 문제냐고 말할지도 모른다. 그렇다면 번아웃 숍이라는 일터에서는 무슨 일이 벌어지길래 유독 스트레스를 많이 일으키는가? 이 질문에 답하려면 직무 스트레스에 나타나는 두 가지 특징을 살펴야 한다. 첫째, 직무 스트레스는 노동자와 일 사이에 심각한 **불일치**(또는 불균형이나 부적합)를 낳는다. 둘째, 직무 스트레스는 **만성적**이다. 노동자는 자신이 바꾸기 힘든 환경에서 어쩌면 거의 매일, 장기간 스트레스에 노출된다. 예기치 못한 난관이나 시급한 문제라도 발생하면 모든 구성원이 평소보다 에너지를 더 많이 쏟아야 한다. 이렇게 고강도로 겪는 직무 스트레스도 해롭지만, 만성적인 직무 스트레스는 이보다 훨씬 심신에 해롭다. 만성적인 직무 스트레스 역시 노동자와 일 사이에 불일치를 일으킨다. 다시 말해, 효율적인 업무 대응력과 업무 몰입도, 자기 일에 대한 자긍심이 점점 사라져 몸과 마음을 잠식하는 결과를 초래한다. 직장에서 매일 마주하는 스트레스, 그러니까 동료에게 듣는 무례한 말이나 빈정거림 또는 업무에 지장을 초래하거나 짜증을 일으키는 행정 절차 자체는 사소한 문제일지 몰라도 오랜 시간에 걸쳐 노동자의 감정과 정신을 잠식하면 그 피해가 상당하다. 번아웃 숍의 업무 환경은 특히 여섯 가지 불일치 현상이 결합되는 특징이 있다.

과중한 업무

번아웃 숍은 '상시 가동' 업무 환경이다. 매일 쌓이는 과도한 업무를 처리하는 데 필요한 자원(시간, 도구, 목표, 지원)은 부족할 때가 많다. '적은 자원으로 더 많이 생산할 것'을 공공연히 지시하는 오늘날 기업 환경에서 노동자들은 의욕을 잃고 혼란을 겪는다. 이 같은 환경은 노동자들의 에너지를 고갈시키고 업무 몰입도와 수행력을 떨어뜨린다. 일을 해도 해도 끝이 보이지 않는 상황을 시시포스가 받은 형벌에 비유하는 것도 어쩌면 당연하다. 그리스 신화에 나오는 시시포스는 산꼭대기로 바위를 밀어 올려야 하는 형벌을 받았는데, 바위를 올려놓으면 다시 아래로 굴러떨어졌기에 이 일을 영원히 반복해야 했다. 매일 열심히 일해도 유의미한 진전을 이룬다는 확신이 없다는 점에서 우리 삶도 시시포스와 다르지 않다.

과중한 업무를 처리하려면 많은 경우 통상적인 근무 시간이 끝나고도 일해야 한다. 일터에서 제 시간 내에 업무를 마치지 못하면 집에 가져가서라도 마무리해야 하고, 업무 외 프로젝트를 맡은 경우라면 추가 근무도 수행해야 한다. 다시 말해 '과로가 발생한다'. 장시간 노동문화에는 근로 시간이 늘어날 때 특히, '사람들을 압박하면' 그만큼 생산성이 향상된다는 전제가 깔려 있다. 하지만 많은

증거가 장시간 노동은 생산성 약화뿐 아니라 질병과도 연관됨을 보여준다.[2]

역량에 맞지 않는 업무를 과중하게 맡아 하면서 자신의 장점을 전혀 살리지 못할 때 노동자는 의욕을 잃는다. 오랜 시간 학업과 훈련을 거쳐 자격증을 획득한 전문의를 예로 들어보자. 추가 근무를 하더라도 '자격증과 가장 잘 어울리는 일', 다시 말해 자신의 전문성을 최대한 발휘하는 일이라면 큰 불만 없이 할지도 모른다. 하지만 전자 의료기록 작성과 같은 행정 업무라면 전문의 자격증과 그다지 연관성이 없다. 의료인뿐 아니라 다른 직종도 마찬가지다. 아무도 읽지 않을 보고서를 작성하는 일이라든지 업무와 무관한 온라인 교육 도구를 만드는 일은 '부당한 업무'에 해당하고, 이런 일에 시간을 뺏길 때 불만을 품는다.[3] 기업에서는 정규 근무 시간에 이런 일을 수행하도록 요구하지만, 노동자들은 이런 업무를 성가신 짐으로 여기거나 더 중요한 일에 사용할 귀중한 에너지와 시간을 허비하는 일로 받아들인다. 평소에는 중요한 업무에 집중하라고 강조하는 관리자가 한정된 근로 자원을 사소한 일에 분산해야 할 때 모순이 발생한다.

점점 길어지는 통근 시간도 근로 시간이 늘어나는 데 일조한다. 일터에서 가까운 도심의 집값은 계속 오르는 데 반해 임금은 정체되어 있어서 주거비 부담이 높아진다. 짭짤한 수익률을 노리는 부자들이 도심의 부동산을 투자처로 주목함에 따라 노동자들은 주거비 부담이 커졌다. 더욱이 제약에 묶여 개발되지 못하는 지역이 많아지면서 정부의 주택 공급도 충분치 못한 형편이다. 최근 5년간 미국에서 '슈퍼 커뮤터super-commuter', 그러니까 하루 평균 90분 이상을 출퇴근에 쓰는 노동자는 40%나 증가했다.[4] 노동자들에게 통근 시간은 쉬는 시간이 아니라 돈도 받지 않고 일하는 근로 시간에 더 가깝다.

늘어나는 근로 시간 때문에 사람들은 개인 비용을 치러야 한다. "워라밸은 안중에도 없다"든지 "수당도 없는 시간외근무야 뻔하지"라는 불만의 목소리가 자주 나오는 이유다. 노동자는 시간외근무 요청을 거절하기가 쉽지 않다. 승진에서 탈락하거나 좌천될까 봐 또는 좋은 기회를 놓치거나 심지어 일자리를 잃을까 봐 두렵기 때문이다. 근로 시간이 길어지고 심지어 비번인 날에도 일해야 하는 압박감을 느끼면 사생활에도 지장을 받는다. 과중한 업무는 가족이나 친구들과의 관계를 잠식할 뿐 아니라 몸과 마음을 해친다. 한 병원 노동자는 이렇게 말했다. "우리 부서는 워낙 업무량이 많아서 누구나 스트레스가 커요. 그래서 불안감과 우울감도 심하죠. 직원들 사기도 저조할 수밖에 없어요. 저 같은 경우는 스트레스와 불안감이 커서 병가를 자주 냈고 치료비도 많이 나갔어요. 아무래도 직장을 옮겨야만 할 것 같아요."

코로나19 팬데믹 기간에 일터와 집의 경계가 모호해졌다. 많은 사람이 회사로 출근하는 대신 재택근무를 하게 되었다. 일하는 시간과 일하지 않는 시간의 구분뿐 아니라 밤낮 구분도 사라졌다. 직장에서 일할 때보다 집에서 일할 때 더 오래 일한다는 보고도 있었다. 이 같은 현상에는 코로나19 팬데믹 기간에 실직한 이들을 목격한 노동자들의 불안도 영향을 끼쳤다. 이 기간에 사람들은 생계를 잃을까 봐 두려워했고 일자리를 잃지 않으려고 더 열심히 일했다.

업무 부담이란 근무 시간에만 고려되는 게 아니다. 사실은 노동자가 느끼는 정서적 압박감이 더 중요한 측면일 때도 있다. 특히 보건복지 분야 종사자를 비롯해 일선에서 환자와 고객을 응대하며 고강도의 스트레스를 받는 노동자들에게는 더욱 그렇다. 감정 노동자들은 업무 특성상 담당 건수가 늘어날수록 스트레스도 증가한다. 감정 노동량은 코로나19가 확산되는 가운데 감당하기 어려울 만큼 급증했다. 보건의료 노동자들은 수많은 코로나 중증 환자들을 보살피는 한편, 몸을 지키고 또 가족이 코로나에 감염되지 않도록 주의를 기울여야만 했다. 마음이 무너지는 일을 겪기도 했다. 환자들이 가족과도 만나지 못하게 격리해야 했고 중증 환자들이 끝내 눈을 감을 때 홀로 그 곁을 지켜야 했다. 의사와 간호사를 비롯해 오랫동안 의료계에 몸담았던 이들은 하나같이 이토록 몸과 마음이 탈진한 적은 없었다고 말했다.

상기한 사례를 보면 알겠지만, 업무 부담으로 발생하는 불일치에는 업무 부담과 그로 인한 감정 손실 외에 또 다른 요인이 영향을 미친다. 스트레스를 회복할 기회나 역량이 부족할 때 과중한 업무는 더욱더 심신을 지치게 한다는 사실이다. 지친 심신을 효과적으로 또 꾸준하게 회복하지 않으면 결국 탈진 상태에 이르러 다음 날 출근할 의욕을 상실한다. 지인 중에 첨단기술 분야의 임원들을 지도하는 경영 코치가 있다. 그는 엄청난 압박감 아래 일하는 경영진을 관찰하면서 자신이 느낀 점을 들려주었다. "우수한 운동선수는 스트레스 호르몬에 반응할 때와 긴장을 풀고 휴식할 때가 언제인지 알아요. 하지만 여기 실리콘밸리 사람들은 언제나 스트레스 반응을 보이죠. 심지어 스트레스 요인이 없을 때도 스트레스 반응을 보입니다."

통제감 부족

 번아웃 숍에서는 심한 간섭, 무능한 리더십, 비효율적 조직 등 각종 사내 정치 문제가 나타나곤 한다. 업무 수행에 필요한 재량권이 없을 때가 빈번하고, 업무와 관련된 중요한 의사결정에서 배제되는 일도 종종 발생한다.

조직에서 무시당하고, 성장 기회를 박탈당하고, 사내 정치의 희생양이 된다고 느낄 때, 그리고 조직에서 신뢰받지 못하고 자신의 입지가 줄어든다고 느낄 때 직장생활에서 느끼는 불확실성과 좌절감은 커진다. 사람들은 일을 잘못 처리하면 징계, 좌천 심지어 해고당할지 모른다고 생각하며 두려움과 불안감을 느끼며 일한다. 한편으로는 소외감과 짜증, 분노를 느낀다. 사후 비판이나 뒷말이 끊이지 않고, 문제를 개선하거나 혁신하려는 노력이 가로막히는가 하면, 예정된 프로젝트가 일방적으로 중단되는 일도 흔하다. 업무와 관련해 적정한 재량권이 없어서 업무 수행에 필요한 의사결정을 제대로 할 수 없는 노동자는 직무 효능감이 떨어진다.

노동자에게 재량권이 있더라도 업무 특성상 그 선택지가 제한적이라면 역시 번아웃을 초래할 때가 많다. 고객이나 환자를 직접 응대하는 직종을 예로 들어보자. 환자나 의뢰인 수가 감당하지 못할 만큼 많은 때에는 다른 요인이 아니라 바로 그 때문에 서비스 품질이 저하된다. 가령 '한 명당 15분 이내'처럼 응대 시간에 제약이 있으면 서비스 품질이나 치료 내용도 한계가 있을 수밖에 없다. 최소한의 주의력과 노력으로 환자나 의뢰인을 '처리하는' 방식에 익숙해지면 노동자는 자기 일에 냉담하고 무감각해진다. 법률 지원 업무를 하는 변호사를 생각해보자. 법조계에서 일하는 한 노동자가 말했다. "유능하고 좋은 변호사들이 갈수록 사람들을 기계처럼 다루는 모습을 자주 봤어요. 의뢰인의 문제를 분류해 기록하고 그다음에는 마치 기계처럼 절차대로만 처리하고 말아요. 그러면서 열정도 헌신도 줄어들고 창의성도 잃어버리죠. 의뢰인을 고유한 인간으로 대하기보다 자신이 처리할 하나의 문제로 여기고, 모든 의뢰인을 다 같은 범주에 집어넣고 확률과 통계로 다룹니다."[5]

의료인 역시 직접 상대하는 고객 수가 많은 직종으로 유명하다. 게다가 근래에는 전자 의료기록 시스템 강화로 행정 업무도 증가했다. 적지 않은 의사들이 자신을 거대한 기계의 부품처럼 느낄 때가 많다. 초등학교 교사부터 대학교 교수까지 교육자들 역시 많은 사람을 책임져야 하는 직종이다. 한 대학교 강사는 과중한 업무 부담 때문에 자율성이 감소한 상황을 설명했다. "번아웃은 단순히 몸이 지치고 피로한 느낌과는 차원이 다릅니다. 번아웃 증상은 주로 통제감이 낮을 때 발생하고 현재 자신이 처한 상황에 압도되어 절벽 끝에 서 있는 기분을 느낍니다."[6]

노동자는 특정 직무에 필요한 자율성뿐 아니라 업무 일정과 임금에 관해서도 통제감을 상실하는 경우가 많다. 잔업에 참여해도 나중에 유급휴가를 받을지 장담할 수 없다. 또한 예측 가능한 근무 일정을 원하지만, 매주 바뀌는 근무 시간이라든지 갑자기 발생한 업무 때문에 자신을 비롯해 가족까지 사생활을 방해받는다. 많은 이가 코로나19 팬데믹 기간에 노동 시간과 근로 소득을 통제할 수 없다는 불안감이 증폭했다고 밝혔다.

노동자가 업무 자율성이 부족하다고 느낄 때 이는 흔히 상대적이다. 즉 과거에 누리던 재량권과 비교해서 부족하다고 느끼는 것이고, 그 주범은 새로운 관리자일 때가 많다. 자신이 일하는 병원에서 구조조정을 단행한 후 한 직원은 팀원들 사이에 번아웃이 증가하는 현상에 관해 불만을 표출했다. "구조조정에 관해 볼멘소리 하는 게 아닙니다. 새로운 관리자가 팀원들이 선호하는 방식을 무시하고 결정을 내렸기에 비판하는 것입니다. 이전까지 우리 팀은 진정성과 상호 존중을 토대로 협업하는 문화가 정착되어 있었거든요. 하지만 이 관리자는 이러한 협업, 자율성, 자유를 허용하지 않아요. 생각의 다양성이라든지 다른 의견을 품거나 실수할 여지도 허용하지 않습니다." 이 노동자는 새로운 관리자의 경영 방식이 팀원들의 사기를 떨어뜨린다고 설명했다. "지금은 그저 시키는 대로 군말 없이 따라야 하는 분위기입니다. 독재자 같은 경영 방식으로 팀원들을 이간질하며 힘을 과시해요. 관리자는 모든 업무를 일일이 간섭하는 미세경영을 고수해요. 다른 팀원이나 다른 부서 사람, 심지어 외주 업체에서 작성한 업무 일지까지 살펴보고 뜯어고치는 일에 몇 시간씩 보내요." 조직의 상사가 그 지위에 걸맞은 권력을 갖게 되고 그 힘을 행사하는 것은 당연하다. 하지만 이 힘을 행사하는 방식 때문에 구성원들이 적절한 통제감을 유지할 수 없게 되면 업무 효율성을 떨어뜨릴 뿐 아니라 냉소주의를 낳는다. 조직을 이렇게 경영하는 관리자는 구성원들이 조직의 사명에 헌신하지 않고 그 사명을 성취할 방법도 알지 못한다고 말하는 셈이다.

불충분한 보상

 번아웃 숍에 근무하는 노동자는 자신이 일한 시간과 성과만큼 보상받지 못한다고 느낄 때가 많다. 여기서 보상이란 경제적 보상도 있지만, 사회적·정서적 보상도 포함한다. 그렇지 않은 이들도 있겠지만, 대다수에게는 가치 있고 혁신적인 과제를 수행하면서 얻는 성장과 발전이 가장 중요한 보상이다. 이 같은 보상을 중시하는 사람들은 시시한 잡무나 시원찮은 프로젝트 또는 과제를 처리하느라 자신의 성장이 정체될 때 낙담하고 의기소침해진다. 외재적 보상도 중요하다. 많은 노동자가 임금을 비롯해 복지 혜택이나 승진 기회가 너무 적다고 느낀다. 성과가 저조할 때야 그렇다 쳐도, 상부에서 받은 지시 이상으로 성과를 낸 경우에도 자신의 노력이 정당하게 평가받지 못한다고 느낄 때가 부지기수다. 부정적인 피드백은 넘쳐나도 긍정적인 피드백을 듣기는 하늘의 별 따기만큼 힘들다. 실제로 직장에서 만족스러운 하루란 어떤 날인지 묻자 많은 노동자가 "별일 없으면 좋은 날이죠"라고 응답했다. 이로 미루어 보건대 일터에서 '뭐든 좋은 일'이 생기는 날은 무척 드물거나 그런 일이 일어나기를 기대하는 일도 어리석은 듯하다. 직장생활에 기대치가 이토록 낮다는 것은 노동자의 좌절과 실망을 반영하며, 최선을 다해 일할 동기가 거의 없음을 의미한다.

조직은 대체로 직원들 간에 경쟁을 부추기고, 때로는 누구나 바라는 보상을 내걸고 경연을 개최한다. 여기에는 경쟁이 동기부여가 되어 모든 사람이 분발해 더 좋은 성과를 내리라는 전제가 깔려 있다. 하지만 경쟁은 다른 의미로 해석되기도 한다. 첫째, 상대를 꺾어야만 이 조직에서 성공한다는 의미로 해석된다. 이는 집단의 이익보다 개인의 이익을 우선하는 결과를 초래한다. 둘째, 1등만이 승자이며 나머지는 모두 실패자라는 의미로 해석된다. 코로나19 팬데믹 기간에 교육 현장에서 있었던 일을 예로 들어보자. 대학을 비롯한 대부분의 교육기관에서는 대면 수업을 중단하고 인터넷을 이용한 비대면 수업으로 전환했다. 교사들은 갑작스럽게 수업 방식을 바꿔야 했고 그에 따라 업무 부담도 급증했다. 교수 방법을 수정하고 낯선 온라인 도구에 적응해야 할 뿐 아니라 온라인으로 학생을 다루는 법과 원격으로 시험을 진행하는 법을 배워야 했다. 새로운 환경에서 우수한 품질의 교육을 제공하려면 오랜 시간과 많은 수고가 요구된다. 한 학교에서는 코로나19 팬데믹 기간에 우수 교원을 뽑는다고 공고했다. 소수의 우수 교사 선발은 좋은 의미로 받아들여지지 않았다. 한 교사가 말했다. "어째서 학교는 모든 교사에게 감사 편지나 작은 선물을 보내 격려하지 못하는 걸까요? 왜 경쟁을 거쳐 소수만 격려하는 거죠? 이런 방식으로는 많은 교사의 기분만 상하게 할 뿐입니다. 우리는 수고를 인정받지 못하니까요."

때로 사람들은 과도한 업무에 치여 긍정적인 피드백을 깜빡하기도 한다. 오랜 시간 힘들게 일하다 보면 서로 노고를 징찬할 새도 없이 바쁘기 때문이다. 반면에 견책하고 징계하고 벌칙을 주는 것이 가장 좋은 동기부여 수단이라는 그릇된 신념 때문에 사회적 보상이 부족한 경우도 많다. 그러나 실제로는 긍정적인 격려의 말이 훨씬 효과가 크다.[7]

소속감 결여

지나친 성과주의로 생긴 두려움은 동료와의 관계를 망가뜨려 피해를 준다. 동료들을 상호 협력할 수 있는 믿을 만한 사람으로 보는 대신, 자신을 제치기 위해서라면 무슨 짓이든 할 이기적인 사람이라고 의심하게 된다. 이런 환경에서 노동자는 동료에게 조언이나 도움을 구하지 않는다. 약점을 드러냈다가 불리해지면 어떡하는가. 성공과 혁신을 달성하고자 동료와 경쟁을 부추기는 노동 환경은 효과적인 협업과 팀워크를 오히려 훼손하기도 한다. 이 같은 시스템은 가장 나쁜 방향으로 노동자를 압박한다. 다시 말해 타인의 행복과 조직의 사명을 희생해서라도 경쟁에서 이기려는 이기적인 행동을 조장한다.

구성원들 사이에서 벌어지는 일탈 행동은 모든 조직과 기업에 악영향을 미친다. 가령 직원들 사이에 인종이나 성별에 따른 편견이 존재할 때 그 안에서 일하는 노동자는 성희롱이나 인종차별 발언의 피해자가 된다. 하지만 24시간 연중무휴 대기 상태로 일하는 번아웃 숍에서는 고강도 업무와 과도한 피로 때문에 억눌린 감정이 분출되기 쉽고, 반사회적 행동이 일어나도 제대로 손을 쓰지 않아 결국 공동체 의식이 무너질 가능성이 크다. 반사회적 행동이 일어나는 부서는 조직 내에서 따로 정해져 있지 않다. 팀원들 사이에서 발생하기도 하고 비슷한 직무나 지위에 있는 구성원들 사이에서 발생하기도 한다. 욕설, 빈정거림, 뒤에서 흉보기 또는 동료를 폄훼하거나 위협하는 말 등이 이에 해당한다. 직급이 별 차이 없는 동료들 사이에서 일어나는 이 같은 행위를 '수평 폭력'이라고 한다.[8] 수평 폭력이 발생하는 원인은 아직 명확하게 규명되지 않았다. 하지만 논의되는 바에 따르면, 사람들이 시스템에 의해 억압당하고 스트레스를 받고 있는데도 그런 제약에 맞설 수 없다고 느낄 때 동료를 공격하는 방법으로 긴장을 해소한다고 한다.

수평 폭력이 발생하는 영역 가운데 그 성격이 많이 다른 두 집단을 살펴보자. 첫째는 사회운동가 집단이다. 이들은 인도주의 관점에서 대의를 위해 열정을 바쳐 일한다. 평화를 증진하고 기후위기를 막기 위해 노력한다. 하지만 하는 일에 비해 버는 것이 적고 헌신과 희생만 있는 탓에 번아웃을 겪을 위험성이 크다. 사회운동가 75명을 대상으로 보상과 스트레스 요인에 관해 설문조사를 실시한 결과 흥미로운 사실을 발견했다. 사회운동가들에게 가장 중요한 보상이자 동시에 가장 흔한 스트레스 요인은 '다른 운동가와의 관계'로 밝혀졌다.[9] 한 사회운동가의 발언을 보면 그들 사이에서 억울함이 생기는 상황이 눈에 보인다. "일에 너무 치이다 보니 더러는 내가 할 일들을 보면서 화가 치밀어요. 어째서 다른 사람은 이 일을 하지 않는지, 왜 나만 일하는지 묻고 싶어져요. 그때부터는 다른 사람들이 나처럼 헌신적이지 않다는 생각이 들어요."[10]

둘째는 사이버 보안 기술 분야 노동자들이다. 보안 사고는 갑자기 발생하는 만큼 사고 발생 시점이 노동자의 통제 밖이고, 사고를 수습하는 데 필요한 시간 역시 노동자가 결정하는 사항이 아니므로 노동 강도가 살인적이다. 그래서인지 사이버 보안 분야는 인력을 구하지 못해 결원인 자리가 많다. 인력난 문제는 업계에서 벌어지는 수평 폭력 문제와도 연관이 크다. 결원을 채워도 직장 내 괴롭힘 탓에 신입 직원이 회사를 떠나는 경우가 많기 때문이다. 과중한 업무로 심신이 지친 상태에서 '텃세를 부리는 이기적 행동'이 결합하면 신입 직원을 신랄하게 비판하고 무시하는 상황이 발생한다. 결국 사이버 보안 업계 사람들은 과중한 업무를 해소할 길이 없다.[11]

　노동자가 수평적 관계 안에서만 무례한 대우를 받는 것은 아니다. 상사에게도 무례한 대우를 받는다. 한 경영 코치는 관리자의 이 같은 행동을 가리켜 '적자를 초래하는 행동'이라고 한다. 관리자가 구성원에게 장광설을 늘어놓으며 짜증을 내고, 위협하는 행동은 생산성 저하와 금전 손실로 이어진다.[12] 적자를 초래하는 경영진의 무례한 행동은 이뿐만이 아니다. 구성원을 지원하지 않고 방관하는 관리자, 실패하면 곧장 비난부터 뱉는 관리자, 구성원이 제공하는 비판적 피드백을 수용하지 않는 관리자, 구성원과의 협업을 어려워하는 관리자가 대표적이다. 이들 중에는 그 자신이 번아웃을 겪는 이들도 있겠고 그 결과로 나타나는 행동이 주변 사람들에게 번아웃의 씨앗이 되기도 한다.

　상사든 동료든 대인 관계에서 무례함을 경험하면 지치게 된다. 무례한 행동에 감정이 상하고 상처는 빨리 치유되지 않으므로, 꽤 오랫동안 심신에 악영향을 미친다. 심리적 안전감을 훼손하고,

소속감을 약화하고, 조직의 핵심 가치를 부정하게 만든다. 업무 부담을 합리적으로 조절하고 자율성을 보장해 관련된 불일치 문제를 해소하더라도 일단 소속감과 유대감이 무너지면 사람들은 번아웃을 겪게 된다.

공정성 결여

번아웃 숍에서는 부당한 상황이 자주 발생한다. 구성원을 존중하지 않고 공정하지 못한 결정을 내리며 절차와 결과가 누군가를 차별하거나 편향된 경우가 적지 않다. 부당한 대우를 받은 구성원은 조직 내에서 중요한 구성원으로 인정받지 못하고 착취당하기도 한다. 이 같은 조건에서 일하는 구성원 간에는 냉소주의가 팽배한다.

구성원들이 느끼는 불공정함은 사내 정치의 산물이기도 하다. 보상과 징계, 과제와 우선순위에 더해 승진과 관련된 중요한 의사결정은 구성원의 업무 수행 역량 및 가치 창출 능력과 직결된다. 번아웃 숍에서는 힘 있는 개인이나 집단이 대다수 구성원과 상관없이 중요한 의사결정을 내릴 때가 많다.

불공정함을 느끼게 하는 중요한 원인으로 상사의 편애를 빼놓을 수 없다. 최고경영자나 관리자가 부당하게 특정인을 편애하거나 배척하는 것을 대다수 구성원이 인지할 때 문제가 발생한다. 상사가 유독 특정인을 편애하면, 다른 구성원들은 그 사람이 부정한 수단을 써서 상사에게 영합할지도 모른다고 의심한다. 반면에 상사가 유달리 특정인을 배척하면, 탐탁지 않아 하는 조언을 했거나 이견을 내놓았다든지 또는 상사와 성격이 맞지 않아서 미운털이 박혔다고 본다. 어느 쪽이든 간에 구성원은 경영자가 객관적인 평가 기준을 따르지 않고 사사로운 취향에 따라 중요한 결정을 내린다고 생각한다.

조직 체계와 정책, 관행처럼 시스템 자체가 편향되었을 때 발생하는 불공정 문제는 개인 단위에서 일어나는 불공정보다 훨씬 심각하다. 인류가 역사를 기록한 이래로 대부분의 시기에 세계 많은 지역에서는 높은 지위에 오르는 데 인종과 성별이 결정적 요인이었다. 오늘날에는 이처럼 노골적인 차별 행위를 법과 사회규범으로 금지하고 있으며 실제로 상당 부분 사라졌지만, 여전히 직장에서는 구성원들에게 기회가 공평하게 주어지지 않는다. 명시적으로는 차별을 거부해도 의사결정 과정에서 암묵적 편향으로 인해 불공정한 일이 벌어진다. 이에 관해서는 교향악단 단원 모집에서 드러난 '블라인드 오디션' 효과가 유명하다. 심사위원들이 가림막 뒤에서 후보자를 보지 않고 연주만 듣고 심사했을 때 오디션을 통과

한 여성의 합격률이 대폭 증가했다. 후보자의 인구통계 특성을 알만한 단서를 제거하자 여성 음악가와 남성 음악가에 관해 무의식적으로 작동하는 편견 없이, 심사위원들은 오로지 청각에 의지해 실력을 평가했다.[13]

　개인의 편향 외에 기업이 구성원에게 거는 기대치와 사내 규칙에 따라서도 임금 차별 같은 부당한 대우가 발생한다. 가령, 모든 고객에게 양질의 서비스를 제공하는 일에 다른 무엇보다 자부심을 느끼는 회사가 있다고 하자. 이런 회사라면 직원을 채용할 때 언제 어디서든 고객의 요구에 부응하는 것을 채용 조건으로 요구할 수 있다. 하지만 여성은 남성보다 가정에서 더 많은 가사를 책임지기 때문에 직장을 구할 때 근로 시간 부분에서 예측 가능성과 유연성을 더 많이 고려한다. 이처럼 구직자가 선호하는 필요조건과 기업이나 업무 특성상 선호하는 필요조건이 상충할 때 그만큼 기회가 줄어든다. 성별이 상관없어진다 해도 기업 특성상 고려하는 조건에 따라 누군가에게는 기회의 문이 닫히고 이사회와 경영진에 올라갈 길도 막힌다.[14]

가치관 충돌

 번아웃 숍에서 일하는 사람들은 특히 도덕적 원칙과 업무가 상충하고 가치관의 충돌이 발생할 때 노동에서 소외된다. 예를 들어, 직원은 회사 제품을 판매하려고 또는 필요한 승인을 받거나 회사의 잘못을 감추기 위해 거짓말하는 경우처럼 부도덕한 행위를 해야 할 때 압박감을 느낀다. 조직이 표면적으로 강조하는 가치와 실제로 실천하는 가치가 다를 때 노동자는 가치 충돌을 경험한다. 예를 들어 "우리는 늘 고객에게 최고의 서비스를 제공합니다"라고 강조하는 기업이 있다고 하자. 정작 매출 실적이 떨어지면, 고객의 필요와 상관없이 특정 상품을 가능한 한 많이 판매하라고 영업사원에게 지시한다. 또는 일과 생활의 균형을 핵심 가치로 추구한다고 선언하면서 정작 승진하는 사람을 보면 여기저기 출장을 다니고 주말에도 일하는 직원이다. 기업에서 핵심 가치로 내거는 사명이 여러 가지라면 그중에는 양립하지 못하는 것들도 있게 되고, 기업이 정말로 중시하는 가치가 무엇인지 노동자는 갈피를 잡기 힘들게 된다.

이익 극대화라든지 단기 성과를 강조하는 기업 환경일수록 자기 일에 진심으로 헌신하는 노동자는 가치 충돌을 자주 경험한다. 고용주가 바라는 목표에 부합한다는 이유로 너무나 많은 상황에서 옳지 않은 일을 해야 하는 압박감을 느낀다. 고용주가 바라는 이익을 위해 도덕에 어긋나는 일도 용인하다 보면 노동자는 영혼을 잠식당하기 마련이다. 고용주의 지시에 따라 어쩔 수 없이 해야만 하는 일과 자신이 믿는 가치 사이에 불일치가 커지면 번아웃을 경험할 가능성이 크다.

일터에서 요구하는 일과 노동자의 가치관이 불일치할 때 그곳에 계속 남아 도덕적으로 붕괴될 필요는 없다. 지역 병원을 떠나기로 선택한 한 응급의학과 전문의를 예로 들어보자. 이 의사는 이전에 아프가니스탄 교전 지역에서 6개월간 일한 적이 있다. 끔찍한 부상자들을 치료하며 장시간 근무했지만, 의사는 이때의 경험이 의사 생활 중에 가장 만족스러웠다고 고백했다. 정작 번아웃을 경험한 것은 미국으로 돌아와 지역 병원에서 근무할 때였다. 일하는 데서 의미를 찾을 수 없었고 무의미한 날이 무한 반복되었다. 아침에 침대에서 일어나는 일이 고역이었다. "의료서비스를 오로지 이익 추구 수단으로 여기는 근무 환경에서 일할 의욕을 잃어버렸어요." 돈벌이만을 중요한 가치로 여기는 병원의 부속품으로 전락한 기분이었다. 이렇게 살려고 의대에 간 게 아니었다. 그는 결국 사표를 냈고 환자 관리를 가장 중요하게 여기는 소아병원 응급실에서 일하기로 했다. 비록 임금은 줄었지만, 노동 유연성을 확보해 근무 시간을 줄였다. 그곳을 선택한 핵심 요인은 의사를 '일벌레'가 아

닌 귀중한 전문의로 대하는 근무 환경이었다.[15]

자신이 하는 일이 가치 있다고 믿을 때, 그리고 신념과 자긍심, 자존감의 원천이 될 때 대다수 노동자는 최선을 다해 일한다. 도덕적 관점에서 자신의 가치와 상충하는 기업의 가치에 굴복했다고 느낄 때 사람들은 흔히 '자기 영혼을 좀먹는 일'이라고 한다. 실제로도 사람들은 그런 일을 하는 동안 자신의 신념과 존엄성, 영혼, 의지를 상실한 기분을 느낀다. 고액 연봉을 받던 노동자가 기업에서 연봉 인상부터 복지까지 더 많은 혜택을 제안받아도 직장을 그만두는 이유는 그곳에서 자기 영혼을 좀먹는 일이 벌어지기 때문이다.

개인과 직무 사이에 나타나는 불일치 문제

개인과 직무 사이에 발생하는 여섯 가지 불일치는 각기 별개가 아니라 서로 중첩될 때가 많다. 예를 들어 시간외근무가 선택이 아닌 필수일 때 발생하는 과중한 업무 문제는 통제력 부문의 불일치와도 관련이 있다. 임금이 동결되었는데도 상사가 편애하는 직원만 격려금을 받을 때 발생하는 보상 불일치 문제는 공정성 부문 불일치를 악화한다. 여섯 가지 불일치 문제는 이렇듯 하나 이상의 문제가 결합해 서로 영향을 주고받는다. 또 한편으로는 노동자들이 일하는 동안 상호작용하기 때문에 시간이 지날수록 불일치 문제들이 서로 영향을 주고받기 마련이다. 한 개인이 경험하는 불일치 문제는 다른 노동자가 느끼는 불일치 문제에도 영향을 미친다.

여섯 가지 불일치를 자세히 들여다보면 이 문제는 개인과 직무 간의 관계를 규정하는 세 가지 범주로 나뉜다. 첫 번째 범주는 노동자 역량이다. 노동을 생각할 때 사람들이 흔히 첫 번째로(때로는 유일하게) 떠올리는 속성이다. 노동자 역량은 번아웃을 일으키는 여섯 가지 불일치 가운데 과중한 업무와 통제력 부족의 불일치와 관련이 있다. 여기서 과중한 업무는 노동자에게 요구하는 직무 수준과 제공하는 직무 자원이 적정한지를 가리키고, 통제력 부문은 노동자가 의사결정 과정에서 영향력을 행사할 기회와 자율성이 적정한지를 가리킨다. 노동자 역량만큼 중요하고, 때로는 번아웃을 초래할 위험성이 더 큰 두 가지 범주가 있다. 두 번째는 사회적 범주로 불충분한 보상과 소속감 결여와 관련이 있다. 앞서 살폈듯이 여기서 보상 부문은 주로 조직 내에서 받는 인정, 그리고 일한 만큼 정당하게 받는 긍정적 피드백을 가리킨다. 그리고 소속감 부문은 조직의 공동체 문화와 구성원들 사이의 관계를 가리킨다. 세 번째는 도덕적 범주로 공정성 결여와 가치관 충돌과 관련이 있다. 여기서 공정성 부문은 노동자를 향한 존중과 공정한 기회 및 절차 어부를 가리키고, 가치관 부문은 개인이 느끼는 노동의 의미와 조직이 추구하는 가치와 관련이 깊다. 개인과 직무 사이에 발생하는 불일치 문제를 이 세 가지 범주에서 조금 더 살펴보자.

노동자 역량 범주

번아웃을 생각할 때 대다수 사람은 다음과 같은 상황을 먼저 떠올린다. "할 일은 너무 많은데 업무 처리 방식과 관련해 주어진 권한은 거의 없어요." 번아웃이라고 하면 언뜻 보기에는 직장에서 지나치게 많은 일을 요구할 때 발생하는 결과로 보인다. 즉, 할 일이 너무 많아서 심신이 지친 상태로 이해한다. 틀린 말은 아니지만 이렇게만 이해하면 놓치는 부분이 많다. 조직 내에서 업무 부담이 가장 많은 직원은 문제없이 잘 지내는 데 반해, 담당 건수나 긴급한 과제가 이보다 훨씬 적은 직원들이 더 힘들어하는 사례가 있기 때문이다. 따라서 과중한 업무가 곧바로 탈진이나 소진으로 이어지지는 않는다. 업무 부담이 늘면 그만큼 스트레스가 심해지는지 물었을 때 사람들은 대체로 "상황에 따라 다르다"라고 답했다.

　직무 스트레스 위험성을 분석하는 직무 요구-통제 모델이 개발됨에 따라 번아웃 연구에 중요한 진전이 있었다.[16] 이 덕분에 업무 부담 외에 직무 현장에서 노동자가 지닌 통제 권한 역시 중요한 변인임을 확인했다. 직무 요구는 많고 통제 권한이 낮을 때 노동자는 스트레스를 받는다. 하지만 직무 요구가 많아도 통제 권한이 높으면 스트레스로 힘들어하지 않는다. 직무 요구를 수행하는 데 유용한 기술, 전략, 타인의 도움, 자율성, 물품과 장비의 직무 자원이 늘어날수록 노동자의 통제 권한이 증가한다. 직무 요구-통제 모델에 따르면 직무 스트레스 요인은 과중한 업무 자체가 아니라 **다루기 힘든** 업무라는 사실이 드러난다. 세계보건기구가 번아웃을 설명하면서 '제대로 관리되지 않은 직장 스트레스'라고 정의했는데, 이는 바로 번아웃이 업무 부담과 그 재량권의 정도에 따라 발생하는 문제임을 명시한 것이다.

업무 부담뿐만 아니라 재량권까지 고려하는 관점에서 보면 번아웃 예방은 개인의 건강 문제보다는 조직관리 차원에서 봐야 한다. 직장에서 만성 스트레스를 겪는 노동자 문제를 개인 차원에서만 해결하려고 해서는 안 된다는 뜻이다. 개인이 아니라 조직 차원에서 접근해 노동자와 조직 환경의 관계를 개선하는 방향으로 노력을 기울여야 한다. 개인에게 더 분발하라고 다그치는 것은 결코 유의미하고 유익한 대응 방법이 아니다.

사회적 범주

직장에서 형성하는 대인 관계는 공동체 의식이나 소속감을 좌우한다. 자신이 좋아하고 존중하는 동료들과 칭찬, 위로, 지원을 주고받으며 성과를 내고, 기쁨과 행복을 공유할 때 노동자는 가장 좋은 기량을 발휘한다. 동료의 노고를 기꺼이 인정하고 서로 감사할 줄 아는 등 대인 관계가 원만할 때 노동자는 업무 수행에 필요한 격려와 지지를 얻는다. 또 의견 대립이나 문제가 발생할 때 이를 해결할 효과적인 창구를 확보할 수 있고, 직무 몰입 가능성도 증가한다. 조직이 이룬 성과도 좋지만, 이와는 별개로 조직의 일원으로서 가치를 인정받는 것 자체가 큰 보상이다. 자신의 가치를 인정받는 것을 비롯해 직장 내에서 경험하는 사회적 보상은 모두 그 노고를 인정하고 기쁨을 나눌 구성원들이 좌우한다.

　같은 이유로 조직 내에서 갈등이 쉽게 해소되지 않고, 구성원 간에 무례함과 적대감을 드러내고, 무시하고, 배척하고 소외하는 일들이 자주 발생하는 등 직장 내 대인 관계가 원만치 않을 때는 업무 환경이 심신에 해를 끼친다. 이런 환경에서는 스트레스가 커지고 번아웃 위기가 증가한다. 부정적 대인 관계가 번아웃을 일으키는 유일한 원인은 아니지만, 서로 격려하고 인정하는 조직 문화를 조성하면 업무 경험을 대폭 개선할 수 있다.

번아웃 증후군의 발생 원인과 해결 방안을 찾는 연구마다 직장 내 대인 관계 문제는 중요한 요인으로 등장한다. 초창기 번아웃 연구는 의료진과 사회복지 종사자를 주로 다뤘고, 특히 고객 응대 업무를 하는 서비스직 종사자의 대면 관계에 초점을 맞추었다.[17] 시간이 지나고 관련 연구가 쌓이자 고객 관계 못지않게 동료나 상사와의 관계가 번아웃 가능성과 연관이 깊다는 사실이 드러났다. 번아웃을 겪는 노동자는 업무에 차질을 빚거나 개인적 갈등을 키우기 때문에 상호 영향을 주고받는 구성원에게 부정적인 영향을 미쳤다. 이렇듯 번아웃은 '전염성이 있으므로' 동료 간에 상호작용하는 과정에서 번아웃이 확산되고 지속력을 갖는다.[18] 부정적인 상호작용은 사람들의 에너지를 고갈시켜 일을 멀리하게 만든다. 긍정적인 상호작용이 없는 업무 환경은 노동자의 사기를 떨어뜨리는 것으로 나타났다. 이 같은 연구 결과는 번아웃을 단순히 개인 문제로 보지 말고 조직의 특성으로 간주해야 함을 시사한다.

도덕적 범주

사람은 하는 일이 가치 있다고 믿을 때, 그리고 조직에서 공정한 대우를 받는다고 느낄 때 일에 최선을 다한다. 조직이 추구하는 신념과 공정성은 개인과 직무 사이에 나타나는 불일치 문제에서 도덕적 범주와 연관된다. 여기서 도덕이라는 말은 올바른 것, 윤리적인 것, 공정한 것을 의미한다. 가령, 어떤 사람을 가리켜 도덕성이 좋다라고 말한다면 이는 조직 구성원으로서도 좋은 사람이라는 뜻이다. 누군가를 평가할 때 도덕적 책임감을 갖춘 사람이라고 말한다면, 가까운 소수만이 아니라 자신의 영향력이 미치는 모든 사람을 고려해 일을 올바르게 제대로 처리한다는 뜻이다. 진실성 있게 행동하는 사람들은 옳고 그름을 가리며 앞으로 나아가도록 이끌어주는 자기만의 도덕적 나침반을 지닌 사람으로 묘사된다.

그렇다면 올바른 사람이 올바르지 않은 환경에서 일하면 어떤 일이 일어나는가? 조직에서 자신이 받는 대우와 남들이 받는 대우를 끊임없이 비교해 평가하는 노동자에게 공정성은 도덕적 범주에서 중심축이 된다. 예컨대, 기업이 표방하는 가치와 기업의 실행 간에 괴리가 크고, 어려운 일을 낮은 수준에서 처리하는 근무 환경을 생각해보자. 또는 부도덕한 행위를 저질러야 하는 압박이 있거나 노동자에 대한 차별과 편향이 비일비재한 근무 환경이라면 어떤가?

의료계에서는 오래전부터 의료 종사자들이 겪는 **도덕적 고뇌**가 문제로 지적되고 있다. 이는 무엇이 옳은 줄 알면서도 조직 문화와 여러 제약 때문에 그렇게 일하기가 거의 불가능할 때 일어나는 반응이다.[19] 최근에는 이 현상을 가리켜 **'도덕 손상'** 또는 **'공감 피로'** 라고 한다. 이는 예컨대, 효율성을 중시하는 병원 규정 때문에 환자에게 제대로 조치하지 못할 때 나타나곤 한다. 또는 의료 자원이 부족한 상황에서 증상이 심각한 환자들을 돌봐야 하는 구급대원이나 의료인 사이에서도 발생하는 현상이다.

의료 자원이 부족한 상황에서 의료인이 겪는 도덕 손상 문제는 특히 코로나19 팬데믹 기간에 두드러졌다. 거의 모든 지역에서 의료진용 보호 장비를 비롯해 병상과 백신이 부족한 상황에 직면했다. 코로나19 팬데믹 대응 과정에서 일부 지역에서는 '종업원 침묵'이라는 또 다른 윤리 문제가 대두되었다.[20] 의료계를 비롯한 많은 직종에서 직장 내 발생한 불합리한 일에 침묵하도록 강요받는다. 설령 그 일이 사회에 아주 해롭고 부도덕하고 불법한 사안일지라도 그렇다. 하지만 종업원 침묵을 강요하면 조직 성과에 악영향을 미칠 뿐 아니라 자기 생각과 감정을 억제해야 하는 노동자는 몸과 마음에 타격을 입는다.

상기한 사례처럼 도덕적 범주에서 불일치가 커지면 노동자는 영혼이 잠식되는 상태에 이를 수 있다. 이는 번아웃 증후군에서 가장 많이 나타나는 특성이다. 앞서 언급한 응급의학과 전문의를 기억하는가? 이 의사가 경험한 번아웃은 탈진이나 능률 저하와는 거리가 멀다. 군인이건 어린이건 아픈 사람 돕기를 인생 목표로 삼았는데, 환자보다 병원이라는 기관의 수익 증대에 더 힘써야 한다는 사실에 울분이 쌓였다. 즉 가치관 불일치에서 오는 번아웃 증후군이었다. 의료계 외 직종에서도 도덕적 불일치로 인한 문제가 발생한다. 이 경우 노동자는 자신이 하는 일과 그 일을 하느라 치러야 하는 대가 사이에서 갈등한다. 이를테면 돈을 많이 버는 대신 건강을 희생해야 하는 때가 있다. 하지만 마태복음 16장 26절에 나오는 말처럼 "사람이 온 세상을 얻고도 자기 생명을 잃으면 무슨 유익이 있겠는가". 가치관 충돌로 고민하던 노동자가 직장을 그만두기로 결정하고 이 사실을 알리면 기업에서는 임금이나 복지 혜택을 더 많이 주겠다며 유혹하기도 한다. 그리고 그들 중 일부는 "고맙지만, 내 가슴이 시키는 대로 하겠습니다"라고 답하며 회사를 떠난다.

여섯 가지 불일치 문제와 카나리아

번아웃 숍의 근무 환경은 그곳에서 일하는 노동자에게 실로 위험하다. 유독가스가 발생하는 탄광처럼 노동자에게 위험하고 건강에 유해하다. 지금까지 개인과 직무 사이에 나타나는 불일치 문제를 여섯 가지 영역에서 살펴봤다. 그렇다면 내가 다니는 직장이 번아웃 숍인지 또는 번아웃 숍으로 변해가는 중인지 어떻게 평가할 수 있을까? 일하기에 안전한 근무 환경인지 아닌지 어떻게 판단할까?

광부들은 탄광에 들어갈 때 카나리아를 가져가서 그 상태를 보면서 환경의 위험성을 가늠했다. 카나리아는 탄광의 유독성 여부를 알려주는 평가 도구였다. 비록 새 한 마리가 산소가 부족할 때 보이는 반응일지라도 탄광에서 일하는 다른 모든 생명체에게 닥칠 위험을 경고하는 증거로 여겼다. 하지만 오늘날 수많은 일터에서는 노동자가 겪는 괴로움을 그저 개인 문제로 잘못 해석한다. 따라서 해결책도 업무 환경이 아니라 개인에게 초점을 맞춘다. 앞으로 살펴보겠지만 노동자 한 명에게서 읽어낼 수 있는 정보는 예상외로 무척 많다. 번아웃 숍에서는 노동자 한 명이 곧 탄광의 카나리아인 것이다.

2장

위험 경고를 울리는 카나리아

탄광의 가나리아는 흥미롭게도 직장에서 일하는 노동자와 유사하다. 카나리아가 가장 먼저 유독가스에 민감하게 반응하듯이 유해 환경에서 어떤 노동자는 남들보다 빨리 번아웃을 겪는다. 번아웃을 겪는 사람은 카나리아처럼 조직이 뭔가 잘못되고 있음을 알리는 전조나 경보와 같다. 카나리아가 겪는 고통에 주의를 기울이고 탄광 상태를 살펴야 하듯이 번아웃을 해결하려면 노동자가 겪는 고통에 주의를 기울이고 근무 환경을 살펴야 한다.

심리학을 전공하고 지역 정신보건 센터에서 3년째 치료사로 일하는 스탠Stan의 사례를 보면서 번아웃의 위험을 알리는 대표 증상을 살펴보자. 스탠은 자기를 돌아보면서 불과 3년 만에 "활발하고 열정 넘치고 편견 없이 타인을 배려하던 자신이 끔찍하게 냉소적이고 모든 것에 무감한 사람"으로 변해버렸다고 말했다. 26세라는 나이에 궤양까지 생겼다. 긴장을 풀고 잠이 들려면 술을 마시고 신경안정제를 복용해야 했다. 병가는 일찌감치 모두 써버렸다. 스탠은 남은 한 해를 견디려면 '제너럴모터스라든지 델코Delco 또는 프리지데어Firgidaire에서 일하는 사람'이라고 생각하고 내담자 상담 시에 되도록 감정이입을 줄이기로 굳게 마음먹었다. 조립생산 라인에서 일하는 노동자 같은 마음으로 내담자를 대하기로 한 이유는 이랬다. "사실 제가 일하는 곳이 그런 곳이에요. 정신 건강 치료 공장이죠!"

스탠은 타인의 슬픔에 쉬지 않고 개입하는 일에서 벗어나야 한다는 사실을 고통이 깊어지면서 깨달았다. 출근해서 사무실 앞에만 서면 몸이 떨릴 지경에 이르렀다. '됐어. 여기까지 하자'라는 생각이 들었다. 내면을 잠식하기 시작한 죽음의 기운을 몰아내려고 스탠은 휴직을 신청했다. "압박감을 이겨내지 못했으니 심리치료사로서 실패한 기분이 들고 몹시 뼈아프지만, 지금 당장 뭐라도 하는 편이 나중에 사태가 심각해져서 자살하는 것보다는 나으니까요."[1]

스탠의 이야기는 중증 번아웃 증후군을 겪는 이들 사이에서는 흔한 이야기다. 그의 이야기를 듣다 보면 비슷한 일을 겪는 친구가 떠오르거나 자신에게 일어난 일을 떠올릴지도 모른다. 번아웃 연구 초창기에 우리가 결과를 발표한 후 수많은 이들에게 경험담을 들은 것은 귀중한 성과였다. "제가 느꼈던 그대로였어요! 번아웃이 무엇인지 알아요. 저도 그런 일을 겪었거든요!" 편지와 전화 통화에서 독자들이 전하는 사연을 듣고 자신이 겪는 고통을 진단하는 일이 사람들에게 얼마나 중요한 일인지 깨달았다. 다음과 같은 메시지를 보낸 독자들도 많았다. "여태껏 저만 문제인 줄 알았어요. 제가 유별난 사람인가 싶었죠. 알고 보니 저와 같은 경험을 한 사람도 많고 이 증상을 부르는 명칭도 있더군요." 번아웃을 "나 혼자만 겪는 게 아니다"라는 인식이 생기고부터 사람들은 자신이 비정상이 아니라는 사실을 깨달았다. 다시 말해, 번아웃은 바람직하거나 좋은 경험은 분명 아니지만, 생각보다 흔하고 널리 퍼져 있음을 알게 되었다.

카나리아에게 무슨 일이 일어난 것일까?

개인이 겪는 번아웃 증후군을 판별하는 진단 도구로 우리는 매슬랙 번아웃 척도MBI를 이용한다. 오랜 기간에 걸쳐 과학적 기준에 따라 이 진단법을 개발했다. 매슬랙 번아웃 척도는 기력 소진, 냉소주의, 효능감 저하, 이렇게 세 영역에서 번아웃 증상을 측정한다.[2] 설문 응답자는 영역별로 관련 증상의 빈도를 높은 경우(매일 또는 일주일에 여러 번 경험한다)부터 낮은 경우(1년에 몇 차례 또는 전혀 그렇지 않다)까지 평가한다. 매슬랙 번아웃 척도에는 "일 때문에 감정이 고갈된 기분이다", "고객에게 무슨 일이 일어나든 무관심하다" 등의 문항이 있다.[3] 이 척도를 개발하고 나서 세계 여러 나라에서 많은 전문가가 이를 활용해 후속 연구를 수행했고 번아웃을 이해하는 중요한 동찰을 얻었다. 무엇보다 번아웃 개념을 세 가지 차원에서 정립할 수 있었다. 번아웃 증후군은 한 가지 요인으로 발생하는 증상이나 느낌이 아니라 기력 소진, 냉소주의, 효능감 저하가 모두 작용할 때 나타난다.

첫째 영역에서 진단하는 '기력 소진'은 스트레스를 받을 때 나타나는 반응으로 대개는 직장생활에 문제가 있을 때 가장 먼저 나타나는 징후다. 이 영역에서는 신체 및 정신 건강 상태를 다룬다. 직무를 제대로 수행하는 데 필요한 자원은 부족하고, 직무 요구는 과도하다고 느낄 때 일에 짓눌리는 기분이 든다. 전력을 다해 일하느라 몸도 마음도 지쳐버렸는데 기력을 회복하고 재충전할 힘이 전혀 없는 느낌이다. 직장에서 또 다른 하루를 맞이하고 다시 문제에 대처할 기운이 없다. '기력 소진'은 에너지 고갈, 심신 쇠약, 피로,

탈진 같은 용어로 묘사되기도 한다.

둘째 영역에서 진단하는 '냉소주의'는 직장생활 곳곳에서 나타나는 부정적이고 냉담하고 지나치게 무감각한 반응을 가리킨다. 기력이 소진한 상태이므로 처음에는 자기방어 차원에서 나오는 반응일 수 있다. 일에 '거리를 두고' 관심을 두지 않음으로써 정서적 충격을 줄이려는 의도다. 많은 일을 너무 열심히 하다 보면 결국에는 지쳐 하던 일을 줄이고, 감정을 차단한 상태에서 업무를 처리하게 된다. 일에서 아무 가치를 찾지 못하고 심리적으로 거리를 두는 태도는 고객을 기계처럼 대하는 문제를 일으킨다. 노동자는 이런 방식으로 자기를 방어하고 업무를 줄일 뿐 아니라 직무상 만나는 사람을 향해 갈수록 부정적으로 대응한다. 특히 사회복지 분야에서 나타나는 냉소주의는 고객을 비인격화하는 행위로 간주하기도 한다. 이 외에도 짜증, 회피, 의미 상실, 공감 피로, 고객을 향한 부정적이고 부적절한 행위로 나타나기도 한다. 냉소주의가 심해지면 최선이 아니라 최소한만 일하는 쪽으로 업무 태도가 바뀐다.

셋째 영역에서 진단하는 '효능감 저하'는 무력감을 느끼는 현상과 업무 생산성 저하, 성취감 감소를 가리킨다. 건강한 노동자는 자신에게 주어진 직무를 효과적으로 수행한다는 **직무 효능감**을 지닌다. 하지만 직무 수행에 이용할 자원이 불충분하고, 자신을 격려하고 지원하는 동료나 상사가 없으며, 전문성을 개발할 기회가 부족하면 직무 효능감이 감소한다. 이런 환경에서 노동자는 진로를 잘 못 선택한 기분이 들고, 자신이 혐오하던 부류의 인간으로 변해가는 기분을 느낀다. 타인뿐 아니라 자기 자신을 부정적으로 대하는 빈 도가 늘면서 자신감을 잃고 우울증에 빠지기도 한다. '효능감 저하' 는 성취감 저하, 무능력, 의욕 감소, 대응 능력 상실로도 나타난다.

여기서 중요하게 짚고 넘어갈 사실이 하나 있다. 번아웃 증후군 은 간혹 나타나는 현상이 아니라 장기간 지속하는 현상이라는 점 이다. 더러 아침에 한 번씩 녹초가 된 기분을 느낀다든지 직장에서 이렇다 할 성과를 내지 못해 때때로 좌절한다면 이는 평범한 일상 에 해당한다. 하지만 매일 아침 녹초가 된 기분으로 눈을 뜨고, 일 터에서 효능감을 느낄 때가 거의 없으면 번아웃 증상이 만성 상태 임을 암시한다. 특히 스트레스 요인이 넘쳐나는 직장 환경에서는 1년에 몇 차례 정도가 아니라 빈번하게 번아웃 증상을 경험할 가능 성이 크다.

오랜 연구 결과 번아웃 증상은 직장생활 외에도 개인 건강에 악 영향을 미치는 것으로 나타났다. 번아웃을 겪는 사람 중에는 건강 이 나빠졌다고 말하는 경우가 많았다. 만성 피로, 수면 장애, 근골 격계질환, 심혈관계질환을 비롯해 다른 사람들보다 더 자주 몸이 아팠다. 생활 습관이 나빠졌다고 전하는 이들도 많았다. 잠을 이루 지 못하고, 식사를 거르는 날이 많아졌고, 운동 시간도 줄었다. 흡연, 음주, 마약 복용 같은 나쁜 습관에도 빠졌다. 번아웃이 찾아오면 제대로 업무를 수행하기 힘들어져서 자신감이 줄고 직무 만족도가 떨어진다. 직장에서 겪는 어려움은 가정생활에도 악영향을 끼쳤으며 이들은 불안, 우울, 자존감 상실을 경험하기도 했다. 결국 직장에서 보내는 시간을 최소화하려고 노력하거나 회사를 떠나기도 한다. 심신에 더 큰 피해를 초래하기보다 경제적 손실을 감내하는 편을 선택한다.

스트레스, 피로, 좌절감을 장기간 경험하는 사람 중에는 자신이 겪는 문제를 동료와 터놓고 나누며 원인을 찾는 경우도 있다. "어째서 내가 이 일을 해내지 못하는 걸까요? 어떻게 하면 좋을까요?" 또 어떤 이들은 동료를 쌀쌀맞게 대하거나 비웃고 모욕하며 좌절감을 해소하기도 한다. 하지만 번아웃을 겪을 때 대다수는 감정을 타인에게 드러내거나 공유하지 않는다. 특히 번아웃 증상 가운데 냉소주의와 효능감 저하는 남들에게 숨기는 경우가 많다. 이와 달리 기력 소진은 두 증상보다는 발견하기 쉬운 편에 속하는데, 주변 사람들은 이 증상을 보고 '전력을 다해 일하고 있다는' 신호라며 긍정적으로 평가한다. 번아웃 증상이 심해지는 과정에서도 정작 당사자는 '나는 강인하니까 어떤 일도 감당한다'라며 이를 자부심의 원천이자 자랑거리로 여기기도 한다.

피해자 탓하기

번아웃 증후군을 겪는 사람은 사회적 낙인이 찍힐 때가 많다. 번아 웃이 어떻게, 왜 발생했는지와 상관없이 나약하고, 무능하고, 실패한 사람의 징표로 여긴다. 번아웃을 겪는 노동자는 이 같은 낙인으로 상사나 관리자 또는 동료에게 부당한 대우를 받을까 봐 두려워한다. 이를테면 직무 평점을 낮게 받거나, 임금 인상이나 승진 대상에서 제외되거나, 해고를 당하거나, 동료에게 '뒤통수 맞을 가능성'을 걱정한다. 이는 근거 없는 두려움이 아니다. 지난 몇 년긴 번아웃 증후군을 오히려 반기는 사업주를 드물지 않게 목격했다. 사업주는 노동자를 마음대로 해고할 수 없지만, 번아웃 증후군으로 노동자가 스스로 사표를 던지고 나가면 사업주는 직접 해고할 수고를 덜기 때문이다. 우리가 처음으로 번아웃 증상을 연구했을 때 번아웃에 따라다니는 낙인 때문에 정확한 정보를 얻는 데 애를 먹었다. 그로부터 수십 년이 흐른 지금도 여전히 사회적 낙인 문제는 해결되지 않았다.

　오늘날 적지 않은 노동자가 직장 내 '공포 문화'로 인해 상사의 요구를 좀처럼 거절하지 못한다고 토로한다. 이를테면 비번 날에 출근하라고 할 때도, 터무니없이 짧은 기간 안에 과제를 완성하라고 할 때도, 수당도 없는 시간외근무를 요구할 때도 거절하지 못한다. 공포감이 지배하는 조직에서 일하는 노동자는 문제가 있어도 의견을 피력하지 않고 진실을 밝히지 않는다. 또 상황을 개선할 방안이 있어도 제시하지 않는다. 괜히 자기 문제를 드러냈다가 징징대거나 나약한 사람으로 취급받거나 '전력을 다해 일하지 않는' 직원으로 상사에게 찍혀 어떤 식으로든 불이익을 당하리라 믿기 때문이다.

최근 몇 년 동안 IT 분야 스타트업에서 일하는 청년들이 스스로 목숨을 끊는 사례가 눈에 띄게 늘어나 사회가 주목하고 있다. 아끼던 후임을 잃은 IT 기업의 한 관리자가 업계 블로그에 비통한 심정을 토로했다. 세상을 뜬 후임이 생전에 괴로워했다는 사실을 자신은 알지 못했으며 전혀 돕지 못했다고 그 충격을 전했다. 이 선임은 그 일이 있고 나서는 직장에서 힘들어하는 동료가 보이면 더 자주 챙겼고, 행여 나쁜 마음을 먹고 있으면 반드시 자기에게 연락하라고 당부했다고 한다.[4] 나중에 한 IT 관련 학회에서는 강연자가 이 선임 기술자의 사례를 언급하며 청중 가운데 번아웃으로 힘든 사람이 있거든 주저하지 말고 주변에 도움을 청하라고 강력히 권고했다. "도움이 필요하다고 느낄 때는 직장에 있는 사람 아무에게나 무조건 도움을 청하세요!" 그러자 잠시 침묵이 흐르다가 여기저기서 사람들이 손을 들기 시작했다. 거기 있던 사람들은 이 문제가 그렇게 간단히 해결될 일이 아니라고 생각했다. 누군가 말했다. "예,

참 듣기 좋은 말입니다. 하지만 유경험자로서 하는 말인데 그 방법은 효과가 없어요. 왜냐면 그런 말을 꺼내는 사람을 보면 어리석고 나약한 낙오자로 여겨 무시하거든요." 또 다른 이도 여기에 공감했다. "사람들은 그런 사람과 연루되고 싶어 하지 않아요." 그나마 듣는 위로라고 해봤자 "한껏 멋을 내봐요. 그러면 기분이 나아져요. 그리고 나랑 함께 맥주나 마셔요. 괜찮죠?"라는 정도라고 했다.

번아웃을 겪는 사람의 관점에서 남에게 도움을 청하기란 그리 단순한 문제가 아니다. 문제를 지닌 사람이라는 낙인이 찍힐 뿐만 아니라 그 문제도 결국 자기 혼자 해결할 일임을 확인할 뿐이다. 사람들은 번아웃 증상을 기질 문제로 판단한다. 즉 개인의 타고난 성향 때문에 발생한 결과로 본다. 만약 누가 도움이 필요하다면 문제의 원인은 다름 아닌 당사자에게 있다는 것이다. "더운 주방을 견딜 수 없으면 당신이 떠나야지"라는 식이다. 그렇기에 오히려 피해자를 탓하고 모욕하며 심지어 직장에서 쫓아내려고도 한다.

많은 이들이 번아웃 증상을 감추려는 이유도 향후 발생할지 모르는 불이익에서 자신을 보호하기 위해서일 것이다. 솔직하게 개인의 의견을 표출하지 못하는 조직 환경에서는 **다원적 무지** 현상이 나타나기도 한다. 다원적 무지란 한 집단에서 어떤 사안을 놓고 구성원 다수가 자기와는 생각이 다를 거라 오판하고 의견을 숨긴 채 다수의 생각에 동의하는 척 행동하는 현상이다. 다시 말해 다원적 무지 현상이 나타나면 실제 현실을 크게 오해한다. 스트레스 요인이 넘쳐나는 직장 환경에서는 누구라도 번아웃을 겪을 수 있지만, 자신을 제외하고 남들은 모두 멀쩡하다고 인식하면 생각을 숨기고 일부러 행복한 표정을 꾸민다. 하지만 다른 사람들 역시 같은 이유로 자신을 숨기며 행복한 표정을 지을지도 모른다. 다들 '나는 아무 문제 없다'라며 거짓된 메시지를 주고받고 속으로는 '역시 나만 정상이 아니구나!'라는 생각을 강화한다. 경영진을 대상으로 번아웃 증후군 연구를 수행할 때 그들이 경영하는 기업이나 관리하는 부서에 관한 설문조사 결과를 공개하면 대부분 깜짝 놀란다. 예를 들어 "이곳 임직원 가운데 56.3%가 여기서 일하는 동안 사람들에게 더욱 냉담해졌다고 응답했습니다"라는 조사 결과를 듣는 순간 조직의 많은 이들이 자신과 같은 생각을 한다는 사실에 놀라며 주변을 둘러보곤 했다.

부정적 평판을 얻지 않으려고 조직의 다수와 감정을 공유하는 노력은 번아웃을 감추는 또 다른 형태로 나타난다. 일례로, 사람들은 조직 사명이나 가치에 충성하는 모습을 보이기 위해 자신이 믿는 가치를 뒷전으로 밀어내기도 한다. 기업에 순응하는 척 **가면**을 쓰는 것이다.[5] 진짜 감정을 감추는 일이 실제 업무가 되는 근무 환경도 있다. 이런 일을 **감정 노동** 산업이라고 한다. 예를 들어, 항공기 승무원은 승객이 규칙을 어기거나 심지어 무례하게 굴어도 언제나 웃는 얼굴로 친절하게 응대해야 한다. 코로나19 기간에 이미 목격했지만, 의료계 종사자와 구급대원은 위기 속에서도 당황하지 않고 환자를 따뜻하게 돌보도록 훈련받는다.[6] 감정 노동을 제대로 수행하려면 조직에서 요구하는 감정을 겉으로 표현하는 방법(표면 행위), 또는 조직에서 요구하는 감정을 실제로 느끼도록 자신을 변화시키는 방법(내면 행위)을 익혀야 한다. 자연스레 우러나는 감정을 억제하거나 억지로 감정을 꾸미고 표현하려면 적잖은 에너지를 쏟아야 한다. 과도한 감정 노동을 요구하는 환경 역시 번아웃 위험성이 높다.

문제 해결 방안을 찾아서

앞서 살폈듯이 번아웃을 겪으면 이목을 끌 수 있고 이는 다시 부정적 결과로 이어지기도 한다. 번아웃 증상을 인정했을 때 좋은 결과를 기대하기 어렵다는 점에서 당연히 노동자는 문제를 스스로 인정하지 않을 때가 많고 도움을 요청하기도 꺼린다. 그 결과 번아웃을 겪는 노동자는 그 증상이 심해져 심신 쇠약에 이르기 쉽다.

근무 환경에서 개인이 겪는 고통을 완화하려면 어떻게 해야 할까? 카나리아를 예로 들어보자. 새의 움직임이 이상하면 갱도가 위험한 것을 인지하고 새를 밖으로 데리고 나와 충분히 회복하도록 돌본 후 다시 갱도로 데리고 들어가는 방법이 있다. 노동자가 겪는 번아웃에 대응할 때도 이와 비슷하다. 유해 환경에서 벗어나는 방법(병가, 휴가, 근로 시간 단축)이 있고, 심신 건강을 회복하는 방법(휴식, 긴장 풀기, 건강한 습관, 운동)이 있다. 하지만 번아웃을 겪는 이들을 비정상적이고 무능한 사람으로 보는 관점도 있다. 다른 구성원이 문제없이 일하는 근무 환경에서 이들만 유독 힘들어한다고 여기기 때문이다. 이 관점에서 보면 번아웃이란 의사의 진단과 처방 또는 치료가 필요한 일종의 '질환'이다. 이 두 가지 대응, 곧 개인 차원에서 심신을 회복하도록 돕는 전략이나 의학 문제로 접근하는 전략 모두 개인에게 문제가 있으며 어떻게든 노동자를 '고치면' 해결된다고 전제한다. 요컨대 탄광의 환경은 그대로 놔두고 카나리아만 건강하고 강하게 키워서 유독가스에도 멀쩡하게 일하도록 하는 방법에 가깝다.

일각에서는 번아웃 증후군을 다루려면 '사람을 고치는' 전략이 중심이 되어야 한다고 주장한다. 하지만 지금까지 번아웃을 연구한 결과에 따르면 이 주장에 결코 동의할 수 없다. 번아웃이란 개인과 직무 사이에 나타나는 불일치 때문에 발생하므로 해결 방안 역시 노동자와 아울러 **근무 환경도** 함께 다루어야 한다. 물론 번아웃 증상을 개선하려고 당사자 본인이 할 수 있는 일이 많다. 다만 우리는 더 좋은 대책으로 노동자를 지원하라고 권장한다. 번아웃 증후군 대책 마련과 번아웃을 겪는 노동자를 환자로 인식해 '치료' 하는 일은 전혀 다른 문제다. 이를 이해하려면 번아웃 문제를 의료 차원에서 다루는 관점이 주류를 형성하게 된 이유와, 또 그에 따라 어떻게 잘못된 우선순위를 설정하게 되는지 알아야 한다.

번아웃 증후군은 질병일까?

현재 사회 통념에 따르면 번아웃 증상이 나타나면 이는 건강에 심상치 않은 문제가 생긴 것이므로 치료를 진지하게 고려해야 한다. 번아웃 증후군을 질병으로 규정하려는 쪽에서는 식별 가능한 증상이 무엇인지 규정하고, 일관된 기준에 따라 병을 진단하며, 효과적인 치료나 치유 방법을 명시하려고 노력한다. 하지만 번아웃이 질병임을 지지하는 근거가 부족하다. 실제로 세계보건기구는 번아웃을 "질병으로 분류하지 않는다"라고 명시했다. 다만 번아웃이 건강 상태에 영향을 미쳐 의료 개입이 필요할 수 있으므로 주의를 기울여야 하는 '직업 관련 현상'이라고 규정했다. 번아웃 증상은 이를테면 심혈관질환이나 우울증처럼 진단과 치료가 필요한 건강 문제와 연결되지만 그렇다고 그 자체로 질병은 아니다.[7] 이와 마찬가지로 미국정신의학회American Psychiatric Association는《정신질환의 진단 및 통계 편람Diagnostic and Statistical Manual of Mental Disorders》에서 명시한 진단 기준에 따라 번아웃을 목록에 포함하지 않았다. 번아웃은 인간 본성에 내재하는 문제이지 정신질환이 아니라는 판단이었다.[8]

번아웃 증후군이 질병이나 장애라는 견해를 지지하는 임상 근거가 부족한 점을 고려할 때 의문이 따른다. 그렇다면 어째서 번아웃을 의료 문제로 규정하려고 꾸준히 노력하는가? 여러 이유가 있겠지만, 번아웃이 질병으로 규정되어야 기존 의료 체계 안에서 적법한 절차를 거쳐 전문가에게 치료를 받고 건강보험을 적용할 수 있기 때문이다. 번아웃으로 고통받는 사람에게 적절한 의료서비스를 제공하고 의료진의 도움을 받게 하려는 목표는 정당하다. 하지만 번아웃을 질병으로 규정하려는 해법은 번아웃이 무엇인지 본질 자체를 바꾸는 일이다. "번아웃이라는 질병이 있어야 당사자가 문제를 해결하는 과정에서 환자로서 적법한 도움을 받을 수 있으니, 번아웃을 질병으로 규정해야 한다"라고 주장하는 것은 원칙을 벗어난 편의주의라 해도 무방하다.

번아웃을 질병으로 규정하면 노동자의 건강 상태와 복지에 더욱 관심을 기울여 긍정적 효과를 기대할 수 있는 것도 사실이다. 구성원의 건강을 증진하는 데 힘쓰는 기업은 여러 형태로 보상을 받는다. 결근이나 병가가 감소하고, 직장 동료나 고객 건강에 미치는

(전염병 확산 같은) 부정적 영향도 줄어든다. 또 한편으로는 활력과 회복탄력성이 증가하고 업무 몰입도가 증가한다. 구성원의 건강을 증진하고자 변화를 단행한 조직도 많다. 직장 내에 체력 단련실을 설치하거나 피트니스 강좌를 제공하고, 건강식을 판매하는 자판기를 들이고, 금연이나 체중 감량 같은 주제로 특별 강좌를 개설하기도 한다.

번아웃을 질병으로 규정할 때 발생하는 문제 중 하나는 번아웃을 판별하는 공식 진단기준을 마련해야 한다는 점이다. 공식 진단기준 도입에 반대하는 사업장도 있다. 노동자가 번아웃으로 문제 증상을 자각하면 그것으로 충분하다고 여기기 때문이다. 이들 기업은 노동자가 번아웃으로 고통받는 현실을 인정하고, 번아웃 문제를 보고받으면 마땅히 노동자를 돕고 지원해야 한다고 판단한다. 노동자가 번아웃을 호소할 때 이들 기업이 제시하는 해법은 대체로 휴가, 근무 시간 단축, 직무 순환, 직무 변경, 상담사나 심리치료사 배정, 조기 은퇴 계획이다. 개인마다 차이가 있으므로 기업은 당사자가 겪는 어려움에 귀를 기울이고, 적절한 대책을 마련한다. 맞춤형 직원 복지 제도는 새로운 개념이 아니다. 실제로 많은 조직에서는 흔히 말하는 최우수 인재를 대상으로 고도로 개별화된 전문성 개발 프로그램을 지원한다. 다만 그 대상은 평사원보다는 고위 관리직일 때가 많다. 조직이 모든 직원의 복지를 향상하고자 한다면 모두에게 맞춤형 프로그램을 지원하는 전략이 좋을 것이다.

대다수 기업에서는 직원이 하는 구술에 의존하기보다 증상을 정확히 측정하는 '공식' 검사를 거쳐 번아웃을 판정하고 싶어 한다. 열이 날 때 온도계로 체온을 재고, 혈액 검사로 콜레스테롤 수치를 재듯 번아웃 진단법에 따라 번아웃 발생 여부를 가리고, 증상이 얼마나 심각한지 수치로 확인하기를 바란다. 번아웃 진단법에서 제시하는 측정 점수는 충분한 의학 연구를 기반으로 하여 그 유효성과 신뢰성을 보장받아야 한다. 앞서 언급했듯이 번아웃을 질병으로 규정할 만한 임상 근거는 아직 없지만, 그렇다고 표준 진단법이 마련되기를 원하는 대중의 열망을 막지는 못한다. 객관화된 진단 방법을 찾는 기업이나 조직은 매슬랙 번아웃 척도를 비롯해 번아웃 증상 조사용 설문지나 측정 도구를 목적에 맞게 고쳐서 진단 도구로 사용하는 경우가 많다. 이렇게 측정한 수치를 근거로 번아웃을 확인하고 마치 의학 진단서인 양 중증 여부를 판단한다.

기업이나 조직만 객관화된 진단법을 바라는 것은 아니다. 문제가 있는 노동자도 자신이 느끼는 여러 감정이 혹시 번아웃 증상은 아닌지 진실을 알고 싶어 한다. 또 주변 동료나 친구, 배우자가 비슷한 문제를 겪고 있을 때 객관화된 진단법이 있으면 변화에 필요한 동기를 부여해 생활방식을 개선할 수 있으리라 기대한다. 하지만 표준 진단법을 누구보다 바라는 주체는 직원 복지에 신경 쓰는 기업이다. 번아웃 증후군을 예방하고 극복하려면 먼저 이를 진단할 믿을 만한 장치 구비가 중요함을 알기 때문이다. 여러 자료에서도 나타나듯이 기업들은 매년 실시하는 사내 설문조사에 '번아웃 증후군 진단법'을 포함하며, 이를 지표 삼아 직원 복지를 평가하고 실행하는 장치로 운용하고 있다. 기업은 전 사원을 대상으로 정기적으로 설문조사를 실시하고, 관리자는 번아웃 진단 평균값을 살펴 장기간에 걸쳐 증가 추세인지, 감소 추세인지 점검한다. 이처럼 기업에서 실시하는 번아웃 진단 검사 결과는 구성원 개인이 아니라 전체 조직 차원에서 번아웃 증후군의 심각성을 평가하는 데 이용된다. 설문조사가 대개 그렇듯이 번아웃 진단 설문은 익명으로 진행하므로 진단 점수는 구성원 전체를 평가하는 기준으로만 사용할 수 있다. 이를테면 전체 직원 중 번아웃을 겪는 이들이 얼마나 되는지 등을 확인하는 용도로 쓰인다.

번아웃을 겪는 이들에게 따라다니는 낙인 효과를 고려하면 익명으로 진행하는 설문일지라도 사람들의 우려를 말끔히 제거하지는 못한다. 익명성이 항상 철저히 보호받지는 못하기 때문이다. 설문 문항에서 응답자 이름이나 사원번호를 묻지는 않는다. 하지만 응답자가 소속한 부서와 하는 일, 인구통계 정보 등을 묻기 때문에 특정 개인 식별이 어렵지만도 않다. 이러한 상황은 윤리 관점에서도 문제지만 실제 검사에도 악영향을 미친다. 익명으로 작성해도 신분이 공개될지 모른다는 두려움에 설문 과정에서 자기 검열을 할 위험이 있다. 번아웃 설문조사 결과를 분석해 통계를 내는 용도로서 실시하지 않고 당사자의 이해를 돕는 용도로만 이용하기도 한다. 하지만 이 경우에도 문제가 생길 수 있다. 번아웃 설문 점수를 당사자에게만 제공해 자기 상태를 더 정확히 이해하도록 돕는 것까지는 좋다. 하지만 번아웃 설문 점수를 당사자에게 알리는 데 그치지 않고 약물 복용이라든지 심리치료나 상담을 권유하고는, 일을 제대로 하든지 아니면 이직하라는 등의 대책을 제시하는 것은 문제다. 당사자가 요청하지 않았는데도 번아웃 설문을 의무로 실시하고 그 결과를 당사자도 모르게 타인과 공유하는 일도 빼놓을 수 없다. 한 의대생은 본인 의사와 상관없이 설문에 응했던 경험을 비판했다.

저희는 해마다 수련평가 설문조사에 참여해야 합니다. 그런데 저희가 받는 스트레스가 얼마나 큰지 또는 담당 환자 수가 얼마나 많은지 솔직하게 답하면 전문의 선생님이 어깨를 툭툭 치며 이렇게 말할 겁니다. "자네에게 번아웃 문제가 있는 듯하니 심리상담을 받도록 하게." 저희도 알아요. 이른바 문제가 있는 학생은 결코 좋은 학점을 받지 못하고 나중에 좋은 추천서도 기대할 수 없어요. 그러니 어느 누가 위험을 무릅쓰고 솔직히 말하겠어요? 담당 환자 수가 많아서 불만이라고 이야기할 사람은 아무도 없습니다. 그래서 거짓말을 합니다. 실제로 문제가 있더라도 아무 문제가 없다고 말이죠.

당사자 동의 없이 번아웃 설문 점수가 공개되기도 한다. 의료계 노동자들에게 듣기로는 사내 게시판이나 사무실 입구에 당사자 이름과 번아웃 진단 점수를 게시한 사례도 있다. 무슨 이유로 이렇게 공개했는지 모를 일이다. 동료들이 서로 격려하며 팀 차원에서 변화를 꾀하기를 바라는 의도였는지 몰라도 우리가 보기에는 오히려 망신을 주는 일에 가깝다.

조직 내에 복지 위원회나 고충 처리 위원회처럼 번아웃 문제 등으로 도움을 요청할 수 있는 기관이 있을 경우, 개인정보를 지키지 않는 일이 발생할 수 있다. 물론 이 같은 지원 서비스는 노동자에게 유용한 조언과 위안을 제공하므로 긍정적인 측면도 있다. 하지만 사생활을 침해하는 일이 너무 자주 발생한다. 만약 당신이 회사에서 다른 사람에게 비밀을 털어놓으면 그 정보가 비밀에 부쳐지리라 생각하는가, 아니면 결국에는 누군가 알게 되리라고 생각하는가? 번아웃 설문조사에 참여하면 그 기록이 공개되리라고 염려하는가? 노동자가 상담 서비스를 이용하려고 사무실을 찾을 때 이 모습을 누군가 목격하기도 한다. 이 경우 이 서비스를 이용하려고 했다는 사실 자체는 감추지 못한다. 한번은 어느 경찰서를 갔는데 정신과 의사 상담실이 경찰서장 사무실 옆에 있었다. 이런 환경에서 경찰들이 상담 서비스를 이용하는 비율은 낮을 수밖에 없다.

직원들은 설문조사의 익명성이 제대로 지켜질지 우려하면서 한편으로는 어차피 자기 뜻이 전혀 반영되지도 않을 설문지에 일일이 답하는 것에 불만을 느끼기도 한다. 설문조사 문항이나 직원들이 질문에 얼마나 솔직하게 답변할지를 우려하기 전에 먼저 결정할 문제가 있다. 사내조사 설문지에 직원들이 답변하고 의견을 제시한 것이니 설문 결과를 모든 직원과 공유하는 것이 좋을까? 오랜 기간 번아웃을 조사한 바에 따르면, 번아웃 관련 검사와 설문조사를 진행한 사람들은 데이터와 분석 결과를 공유하지 않을 때가 많았다. 설문조사에 응한 직원들은 그 결과가 어떻게 사용되고, 어떤 변화가 생기는지 통보받지 못했다. 우리가 직원들을 만날 때마다 으레 듣는 불만 사항이 있다. 협조 요청을 받고 설문조사에 응할 때가 많지만 한 번도 그 결과를 본 적이 없다는 점이다. 주로 다음과 같다.

우리는 해마다 직무와 관련해 똑같은 질문을 하는 설문조사에 응합니다. 질문이 몇 가지 바뀌기도 하는데 대개는 그 질문이 그 질문입니다. 처음에 설문조사에 응했을 때는 진지하게 최선을 다해 답했죠. 마지막에 개선점을 제안하는 항목이 있는데 어떤 대안이 좋을지 오랫동안 심사숙고해서 적었어요. 다들 그렇게 열심히 설문을 작성했고 무슨 말을 써냈는지 서로 대화를 나누기도 했어요. 이렇게 제시한 여러 의견에 관해 경영진이 어떤 의견을 내놓을지 기다렸어요. 기다리고 또 기다렸지만 달라진 건 없었어요. "문제를 개선하려고 노력하고 있습니다"라는 뻔한 말뿐이었죠. 우리가 낸 의견을 어떻게 생각하는지, 아니 설문지를 읽기는 했는지 전혀 알 수가 없었어요. 그런데 이듬해에도 똑같은 설문조사를 하라더군요. 이번에는 좀 다를까 싶으면서도 어쨌든 후다닥 적어 냈어요. 또다시 기다렸죠. 기다렸지만 아무 일도 일어나지 않았습니다. 1년 뒤에도 똑같은 설문조사를 실시했고 될 대로 되라는 심정으로 저는 아무렇게나 적어 냈어요. 다른 사람들은 설문지에 아무것도 쓰지 않더군요. 윗사람들은 현장에서 무슨 일이 일어나는지 알지도 못하고 우리 이야기를 듣고 싶어 하지도 않는다는 사실을 확인하고는 냉소주의만 커졌을 뿐입니다.

한편으로 설문조사를 해도 효과가 없다고 불평하는 경영진도 있다. 진단 도구 선정부터 미숙하게 이루어지는 설문 설계와 그로 인한 저조한 응답률, 수집한 데이터의 신뢰성 문제까지, 여러 이유가 있을 것이다. 무엇보다 경영진이 크게 실망하는 이유는 '눈에 보이는 변화가 없기' 때문으로 보인다. 다시 말해, 번아웃 발생률 감소와 직원 참여도 증가처럼 바람직한 지표가 나타나지 않기 때문이다. 하지만 실제로는 설문조사 후에 유의미한 후속 조치를 실행하지 않았기 때문인 경우가 많다. 기업은 설문조사로 얻은 모든 데

이터를 생산적인 방식으로 활용해야 한다. 경영진이라면 설문 결과 데이터를 보면서 긍정 지표든 부정 지표든 흐름을 읽을 줄 알아야 한다. 데이터에 나타나는 지표를 분석해 실행 방안을 계획하고 미래 성장 가능성을 예측할 줄 알아야 한다. 번아웃을 겪는 근로자의 건강을 증진하고 이로써 조직 전체의 복지와 성공을 도모하려는 목표 자체는 칭찬받을 일이다. 하지만 해마다 의무로 실시하는 사내 설문조사에서 번아웃 증상을 진단하는 방법만으로는 이 목표를 달성하기 어렵다.

전체 직원을 대상으로 번아웃 증상을 진단하는 시도를 비판하는 게 아니다. 이 같은 설문조사 결과는 미래를 위한 성장에 유용한 원천이 되기도 한다. 하지만 실효성을 높이려면 설문에 결함이 없어야 하고 후속 조치에도 진정성이 있어야 한다. 직원들이 실제로 혜택을 누리는 결과를 만들어야 한다. 매년 설문조사를 실시하면서도 아무 가치를 생산하지 못한다면 '설문조사 때문에 번아웃이 올 지경'이라고 비판받기 마련이다. "입력값이 나쁘면 출력값도 나쁘다"라는 말처럼 설문조사 과정이 무의미한 과제로 전락한다.

더 주목할 부분은 번아웃을 진단하는 표준 설문지로 측정한 값을 마치 의학 진단 결과처럼 활용해 개인에게 치료를 요구하고, 번아웃 문제는 개인 차원에서 해결할 일이라는 인식을 강화한다는 점이다. 이러한 설문조사로 노동자 건강을 중시하는 문화를 형성한다 해도 번아웃을 겪는 개인이 비난받을 가능성이 크다. 우리 연구진이 접한 수많은 사연에 따르면 회사에서 번아웃 '진단'을 받고 신경안정제와 수면제를 처방받은 사례도 있고, 심리치료를 받고 단점을 극복하라고 요구받은 사례도 있다. 이런 환경에서는 "우리가 무엇을 도와드릴까요?"라고 묻는 말이 "우리는 문제가 없는데 당신은 그렇지 않군요"라는 말로 들릴 수 있다. 슬픔, 우울증, 불안감 같은 문제로 고통을 겪는 이들처럼 번아웃 진단을 받은 사람 역시 나약한 사람이라든지 실패한 인생이라는 낙인이 찍힐 가능성이 크다. 세상은 번아웃을 겪는 사람을 문제 많은 사람으로 취급하는 편이다. 그래서 사람들은 '정신적으로 문제가 있다'라는 사실을 타인이 알게 되면 자기에게 더 나쁜 일이 일어날까 봐 두려워한다. 도움이 필요하다고 인지하면서도 도움을 청하기보다 자기에게 문제가 있다는 사실 자체를 숨기려든다. 따라서 번아웃을 겪는 이에게 '치료'를 권하기보다 번아웃을 헤쳐나가는 법을 익히도록 권장해야 한다.

개인이 번아웃에 대처하는 법

더 기분 좋게 일을 잘하려면 개인이 무엇을 해야 할까? 간단히 핵심을 말하면 직무 스트레스 요인에 적절히 대응하는 방법을 배워야 한다. 지금부터 다루는 전략은 번아웃을 의학적 관점에서 치료하는 것과는 두 가지 면에서 차이가 있다. 첫째, 번아웃을 일으킨 원인이 개인에게 있는지 여부를 따지지 않는다. 여기서 소개하는 번아웃 대처 방법은 발생 원인과 무관하게 사용할 수 있다. 둘째, 인간에게는 스트레스 요인에 대처하는 방법을 배우고 이를 개발할 능력이 있다고 전제한다. 다시 말해, 개인의 자율성과 잠재력을 인정한다. 번아웃에 '넌 어쩔 수 없어'라고 낙인을 찍는 게 아니라 '넌 할 수 있어'라는 메시지를 전한다. 개인이 어려움을 극복하는 힘을 가리켜 근래에는 **회복탄력성**이라고 일컫는다. 본래 어떤 물질이 그 형태를 늘리거나 굽힌 후에 다시 원래 모습을 회복하는 능력을 뜻하는 말이었는데 지금은 개인이 스트레스나 어려움을 겪은 후 빠르게 회복하는 능력, 즉 역경에 빠졌다가 '용수철처럼 튀어 오르는' 능력을 뜻하는 말로 쓰인다.[9]

번아웃 대처 방법은 그 종류가 방대하다. 자기 관리에 신경 쓰는 사람들을 공략하는 산업 규모도 무척 커서 스트레스나 번아웃에 대처하는 방법을 사람들에게 열심히 가르친다. 서적이나 온라인 교재, 동영상, 강좌, 코칭 등 수많은 형태로 소개하는 번아웃 대처법을 모두 자세히 다루기는 불가능하고 여기서는 그 개요를 소개하겠다.

시중에서 다루는 번아웃 대처 방법 중 대다수는 새로운 개념이 아니라 스트레스와 건강 문제를 다룬 방대한 연구에 근거한다. 이들 연구는 번아웃 증상에도 적용된다. 번아웃 대처 방법을 크게 일곱 가지 범주로 나누고 각 범주를 구성하는 세부 요소를 살펴보자.

건강관리: 건강한 사람일수록 더 강인하고 회복탄력성이 좋아서 스트레스 상황을 수월하게 헤쳐나간다. 건강을 유지하고 증진하면 개인이 할 수 있는 일이 많아진다. 가정과 직장에서 건강에 좋은 음식을 섭취하고 규칙적으로 식사하는 것이 중요하다. 정크푸드를 줄이고, 물을 충분히 섭취하고, 식사를 거르지 말라는 의미다. 규칙적인 운동 역시 몸을 건강하게 만드는 데 일조한다. 휴식 시간에는 물론 출근 전이나 퇴근 후에도 운동할 수 있다. 걷기, 달리기, 자전거 타기, 기구를 이용한 체력단련, 헬스클럽 강좌부터 두 명 이상 하는 경기 종목까지 어떤 운동이든 좋다. 흡연이나 비만처럼 만성질환을 일으키는 나쁜 습관이나 상태를 고치는 것도 번아웃 대처에 중요한 전략이다.

충분한 수면: 충분한 휴식과 수면은 건강을 유지하는 데 아주 중요하다. 다시 말해 밤사이에 잠을 자든 필요할 때 쪽잠을 자든 하루 7~8시간을 자야 한다. 취침 전에 긴장을 풀고 이완하는 방법이 여럿 있으니 자신에게 맞는 방법을 찾아 숙면을 취해야 이튿날에

상쾌하게 재충전한 기분으로 눈을 뜰 수 있다.

휴식하기: 휴식은 과도하게 각성한 상태를 누그러뜨리고 마음을 평온하게 다스리며 스트레스로 인한 긴장을 상쇄하는 데 도움이 된다. 명상과 마음챙김부터 마사지, 음악에 이르기까지 휴식 방법은 매우 다양하다. 직장에서 휴식하는 방법도 있고, 퇴근 후 휴식하는 방법도 있다. 일상에서 휴식하는 방법은 업무와 무관한 활동이나 취미를 즐기는 것이다. 이때 마음은 평온과 안정을 되찾고 업무로 인한 동요와 불안감이 해소된다.

나를 들여다보기: 자기인식 수준을 높여야 한다. 즉 자기 성격, 욕구, 동기가 무엇인지 깊이 이해하면 스스로 행동을 조정하며 번아웃에 대응할 수 있다. 일례로 자기를 잘 아는 사람은 직장에 거는 기대치를 현실적인 수준으로 조정한다. 타인의 요청을 좀처럼 거절하지 못해 괴로운가? 자신을 들여다보면 타인에게 인정받고 싶은 욕구가 너무 강해서 그렇다는 사실을 깨달을지도 모른다. 자신의 단점, 이를테면 타인이 듣기에 부적절하거나 상처가 될 말을 쉽게 내뱉는 성향이 있음을 깨닫기도 한다. 말하기 전에 속으로 열까지 세고 나서 말하는 법을 연습해보는 것도 좋다. 스스로 노력해도 좋고 전문 상담사나 심리치료사의 도움을 받아도 좋으니, 자기를 깊이 이해하는 데 유용한 방법을 활용하기를 바란다.

새로운 역량 개발하기: 업무에서 과제 수행력을 기르는 일도 직무 스트레스에 대처하는 능력을 향상하는 방법이다. 시간 관리법이나 갈등 관리 역량을 키우면 도움이 된다. 업무 관련 기술을 익혀 스트레스를 줄이는 방법도 있지만, 스트레스 자체를 관리하는 방법을 배워도 좋다. 예를 들어, 스트레스를 일으키는 생각을 찾아내 다른 생각으로 변경하는 **인지 재구조화** 방법을 추천한다. 새로운 목표를 설정하고 이 목표를 달성하기까지 각 단계에서 필요한 역량, 타인의 행동을 해석하는 역량, 다른 사람이 중시하는 가치를 파악하는 역량을 개발하는 것도 좋다. 동료들과 생산적인 방식으로 감정을 공유하는 법을 배운다면 갈등을 줄일 뿐 아니라 자신이 성공하거나 좌절하는 원인을 깊이 이해할 수 있다.

직무를 잠시 멀리하기: 직무 스트레스에 대처하는 방법으로 많은 사람이 입을 모아 권장하는 간단한 방법이 하나 있다. "일을 적게 하라!" 이 말은 일하는 사이 숨 돌릴 틈을 갖고, 업무 속도를 늦추고, 초과근무를 피하고, 휴일에 '정신 건강'을 돌보고, 휴가를 즐기라는 의미다. 아울러 안식년을 쓰고, 병가나 휴가를 내고, 근로계약을 새로 작성해 주당 근로 시간을 조정하는 방법도 있다. 여기서 핵심은 근로 시간을 줄이는 것이 아니라 일하지 않는 시간을 늘리는 데 있다. 일과 삶의 경계를 분명히 나누고 직장 밖에서 스트레스 없이 보내는 시간이 많아질수록 직장에서 받는 스트레스가 감소할 가능성이 크다.

코로나19 팬데믹 기간에 사무실이나 학교 또는 기타 시설에서 근무하던 많은 이들이 재택근무 방식으로 전환했고, 그에 따라 노동 시간과 비노동 시간의 경계를 구분하는 문제가 얼마나 중요한지 새롭게 주목받았다.

사람들에게 도움받기: 번아웃 문제를 오롯이 혼자 극복하기는 쉽지 않다. 직장 문제로 힘들 때는 다른 이에게 받는 도움이 아주 강력하고 귀중한 자원이 될 수 있다. 업무상 동료에게 받는 도움도, 관리자가 제공하는 유익한 조언도, 가족과 친구가 건네는 친절과 사랑도 모두 힘이 된다. 다른 사람에게 업무 지원이나 정서적 위로, 새로운 통찰력, 사회적 인정을 얻고 싶을 때는 당사자가 먼저 다가가는 게 좋다. 번아웃 문제로 도움을 청하고 또 도움을 받는다면 자기만 비정상이라는 오해에서 벗어날 수 있고, 소외감을 느껴 우울감에 빠지는 일을 방지할 수 있다. 원만한 대인 관계가 번아웃 극복에 중요한 까닭은 힘들어하는 당사자에게 동료와 친구들이 웃음을 주고 긍정적 사고와 용기를 주기 때문이다.

번아웃 대처법을 일곱 가지 범주로 나눠 살펴봤는데 선택지가 넓다는 것은 좋은 소식이다. 반면에 단점도 있다. 번아웃의 위험을 줄이는 방법을 조사한 바에 따르면, 개인마다 연구 결과가 엇갈렸기 때문에 접근 방식을 명확히 파악하기 어렵다.[10] 같은 방법이라도 직종에 따라 또 개인에 따라 효과를 느끼는 정도가 다르다. 하지만 위에서 소개한 대처법은 직무에 따라 정도 차이는 있어도 모두 효과적이고 적절한 방법이다. 근래 요가 강좌나 심리상담 서비스를 직장에서 제공하는 경우가 많다. 이처럼 직원 복지제도 안에서 관련 프로그램을 실행하면 노동자가 더 쉽게 접근할 수 있다. 하지만 개인이 사비를 털어가며 적극적으로 실행에 옮겨야 하는 대처법도 있다. 요컨대 모든 상황에 적용 가능한 마법 처방이라든지 모두에게 언제나 통하는 '모범 사례'는 없다.

번아웃 증후군을 넘어서

모든 노동자가 번아웃을 겪는가? 그렇지 않다. 번아웃을 겪지 않는 노동자가 있는가? 그렇다. 그러면 번아웃을 겪는 노동자와 그렇지 않은 노동자 이렇게 두 집단으로 세상이 나뉘는가? 아니다. 이는 너무 단순한 생각이다. 직무 경험에 따라 노동자를 이해하는 일은 이보다 훨씬 복잡하다. 직무 경험은 다음 세 가지 영역에서 나타나는 부정적, 긍정적 변화에 개인이 반응한 결과이며 어느 하나로 고정된 것이 아니다. 첫째, 업무 **집중도** 영역이다. 개인이 업무에 기울이는 노력을 평가할 때도 따로 정해진 유형이 아니라 스펙트럼으로 이해하면 좋다. 한쪽 끝에는 노동자가 너무 지쳐서 일하기를 포기하는 단계가 놓이고, 반대쪽 끝에는 활력을 느끼며 업무에 집중하는 단계가 놓인다. 둘째, 직장에서 맺는 **대인 관계** 영역이다. 대인 관계 역시 하나의 스펙트럼으로 이해하면 좋다. 한쪽 끝에는 다른 구성원과 거리감을 두고 냉소적으로 대하는 단계가 놓이고, 반대쪽 끝에는 동료와 친밀한 관계를 유지하는 단계가 놓인다. 셋째, 직무 역량에서 보는 **자기 평가** 영역이다. 이 역시 하나의 스펙트럼으로 이해하면 좋다. 한쪽 끝에는 직무 효능감을 느끼지 못해 자신을 부끄럽게 여기는 단계가 놓이고, 반대쪽 끝에는 성취감이 매우 높은 단계가 놓인다.

번아웃을 겪는 사람은 이 세 영역에서 모두 '점수'가 낮고 부정 평가를 받을 때가 많다. 물론 모든 근로자가 세 영역에서 부정 평가를 받는 것은 아니다. 전부 긍정 평가를 받는 직원도 있다. 이들은 문제를 해결했을 때 '일 잘하는 직원'이 어떤 모습인지 보여주는 좋은 사례다. 일하면서 탈진한 기분을 느끼지 않고 높은 회복탄력성을 보이며 활기차게 직무를 수행한다. 또 냉소적인 태도로 구성원과 거리감을 두지 않고 친밀한 관계를 유지한다. 이뿐 아니라 직무와 관련해 무능감을 느끼지 않고 높은 성과에 자부심을 느낀다. 한마디로 이들의 **직원 참여도**가 높다. 노동자와 관리자 모두 환영할 만한 상태로, 번아웃을 겪는 상태와 정반대다.

세 영역에서 모두 부정 평가, 또는 긍정 평가가 우세한 유형이 있는가 하면 이와 다른 유형도 있다. 그러니까 한 영역에서만 부정 평가가 우세하고 나머지 두 영역에서는 별로 문제가 없거나 긍정 평가가 우세한 유형이 있다. 일례로, 몸과 마음이 지친 기분일 때가 많지만 여전히 대인 관계를 원만히 유지하고 업무 성과에도 만족하는 노동자가 있다. 또 늘 저조한 직무 효능감에 시달려서 자기 평가 영역에서는 결과가 나쁘지만, 과제를 수행할 에너지가 충분하고 조직에서 소속감도 느끼는 노동자가 있다. 그런가 하면 대인 관계에 냉소적이고 적대적이시만, 활력이 넘치고 직무 효능감이 높은 노동자도 있다. 문제가 발생하는 영역과 그 정도가 이렇듯 다양하므로 자기에게 맞는 대처법을 찾아야 한다. 한 영역에서 발생한 문제를 적절히 관리한다면 생산적이고 만족스러운 직장생활을 유지할 수 있다. 하지만 또 다른 관점에서 보면 번아웃 증후군으로 발전하는 초기 단계임을 의미하기도 한다.

사실 이 세 영역에서 어떤 평가를 받고, 각 영역에서 겪는 문제가 어떻게 결합하느냐에 따라 번아웃 증상과 직원 참여도 정도가 사람마다 다양하게 나타난다. 하지만 위에서 살핀 대로 크게 다섯 가지 유형으로 나눌 수 있다. 먼저 번아웃을 겪는 유형과 직원 참여도가 높은 유형이 있다. 그리고 그 사이에서 문제를 겪는 상태에 따라 세 가지 유형을 구분한다. 번아웃을 영역별로 진단하고 유형별 분류를 토대로 최근 직장에서 일어나는 노동자 경험을 분류할 수 있었다.[11] 번아웃 증상을 기준으로 직장에서 흔히 나타나는 노동자 유형 다섯 가지를 살펴보자.[12]

번아웃을 겪는 유형

 기력 소진, 냉소주의, 직무 효능감 저하, 이렇게 세 영역에서 모두 저조한 평가가 지속되면 번아웃 증후군을 겪고 있는 것이다. 번아웃은 기력 소진부터 나타나지만, 이것이 도미노 효과를 일으킨다. 냉소주의가 나타나 기력 소진 증상이 심해지고 무능감이 더해지면 번아웃 증후군으로 진행된다. 일에서 만족감이나 충족감을 느끼지 못하고 자기 정체성을 확인하지도 못한다. 일이란 무거운 짐일 뿐이라서 최대한 줄이고 가능한 한 멀리 벗어나야 할 대상이다. 번아웃을 겪는 노동자는 다음과 같은 특징이 있다. 스트레스 상황에 압도되어 직면한 상황에 올바르게 대처하지 못하고, 일에 의욕이 없으며 부정적인 태도를 보이고, 업무 성과가 낮다. 번아웃을 겪는 노동자는 직무 적합성을 측정하는 여섯 가지 영역인 업무 부담, 통제감, 보상, 소속감, 공정성, 가치관에서 심각한 불일치를 드러낸다.

과거 연구를 보면 노동자 가운데 10~15%가 번아웃 유형으로 나타났다. 하지만 코로나19 팬데믹 기간에 의료계 노동자들이 겪은 것처럼 극심한 스트레스 상황이 이어지면 이 비율이 증가했다.

직원 참여도가 높은 유형

세 영역에서 모두 평가가 긍정적으로 나타나는 노동자는 번아웃 유형과 정반대에 속하는 직원 참여도가 높은 유형이다. 직원 참여도가 높은 노동자는 직무를 수행할 힘이 있고, 과제 수행에 열정적이며 직무 효능감이 높고 업무 성과가 좋은 편이다. 스트레스 상황에 압도되어 극도의 피로감을 느끼는 것이 아니라 언제든 직무에 시간과 노력을 쏟을 준비가 되어 있다. 이런 유형은 일에서 의미를 발견하므로 업무를 제대로 수행하려는 의욕이 넘치고 일에 집중한다. 그리고 과제를 완수했을 때 자신이 유능하고 가치 있는 존재라고 느낀다. 쉽게 예상할 수 있듯이 이런 유형은 개인과 직무 적합성을 측정하는 여섯 가지 영역에서 양호한 적합성을 나타낸다.

우리가 관찰한 바에 따르면 직원 참여도가 높은 유형이 다섯 유형 가운데 가장 많이 나타난다. 대다수 노동자는 큰 문제 없이 직장을 다니고 이따금 문제가 생겨도 일시적일 가능성이 크다. 만약 직장에서 대인 관계를 원만하게 유지한다면 문제는 쉽게 해결된다. 처음 직장생활을 시작하면 직원 참여도가 높은 유형에 속할 가능성이 크다. 이 유형에 해당하는 노동자는 설령 업무가 그리 흥미롭지 않아도 이 일을 하면 안정되게 소득을 올리며 경력을 쌓으리라는 희망을 품는다. 직장에 들어가자마자 번아웃 증상을 느끼는 노동자는 별로 없다. 하지만 활력, 업무 집중력, 직무 효능감이 갈수록 감소하고 참여도가 떨어지는 현상이 지속되면 몸과 마음이 직무 스트레스에 잠식당해 결국 번아웃 증상으로 이어진다.

사람들이 요즘 자주 사용하는 **참여도**engagement라는 용어는 노동자가 직장생활에 진취적으로 반응하는 태도를 가리킨다. 이 용어는 가리키는 지점은 비슷한데 그 뜻을 조금씩 다르게 규정하는 경우가 많아서 명확한 의미가 무엇인지 혼란스러운 측면이 있다. 때로는 '에너지가 폭발하는' 듯한 강렬함을 맛보는 경험을 나타낸다.[13] 또 때로는 노동자가 '맡겨진 일 이상으로' 노력하며 자기 일에 열정을 쏟는 상태를 의미한다.[14]

직원 참여도가 높은 유형은 전체 근로자의 약 3분의 1에 해당한다. 흥미롭게도 이 수치는 미국의 여론조사 기관인 갤럽을 비롯해 다른 평가에서 조사한 직원 몰입 수치와 크게 다르지 않다. 업무에 몰입하고 참여도가 높은 유형이 번아웃 유형보다 대략 두 배 더 많다는 뜻이다. '대다수가 번아웃을 경험한다'라고 주장하는 이들이 있지만, 이는 분명 사실과 다르다.

과중한 업무 유형

 방금 살펴보았듯이 번아웃 유형과 직원 참여도가 높은 유형에 속하는 사람들을 합치면 설문에 응한 전체 노동자의 대략 절반에 해당한다. 그리고 나머지 절반에 해당하는 근로자는 업무 집중도, 직장 내 대인 관계, 자기 평가, 이렇게 세 영역 중 어느 한 영역에서 심각한 문제를 겪는 유형이다. 부정적 평가가 가장 명백한 영역을 기준으로 노동자 유형을 나눈다. 이 중 첫 번째가 과중한 업무 유형이다.

이 유형에 해당하는 노동자는 기력이 소진되는 경험, 즉 업무 집중도가 떨어지는 경험을 자주 한다고 이야기한다. 하지만 나머지 두 영역에서는 진단 결과가 그리 나쁘지 않다. 이 유형은 대체로 과중한 업무와 장시간 노동으로 직장에서 불일치를 경험한다. 늘 피로감에 시달리지만, 자신의 능력과 일에서 가치를 발견하는 유형이다.

직원 참여도에 관한 정의가 다양하듯 번아웃에 관한 정의도 다양하다는 점을 짚고 가야겠다. 과중한 업무로 지친 상태를 번아웃 유형과 착각하는 경우가 많다. 기력 소진이 곧 번아웃 증상이라는 전제 때문에 생기는 착각이다. 이 전제는 틀렸다. 번아웃 연구로 현재까지 밝혀진 바에 따르면, 기력 소진 증상 외에 직장 내 대인 관계 영역과 자기 평가 영역에서도 나쁜 증상을 경험하는 경우에만 직장생활의 위기로 진단한다. 만성 피로감과 업무 집중도 감소 증상에만 초점을 맞춘다면 이 유형에 해당하는 경우는 전체 근로자 중 약 15~20%다.

직원 참여도가 낮은 유형

 앞서 살핀 유형과 달리 직원 참여도가 낮은 유형에 해당하는 사람은 기력이 소진되었다고 느끼지 않는다. 어쩌면 당사자는 일을 잘하고 있다고 느낄지도 모른다. 다만 직무에는 일관되게 냉소적인 태도를 보이고, 처음 일을 하면서 느꼈던 애착은 사라진 상태다. 업무 부담 영역에서는 불일치를 경험하지 않아도 낮은 통제감, 불충분한 보상, 소속감 상실을 비롯해 다른 영역에서는 어려움을 많이 느낀다. 부적절한 일을 해야 하는 압박을 겪는 사람도 있고, 도덕적 상처와 공감 피로를 호소하는 이들도 있다. 냉소주의가 끼치는 악영향이 워낙 커서 과중한 업무 유형보다 번아웃 증후군으로 악화할 가능성이 더 크다. 이 유형에 해당하는 경우는 전체 근로자 중 20% 정도다.

직무 효능감이 낮은 유형

직무 효능감이 낮은 유형에게는 직장에서 업무 성취감을 느끼지 못하는 문제가 가장 크다. 이들은 피로감을 크게 느끼지 않을 테고 직장에서 대인 관계에도 주의를 기울인다. 하지만 업무 자체에 내재적 보상이 없거나 자신이 발전할 가능성을 기대하지 못하는 경우가 많다. 열심히 일해도 그만큼 성과를 얻지 못하거나 자신감을 상실했을 가능성이 크다. 직무 적합성은 보통 수준으로 좋지도 않고 나쁘지도 않은 편이다. 심각한 불일치를 드러내지 않지만, 그렇다고 뛰어난 영역도 없다.

직무 효능감이 낮은 유형을 대상으로 한 연구가 그리 많지 않다. 직무 역량을 스스로 판단하는 '자기 평가 영역'을 간과하는 경우가 많아서 깊이 분석하지 않기 때문이다.[15] 하지만 직무 효능감이 낮은 유형은 나머지 두 영역에서 문제를 겪는 유형보다 직원 참여도가 높을 가능성이 크다. 따라서 이 유형에 속한 직원이 안고 있는 문제가 무엇이고 또 어떻게 해야 직무 효능감을 높일지 파악하는 것이 좋다. 특히 이 유형에게는 직무 경험을 더 긍정적으로 바꿀 잠재력을 기대할 수 있다. 이 유형에 해당하는 경우는 전체 근로자 중 15~20% 정도다.

다음 페이지의 도표는 보건의료 종사자 2300명을 대상으로 번아웃을 진단하고 그에 따라 도출된 다섯 가지 노동자 유형의 평균 점수를 나타낸 것이다. 이 도표에서 중간선은 다섯 가지 유형의 평균치를 나타낸다.[16]

평균치인 중간선 위로 향한 막대그래프는 여섯 가지 진단 영역에서 적합성을 나타낸다. 막대그래프가 길수록 해당 영역에서 적합성이 높다. 중간선 아래로 향한 막대그래프는 여섯 가지 진단 영역에서 부적합성을 나타낸다. 막대그래프가 아래쪽으로 길수록 해당 영역에서 겪는 불일치가 심하다.

직원 참여도가 높은 유형은 여섯 가지 영역에서 모두 적합성이 높은 편이다. 반면에 번아웃을 겪는 유형은 여섯 가지 영역에서 모두 불일치가 심각한 편이다. 한편으로 직무 효능감이 낮은 유형은 여섯 가지 영역에서 모두 적합성이 평균 수준이다. 이 유형을 살펴보면 업무상 고난도 설렘도 없다. 모든 것이 그저 평범하다.

과중한 업무 유형에서는 네 영역에서 불일치가 나타나고, 가장

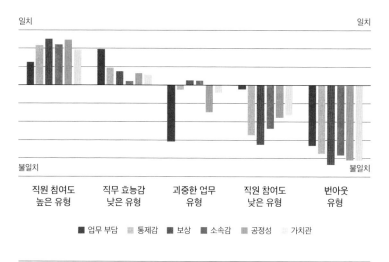

여섯 가지 영역의 번아웃 진단 평가

일치 · 일치

불일치 · 불일치

직원 침여도 높은 유형 · 직무 효능감 낮은 유형 · 과중한 업무 유형 · 직원 참여도 낮은 유형 · 번아웃 유형

■ 업무 부담　■ 통제감　■ 보상　■ 소속감　　공정성　　가치관

심각한 문제는 업무 부담 영역이다. 이 유형에 해당하는 노동자는 해야 할 일은 많은데 그 요구를 충족하는 데 필요한 자원이 부족하다고 느낀다. 또 공정성 영역에서 불일치가 나타난 이유는 기업이 추구하는 정책에 부당함을 느끼는 경우로 보인다. 가치관 영역에서도 약간 불일치가 나타나지만, 소속감 영역에서는 평균 수준의 적합성을 보인다. 이 도표를 보면 과중한 업무 유형은 나머지 번아웃 진단 영역인 직무 효능감이나 냉소주의 측면에서는 보통이거나 중간선보다 조금 낮은 수준으로 심각한 문제를 보이지 않는다. 아

울러 대인 관계에도 꾸준히 주의를 기울이고 조직이 추구하는 가치를 수용한다. 이 유형의 노동자는 지속 불가능한 속도로 일하느라 심신이 지쳤지만, 하는 일의 가치를 믿고 그 일을 하면서 의미를 찾는다.

직원 참여도가 낮은 유형이 경험하는 직장생활은 앞선 유형과 상당히 차이가 있다. 이 유형의 노동자에게 업무 부담은 큰 문제가 아니다. 하지만 나머지 영역에서는 불일치가 분명히 나타난다. 도표를 보면 보상 영역에서는 불일치가 심하지만, 업무 부담 영역에서는 평균치보다 약간 낮은 수준으로 나타난다. 그러니까 이 유형에 해당하는 노동자는 업무 부담으로 심신이 지친 상태가 아니고 어쩌면 직무 효능감도 높은 편이지만, 직장에 계속 남아야 할지 확신하지 못하는 상태다.

번아웃 증후군의 심각성은 여섯 가지 영역에서 모두 심각한 불일치를 보이는 도표를 보면 확인할 수 있다. 이들은 심신이 지쳐서 업무를 감당하기가 버겁고, 자기 역량에 자신감이 없으며 직장에서는 매사에 불안감을 느낀다.

건강한 카나리아 그리고 안전한 탄광

사람들이 항상 첫 번째로 던지는 질문이 있다. 번아웃을 해결하려면 개인이 어떻게 해야 하는가? 이 질문에는 두 가지 전제가 깔려있다. 첫째, 번아웃은 개인의 문제다. 그러므로 둘째, 번아웃을 겪는 사람이 스스로 문제를 해결해야 한다.

만성적인 직무 스트레스 요인에 대응하려는 개인 노력 자체에는 아무 문제가 없다. 다만 개인의 노력만으로 번아웃을 '고칠' 뿐아니라 그 문제를 예방할 수 있다고 하는 가정은 옳지 못하다. 지금까지 살폈듯이 직무 스트레스 요인에 개인이 대응하는 방법은 다양하지만, 이는 처음부터 스트레스 요인이 발생하지 않도록 하는 **예방**과는 다르다. 사람들이 직무 스트레스 요인에 효과적으로 대응하도록 돕는 일은 물론 유용하다. 하지만 이 전략으로 스트레스 요인 자체를 해결할 수는 없다.

앞서 언급했듯이 어려운 환경에서 일하는 사람에게 흔히 하는 말이 있다. "더운 주방을 견딜 수 없으면 당신이 떠나야지." 당사자가 뜨거운 열기에 적응할 방법을 찾는 것도 좋다. 하지만 주방 온도를 합리적인 수준으로 낮출 방법도 찾아야 하지 않을까? 환기 시설을 개선하고 주방 공간을 넓혀서 거기서 일하는 모든 사람이 덜 힘들고 더 편안해지도록 환경을 바꿔야 하지 않을까? 개인 차원의 대응도 좋지만, 그것만으로는 부족하다. 정말로 번아웃 발생 위험을 낮추고 싶다면 번아웃 예방법에도 집중해야 한다. 번아웃이 노동자 개인 문제라는 사고방식을 바꿔야 함을 의미한다.

우리 사회는 흔히 개인이 처한 직장 환경은 변경될 여지가 없다고 간주한다. '직장생활이란 원래 그런 거'니까 직장 환경에는 별로 문제가 없거나 이대로 괜찮다고 전제한다. 이 같은 명제는 직장 환경이 어떻든 개인이 그 환경에 적응해야 한다는 결론으로 이어진다. 이 경우 문제가 발생하면 오로지 개인에만 초점을 맞춘다. 즉 개인을 어떻게 돕고 바꿀지 고민하며 가능한 해답을 찾기 바쁘다. 반면에 정해진 직무와 그 사람이 근무하는 환경에 관해서는 의문을 허용하지도 않고 답을 찾으려 하지도 않는다.

개인에게만 초점을 맞춰서는 번아웃 문제를 해결하지 못한다. 다음 장에서 설명하겠지만 번아웃 문제를 해결하려면 개인과 직무를 함께 묶어서 이해하고 거기서 발생하는 불일치를 해소하기 위한 전략을 개발해야 한다.

3장

개인과 직무의 관계를 재고한다

 직장생활 만족도를 개선하고 중요한 진전을 이루려면 악조건 속에서도 꿋꿋하게 적응하는 노동자를 충원할 것이 아니라 업무 환경을 개선해야 한다. 탄광에서 카나리아가 시름시름 앓을 때 적절한 대처 방법은 카나리아를 독수리처럼 강하게 조련하는 것이 아니라 탄광 환경 개선이다. 카나리아와 탄광을 예로 들었지만 다른 산업도 마찬가지다. 사람들이 일하는 환경에 주목하고 노동자가 제대로 일할 수 있게 근무 여건을 조성해야 한다.

번아웃이 발생하는 원인은 개인과 직장 사이에 발생하는 불일치 때문이다. 문제의 원인을 이렇게 규정하면 기존 처방과는 다른 해결 방안이 보인다. 번아웃을 겪는 이들에게 우리 사회는 흔히 '개인이 회복탄력성을 길러야 한다'라고 처방하는데, 이는 카나리아를 독수리처럼 만들어 번아웃 문제를 해결하려는 격이다. 개인이 아니라 근무 환경이 문제라는 관점에서 해결 방안을 모색할 필요가 있다. 많은 직장인이 시간과 에너지, 업무와 감정에서 과도한 부담을 안고 있다. 또한 직장에서 의미 있는 일을 하고 싶은 욕구와 존중받고 싶은 욕구, 일한 만큼 정당하게 인정받고 싶은 욕구를 충족하지 못하고 있다. 2장에서는 번아웃 증상과 관련해 개인 차원에서 몇 가지 대응 방법을 제시했다. 3장에서는 개인과 직무 간의 관계 개선에 초점을 맞춘다. 업무 환경에서 발생한 스트레스가 번아웃 증후군으로 이어질 위기에 처한 사람에게 회복탄력성을 키우라는 것은 해결책이 아니다. 업무 환경에 문제가 있다면 사람들이 참고 인내할 것이 아니라 그 환경을 바꿔야 한다.

개인과 직무 간 적합성

번아웃 문제는 개인과 직무 사이의 일치 또는 적합성 관점에서 이해하는 것이 가장 적절하다. 직무 적합성이 양호할수록 직원 참여도가 높을 공산이 크다. 직무에 만족하고, 역량에 자신감이 있으며 열정적으로 업무를 수행하고, 생산적인 관계를 유지하고 있으므로 직장에 장기간 헌신할 의욕이 있음을 나타낸다. 반면에 개인과 직무 간에 불일치가 심할수록 노동자는 불행하고, 몸과 마음이 지치고, 냉소주의에 빠질 가능성이 크다. 이 경우 노동자는 직무에서 멀어져 최소한의 노력을 기울일 뿐이고 언제든 관계를 끊고 다른 일자리를 찾아 떠날 공산이 크다. 요컨대 직무 불일치가 심한 노동자는 번아웃을 겪을 가능성이 크다.

개인과 직무 일치라는 개념은 새로운 것이 아님을 먼저 짚고자 한다. 그 기본 개념이 등장한 때는 산업공학이 대두했던 한 세기 전으로 거슬러 올라간다. 산업공학에서는 효율성을 증대할 목적으로 직무를 재설계하고, 각 직무 요건에 맞는 인력 배치를 강조한다. 산업공학 관점에서는 관리자가 개인과 직무를 일치시키는 방법에 크게 두 가지 선택지가 있었다. 오늘날에도 크게 다르지 않다. 직무에 개인을 맞추거나 개인에 직무를 맞추거나 둘 중 하나다.

첫 번째, 직무에 개인을 맞추는 관점은 해당 직무에 특정한 요건이 존재한다는 명제에서 출발한다. 다시 말해, 특정한 방식으로 수행할 직무를 먼저 고려한다. 그다음에 해당 직무에 필요한 지식과 기술, 역량을 개인이 어떻게 습득하고 또 입증해야 하는지 규정한다. 직무에 적합한 개인을 구하는 방법은 주로 해당 직무에서 요구하는 과업과 그 과업 수행에 쓰는 도구를 교육하는 것이다. 그러나 직무란 이에 해당하는 과업으로만 규정되지 않는다. 이를테면 근무 시간이라든지 직무를 수행할 때 소통해야 하는 구성원들이 있다. 따라서 직무에 개인을 맞추려면 개인의 직무 역량을 바꾸는 것만으로 끝나지 않는다. 해당 직무와 관련해 발생하는 여러 문제를 해결할 후속 조치도 필요하다. 그러나 개인의 직무 역량을 훈련하든, 개인 차원에서 번아웃에 대응하는 방법을 알려주든, 직무 자체는 '이미 주어진 일'이라는 점에서 차이가 없다. 이런 관점에서는 달라져야 할 대상이 환경이 아니라 노동자 개인이다.

두 번째, 개인에 직무를 맞추는 관점은 정반대 방향에서 접근한다. 개인이 최고 기량을 발휘하게 하려면 기업이 특정 조건을 충족해야 한다는 명제에서 출발해 직무를 어떻게 재설정해야 하는지 그 방법을 찾는다. 먼저 개인의 장점과 한계를 파악하고, 그 한계를 명확히 인지한 상태에서 장점을 활용할 수 있도록 직무 요건을 재설계하는 것이다. '인간의 특성'을 응용해 작업하는 공학자나 인간공학 전문가들이 가장 좋은 예다. 이들은 제품이나 환경을 설계할 때 인간의 신체와 인지 특성을 먼저 고려한다. 가령, 노동자는 특정 자세나 동작으로 오랜 시간 작업을 반복하면 긴장성 손상으로 거북목증후군, 디스크 파열 또는 추간판 탈출증, 건염, 손목터널증후군 같은 근골격계질환이 생긴다. 이는 업무상 재해 중에서도 가장 많이 발생하는 질환으로 손실 비용도 그만큼 들지만, 예방이 가능하다. 의자와 작업대 같은 사무실 장비를 재설계하면 신체에 가해지는 긴장을 줄여 직무 적합성을 높이고 부상 위험을 줄일 수 있다.

인간의 신체 특성과 마찬가지로 인지 과정과 행동 방식도 제품 설계에 반영할 수 있다. 이를테면 공학자는 인간의 뇌가 위험 신호를 알아차리고 행동을 교정하는 방식으로 정보처리 기기를 재설계한다. 항공기 조종석 계기판을 재설계함으로써 조종사들이 더 나은 판단을 내리고 실수를 줄인 사례는 널리 알려져 있다.

이들 사례에서 알 수 있듯이 개인과 직무 일치 개념이 등장한 지 수십 년이 지났지만, 여전히 우리 사회가 간과하는 맹점이 있다. 직무에 개인을 맞추는 관점도, 개인에 직무를 맞추는 관점도 그 과정에서 인간의 신체와 인지 특성만을 고려했다. 오랜 세월 동안 이 두 가지 특성에 집중하면서 우리 사회는 인간을 이해할 때 무척 중요한 특성 하나를 돌보지 못했다. 앞으로 살펴볼 심리 특성이다.

심리 적합성

최근에는 인간이 지닌 동기와 감정 같은 **심리 특성** 역시 개인과 직무의 일치나 불일치에서 중요한 요인이라는 인식이 생겼다. 사실

전사적 품질경영 선구자인 W. 에드워즈 데밍W. Edwards Deming이 이미 이를 언급한 바 있다. 데밍은 인간의 특성을 이해하지 못한 보상 체계를 경계하며, 조직이 "내재적 동기, 존엄성, 협력, 호기심, 배움의 기쁨처럼 인간이 본래 타고난 힘을 살려야 한다"라고 지적했다.[1]

　직무 스트레스 요인이 신체 건강뿐 아니라 정신 건강에도 악영향을 끼친다는 사실을 보여주는 조사 결과는 많다. 여러 학자가 제시한 자료를 보면 자기를 인식하는 능력과 스트레스에 감정이 반응하는 방식에 따라 직무 스트레스 요인에 대처하는 방법도 달라진다. 지금까지 연구 결과를 종합할 때 인간에게 중요한 기본 심리 욕구를 충족하고 긍정 정서를 유지하는 일이 업무 성과 향상과 개인 성장에 밀접하게 영향을 끼친다는 사실을 알 수 있다. 엄밀히 말해 이 기본 심리 욕구는 개인과 직무 관계에만 한정되지 않는다. 기본 심리 욕구란 가정과 지역 공동체를 비롯해 모든 환경에서 사람을 움직이는 동력이다. 이 책에서 다루는 번아웃 문제에만 초점을 맞추자면, 조직에서 직무 적합성을 향상하는 방법을 모색할 때 중요하게 고려할 요소가 바로 이 기본 심리 욕구다.[2] 자기결정성 이론에 따르면 모든 사람에게는 자율성, 관계성, 유능성을 얻으려는 기본 욕구가 있다.[3] **자율성**이란 자유의지와 선택권에 따라 자기 행동을 스스로 결정하고 싶은 욕구를 말한다. 이 욕구를 개인의 통제감 또는 독립성으로 지칭하기도 한다. 직장 환경에서는 업무를 수행하는 방법과 관련해 적절한 발언권이나 재량권이 자기에게 있다고 느낄 때 자율성 욕구를 충족한다. **관계성**이란 다른 사람들과 친밀한 관계를 맺고 유대감을 느끼고 싶은 기본 욕구를 가리킨다. 관계성이라는 용어 대신 연대감이나 사회적 인정이라는 용어를 쓰기도 하는데 사회 공동체와 좋은 관계를 유지하며 지지와 격려를 받고 싶은 욕구를 말한다. **유능성**이란 어려운 문제에 맞서 좋은 성과를 올리고 새로운 것을 배우고 성장하려는 욕구다. 사람은 과제를 효율적으로 수행하고 목표를 달성하고 싶어 한다. 자율성, 관계성, 유능성 욕구는 개인이 성장하고 자기를 실현하려는 동기로 작동한다.

개인의 선택을 이끄는 세 가지 기본 심리 욕구 외에도 직무 적합성에 크게 영향을 미치는 네 가지 심리 특성이 더 있다. 심리적 안전감, 공정성, 의미, 긍정 감정으로, 이를 느끼는 정도에 따라 직무 만족도가 달라진다. 여기서 말하는 **심리적 안전감**이란 직장 내에서 괴롭힘이나 망신 또는 소외당할 일 없이 구성원들 사이에서 안전하게 일하고 싶은 욕구를 가리킨다. 기업 차원에서는 관련 방침과 절차를 마련해 구성원 간에 신뢰와 단합을 저해하는 갈등 관계나 사내 정치 문제에서 개인을 보호하는 게 좋다. **공정성**이란 조직에서 존중받기를 원하고 차별적이거나 편향된 의사결정 때문에 자신의 삶이 영향받지 않기를 바라는 욕구다. 조직 차원에서는 사회적 정의라는 용어로 표현하기도 한다. **의미**란 가치 있는 일을 하며 인생의 목표를 찾으려는 욕구를 가리킨다. 성취에 중점을 둔 개인의 성장이나 자아실현이라는 용어도 이 욕구와 관련 있다. 마지막으로 **긍정 감정**은 삶에서 경험하고픈 즐거운 감정을 폭넓게 지칭한다. 이와 관련해 희망, 자기효능감, 회복탄력성, 낙관주의 같은 감정을 '심리적 자본'으로 보는 개념이 있다. 긍정 감정을 과업 성취에 중요한 자원으로 보기 때문이다. 긍정 감정은 직원의 만족도와 조직 성과에 영향을 미치고 개인과 직무 사이에 발생하는 불일치를 해소하는 데 중요하다.

지금까지 언급한 심리 욕구는 개인이 살아가는 모든 영역에서 우선순위를 차지한다. 자율성, 관계성, 유능성을 충족하려는 기본 욕구가 억압받지 않을 때, 그리고 심리적 안전감, 공정성, 의미, 긍정 감정을 충족하는 환경에서 일할 때 개인은 심리적 안녕감을 느끼고 업무 성과와 생산성이 향상한다. 이 같은 심리 특성이 직무 경험에 미치는 중요성을 인지하고 직무 적합성을 향상하는 방안을 설계할 때 중요한 변수로 고려해야 한다.

번아웃 문제를 개인 차원에서만
해결할 수 없는 이유

조직에서 일이 잘 풀리지 않을 때 특정 개인이나 팀을 손가락질하고 비난하는 경향이 있다. "저 사람들 능력 없잖아"라든지 "그 상사는 자기가 무슨 일을 하는지도 모른다"라고 깎아내리기 일쑤다. 개인에게 비난이나 책임을 전가하는 게 더 쉬울 테지만, 이렇게 하면 적절한 질문을 제기하고 올바른 해답을 찾는 데 한계가 있다. 번아웃을 겪는 사람을 볼 때도, 이와 반대 지점에 있는 직원 참여도가 높은 사람을 볼 때도 흔히 기업은 개인 차원에서만 원인을 분석한다. 그러니까 전자와 후자의 차이는 개인의 열정이나 헌신의 크기가 다르기 때문에 생긴다. 특히 '자발적 노력', 다시 말해 시키지 않아도 맡긴 일 이상을 재량껏 해내는 사람이 있다는 것이다.

번아웃 원인을 분석할 때 환경보다 개인에 집중하는 경향은 인간이 사물의 이치와 원리를 지각하는 기본 특성 때문이기도 하다. 이를 가리커 흔히 '**형태와 바탕**의 원리'라고 한다. 다시 말해, 사람은 자연스럽게 관심을 끄는 대상인 형태에 주의를 기울이는 한편, 형태를 제외한 다른 요소는 배경 또는 바탕으로 여기고 무시한다. 박물관 조각상을 예로 들면, 조각상이 형태라면 조각상 뒤에 그림이 걸린 벽은 바탕이다. 당신이 읽는 이 글은 형태이고 글 이외의 여백은 바탕이다. 한 개인을 놓고 보자면 사람은 그 개인을 형태로 인식하고, 주변 상황을 바탕으로 인식한다. 특히 개인과 상황에 관해 사람이 사고하는 방식을 보면 형태와 바탕을 구분해서 인식하는 경향이 뚜렷하다.

전체를 폭넓게 보기보다 형태에 해당하는 개인에게만 자꾸 초점을 맞추다 보면 인과관계를 잘못 설정하게 된다. 어떤 일이 일어나면 사람의 뇌는 그 일이 왜 일어났는지 궁리하느라 바쁘다. 이때 만약 형태에 해당하는 개인에게 집중하면 당사자의 기질에서 문제의 원인을 찾을 가능성이 크다. 다시 말해, 어떤 일은 개인의 행동이 초래한 결과이며 개인의 성격과 의도, 능력, 지능 같은 자질이나 속성에 따른 결과로 인지한다. 반면에 바탕에 해당하는 대상에 초점을 맞추면 개인의 행동을 촉발하거나 제약하는 전후 사정을 고려하고 환경에서 원인을 찾는다. 이 경우 누군가 미끄러져 넘어진 까닭은 비가 와서 젖은 도로 때문이고, 가게 점원이 무례한 까닭은 아이들이 시끄럽게 떠들기 때문이라고 생각한다. 사건을 일으킨 원인이 개인의 속성이 아니라 개인 바깥에 위치한다. 인간은 본래 바탕보다 형태에 집중하는 경향성이 있고 다른 사람을 형태로 인식하기 때문에 개인이 처한 상황이 아니라 개인의 기질에 치중하는 편이다. 이렇듯 본능에 뿌리내린 인지 편향을 '**근본 귀인 오류**'라고 한다.[4]

직장에서도 근본 귀인 오류가 흔하게 나타난다. 문제가 생기면 바탕에 해당하는 직무 조건보다 형태에 해당하는 노동자에게 집중하며 개인에게 어떤 잘못이 있는지 찾으려 한다. 번아웃을 겪는 노동자가 있으면 그 개인에게 원인이 있다고 전제한다. 개인에게 근본 원인이 있으리라 판단하는 이유는 직무란 원래 그렇게 정해진 조건이고 그 제약에 적응하고 규칙을 따르는 일이 노동자에게 주어진 책임이기 때문이다. 요컨대 번아웃 원인을 개인의 기질에서 찾는다면 직무 적합성을 개선하는 책임을 노동자에게 넘기게 된다.

관점을 넓혀 근무 환경에도 초점을 맞추면 2장에서 정리한 노동자 유형을 제대로 이해하는 기반을 마련하게 된다. 즉 번아웃을 겪는 유형, 직원 참여도가 낮은 유형, 과중한 업무 유형, 직무 효능감이 낮은 유형이 겪는 문제를 해결할 단서를 얻는다. 개인과 직무 간의 관계를 망치는 요인은 근무 환경에 있을 때가 많다. 실제로도 여러 조사에서 직무 스트레스를 설명한 내용을 보면 직원 대부분이 근무 환경을 거론한다. 이때 항상 거론되는 요인이 업무 부담과 자원의 **불균형**이다. 업무 부담이 막중한데도 이용할 자원이 부족하거나 부적절한 경우를 말한다. 직무 요구와 스트레스가 그 특성상 **만성적**이라는 것도 늘 언급된다. 번아웃을 초래하는 직무 스트레스는 단기간에 사라질 현상이 아니라 지속적이다. 사람들 사이에서 발생하는 **갈등**도 항상 언급되는 요인 중 하나다. 여기에는 업무상 접하는 사람(고객, 동료, 관리자)과의 갈등이 있고, 개인이 수행하는 여러 역할 사이에서 발생하는 갈등이 있다. 또 기업이 추구하는 가치와 개인이 추구하는 가치가 상충해서 발생하는 갈등이 있다.

개인의 자질에서 상황으로 시선을 돌리면 개인과 직무 간 관계를 훼손하는 다른 환경 요인도 눈에 들어온다. 가장 눈에 띄는 점은 이들 환경 요인이 집, 가족과 친구, 여가 활동, 부업 등 '일 외의 영역'에 영향을 미친다는 사실이다. 개인 성향에서만 문제의 원인을 찾는다면 직무 요구에서 발생하는 모든 갈등을 노동자 개인이 해결하도록 짐을 지우는 격이다. 하지만 개인보다 상황을 고려하면 유연근무제 같은 해결점을 찾을 수 있다.

개인에만 집중하는 관점에서 벗어나기 위한 세 가지 변화

개인 차원에서 실행하는 번아웃 대처 방법이 아니라 조직 차원에서 번아웃 예방책을 마련하고 싶다면 기존 관점, 즉 개인에게서 원인을 찾는 관점에서 벗어나 세 가지 중요한 변화를 단행해야 한다. 첫 번째, 개인에게 무슨 문제가 있는지에 초점을 맞추지 말고 개인과 그 **상황** 사이에 무슨 문제가 있는지에 초점을 맞춰야 한다. 노동자 개인은 직장이든 가정이든 공동체든 언제나 상황과 맥락 속에서 사고하고 행동하기 때문이다.

사람의 성별, 인종, 나이 같은 인구통계 특성을 고려한다면 더더욱 상황이나 환경 요인에 주의를 기울여야 한다. 예를 들어 '번아웃 증상을 겪는 비율은 남성이 더 높은가, 여성이 더 높은가?'라는 질문이 제기되면 남녀 차이에서 해답을 찾느라 환경이 아닌 개인의 특성에서 원인을 찾기 마련이다. 만약 여성이 남성보다 더 많이 번아웃을 겪는다면 사람들은 '남성이 더 튼튼하고 강인하기 때문'이라고 결론지을 것이다. 반대로 남성이 여성보다 더 많이 번아웃을 겪는다면 '여성이 더 자애롭고 사교성이 좋기 때문'이라고 결론지을 것이다. 모두 남성과 여성에게 더 많은 영향을 미쳤을지 모를 환경 요인을 간과한다. 일례로 번아웃을 겪기 쉬운 직무가 있고 이에 종사하는 이들이 대부분 남성 아니면 여성이라고 가정하자. 이때 성별에만 집중하면 성별 차이에 따라 번아웃이 발생하는 것으로 착각해 원인을 정확히 파악하기가 쉽지 않다. 이번에는 남녀가 동일 비율로 직무를 맡는 상황에서 번아웃 발생률이 성별로 다르게 나타난다고 가정하자. 이 경우에도 그 차이는 성별이 아니라 환경 요인 때문일 수 있다. 공공서비스 노동자를 대상으로 조사한 초창기 번아웃 연구를 예로 들어보자. 당시 우리는 고객 서비스 담당자들 사이에 한 가지 분명한 패턴을 발견했다. 해당 직무에서 여성이 남성보다 직무 만족도가 더 높게 나타났다.[5] 그 이유를 여러 각도에서 분석한 결과 남성과 여성이 각자 추구하는 경력상 해당 직무가 차지하는 위상이 다르다는 사실이 드러났다. 여성은 대부분 학사 학위가 없어 고객 서비스 업무에서 꾸준히 경력을 쌓으며 승진하고, 복지 혜택과 연봉 인상을 얻고, 직업 안정성을 확보하는 것을 가치 있게 여겼다. 하지만 학사 학위를 소지한 남성은 상황이 달랐다. 남성은 고객 서비스 업무를 신입 사원 기간에 거치는 관문 정도로 여겼고 곧 다른 직무로 이동하기를 희망했다.

근무 환경을 고려한다는 것은 해당 직무 종사자들의 행동에 영향을 미치는 모든 직책, 부서, 규정, 체계를 검토한다는 뜻이다. 일례로 우리는 번아웃으로 고민이 많던 공공서비스 기관 직원들을 면담한 적이 있다. 직원들은 자신들의 수고를 관리자들이 제대로 인정하지 않는다고 불평했다. 한 직원이 말했다. "긍정적인 피드백을 들은 적이 없어요. 제가 얼마나 일을 잘했든 상관없어요. '잘했어요'라고 입을 떼고는 늘 '그렇지만'이라고 토를 달아요. 기운이 빠지죠. 한 번쯤은 순순히 성과를 인정받고 싶어요. '그렇지만' 없이 그냥 '잘했다'라는 칭찬만 듣고 싶어요." 하지만 나중에 관리자들을 면담해보니 사실은 그런 식으로 피드백을 주라고 교육받았음을 알게 되었다. 먼저 칭찬하고 나서 '고칠' 부분을 반드시 지적하라고 배운 것이다. 그렇다면 관리자들은 교육받은 대로 업무를 제대로 수행하고 있었던 것이다. 관리자들은 자신들의 의사소통 방식 때문에 사원들이 불만을 쌓고 좌절하고 있다는 사실을 뒤늦게 알고 깜짝 놀랐다.

조직 환경 내에서 개인의 행동에 영향을 미치는 제약 사항은 번 아웃 위험성을 높이기도 하고 낮추기도 한다. 개인 특성뿐만 아니라 개인이 직무와 맺는 관계에도 초점을 맞추면 이 같은 환경 요인이 분명히 눈에 들어온다. 예를 들어, 해당 노동자의 근로 시간은 어떻게 정해져 있는가? 어떤 업무를 수행해야 하는가? 어떤 방식으로 그리고 언제까지 과제를 수행해야 하는가? 조직에서 어떤 방식으로 소통하고 협의해야 하는가? 해당 노동자를 지휘하고 감독하는 사람은 누구인가? 특별한 상황일 때 예외가 허용되거나 규정을 변경할 수 있는가? 조직에서 누가 또 어떻게 재량권을 행사할 수 있는가?

앞서 번아웃과 관련해 개인에게만 집중하는 관점에서 벗어나 세 가지 변화를 단행해야 한다고 언급했다. 그리고 가장 큰 관점의 전환부터 소개했다. 개인에게 무슨 문제가 있는지 **개인만** 살피는 관점에서 벗어나 **개인과 직무 간의 관계**에 무슨 문제가 있는지 살펴야 한다는 것이다. 두 번째로 필요한 변화를 다루기 전에 첫 번째 변화를 단행할 때 마주칠 수 있는 위험성을 짚고 넘어가자. 개인과 직무 간의 관계를 고려할 때 둘을 대립 관계로 보면 '둘 중 하나'만 고려하는 이분법에 빠질 위험이 있다. 개인과 직무가 불일치할 때 사람들은 둘 중 어느 쪽을 탓할까? 이 경우에도 사람들은 노동자 개인을 비난할 가능성이 크므로 해결 방안을 모색하려면 또 다른 변화가 필요하다.

두 번째로 필요한 전환은 번아웃 문제에 접근할 때 **개인과 환경** '두 가지 모두' 고려하는 것이다. 개인과 환경 모두 번아웃을 일으키거나 예방하는 데 중요한 역할을 한다. 번아웃을 이해하고 대책을 모색하려면 개인과 근무 환경 간의 관계를 파악하는 것이 중요하다. 개인과 직무 사이에 일치 또는 불일치를 일으키는 요인은 무엇인가? 번아웃 위험성이나 직무 적합성을 측정하는 여섯 가지 영역 중 '골칫거리'로 보이는 영역은 어디인가? 그리고 안전감의 기반이 되고 성장을 이끌 원천으로 보이는 영역은 어디인가? 직무 적합성 향상에 목표를 두고 이 둘의 관계에 초점을 맞추면 '둘 중 하나'에 책임을 전가하고 비난하는 차원에서 벗어나 근무 환경에서 벌어지는 일을 정확히 파악할 수 있다는 장점이 있다.

세 번째로 필요한 전환은 단순히 잘못된 것을 찾기보다 무엇이 옳은지에 더 집중하는 것이다. 직무를 할당하거나, 건설적인 피드백을 제공하거나, 팀 토론을 개선하는 더 나은 방법을 찾아야 한다. 그리고 더 좋은 대안을 찾아내면 성공적으로 실행할 방안을 마련해야 한다. 사람들은 흔히 개선점을 찾을 때 부정적 요소에 집중하는 경향이 있다. 즉 잘못한 점이나 실패한 일, 골치 아픈 문제나 장애물이 무엇인지 조목조목 찾아내고 불평하면서 비난받을 사람을 찾는다. 무엇이 올바른 선택일지 지목하는 일보다 무엇이 잘못되었는지 지적하고 짜증 내고 불만을 토로하는 일이 더 쉬울지도 모른다. 하지만 조직이 안고 있는 문제를 개선하고 싶다면 비난할 대상을 찾기보다 생산적인 해결 방안을 모색하고 마련하는 일이 필수다.

직무 적합성 개선 필수과제

우리는 오래전부터 다양한 직업군을 만나고 있으며 그때마다 번아웃 위험을 높이는 여섯 가지 영역의 불일치에 관해 설명한다. 1장에서 이미 설명했듯 이 여섯 가지는 과중한 업무, 통제감 부족, 불충분한 보상, 소속감 결여, 공정성 결여, 가치관 충돌을 가리킨다. 한번은 자연과학 박사과정생들과 연례 면담을 진행한 적이 있다. 업무가 힘들어서 연구원들이 스트레스 대응 차원에서 조직한 모임이었다. 이 모임에 몇 해 전 참석했던 여성이 우리를 찾아와 자신의 사연을 들려주었다.

어려서부터 과학자가 되는 길만 생각했으니까 박사과정에 들어가 연구실을 배정받았을 때 뛸 듯이 기뻤어요! 하지만 연구실 일은 악몽으로 변했어요. 연구실 학생들, 조교, 지도교수까지 사람들을 상대하는 일이 너무 힘들었어요. 저는 과제에서 성과를 내지 못했고 아무것도 나아지는 게 없었어요. 급기야 '나는 과학자가 될 소질이 없는 것 같다'라고 위기감을 느꼈어요. 이쯤에서 꿈을 포기하고 박사과정을 접어야겠다고 생각했죠. 나는 실패했고, 이 분야에 적합한 재능을 타고나지 않았으니까요.

그러던 중 4년 전 모임에 참석했다가 당신이 말하는 여섯 가지 영역에 관해 들었어요. 영역별로 점검해봤죠. '과중한 업무 부담'도 맞고, …… '소속감이 무너진 것'도 맞고, …… 그리고 '공정성 영역에서도 부당함'을 느끼고 있었어요. 알고 보니 여섯 가지 영역 모두 불일치가 심했던 거죠. 그 사실을 깨닫자 정신이 번뜩 들었어요. '내 역량이 모자란 게 아니라 나와 잘 맞지 않는 연구실에 있었던 거야!'

그래서 지도교수와 상담해 다른 연구실로 옮겨달라고 요청했어요. 쉬운 일은 아니었지만 전 굽히지 않았고 결국 다른 연구실에 들어가 새로운 주제를 연구하게 되었죠. 그 연구실에서 하는 일은 저와 잘 맞았어요. 제 실력을 발휘할 수 있었고 공동 저자로 논문도 여러 편 썼어요. 지금은 새로 직장을 알아보고 있는데 이미 몇 군데서 면접을 보자는 연락도 받았어요! 여섯 가지 영역을 점검하고 나서 그동안 잘못 생각하고 있었다는 걸 깨달았어요. 제가 처한 환경에도 문제가 있었던 거죠.

예를 들었듯이 많은 이들이 여섯 가지 영역에서 직무 적합성을 평가하고 고용 환경을 분석하는 데 도움을 받고 있다. 여섯 가지 기준에 따라 평가하면 자신이 처한 환경에서 원활하게 작동하는 부분과 그렇지 않은 부분이 어디인지 분명히 알게 된다. 사례에 등장하는 이 여성은 직무 불일치가 심했기 때문에 더 나은 대안을 찾아 떠나는 것이 최선이라는 결론을 도출했다. 하지만 모든 영역에서 불일치를 심하게 겪는 경우는 흔치 않다. 따라서 불일치가 발생하는 영역을 파악하고 문제점을 개선할 방안을 찾는다면 직무 적합성을 높여 해당 직장에서도 제 역량을 발휘할 수 있다.

앞서 서론에서 언급했듯이 세계보건기구가 정의한 바에 따르면 번아웃이란 "만성적 직무 스트레스가 제대로 관리되지 않을 때 발생한다." 직무 스트레스를 관리하는 관점에서 볼 때 문제를 개선한다는 것은 일련의 기본 단계를 차근차근 밟아나가는 일이다. 곧 자세히 설명하겠지만 먼저 간단히 소개하자면, 가장 먼저 할 일은 직무 적합성을 높일 영역이 어디인지 파악해 실현 가능한 목표를 설정하는 것이다. 그 후에는 직무 적합성을 높이는 방향으로 직무를 재설계하고, 변경할 업무 절차나 요건을 정해 개선 계획을 수립한다. 이때 효과가 검증된 관행을 활용하고, 구성원들은 서로 협력하며 이들 단계를 차근차근 밟아야 한다. 그리고 각 부서의 필요에 따라 맞춤식 방법론을 활용하고 직원들이 적극적으로 이 일에 참여할 수 있도록 독려해야 한다.

직무 적합성 개선 전략 수립하기

개인과 직무 간 적합성을 높이는 첫 번째 단계는 앞서 말한 여섯 가지 영역 중에서 개선 여지가 분명한 영역을 찾는 일이다. 만성적 직무 스트레스 요인을 관리하고 개선할 방법은 많기 때문에 얼마든지 더 나은 대안을 선택할 수 있다. 올바른 선택을 하려면 바람직한 변화를 시도할 영역을 먼저 정해야 한다. 1장에서 소개한 여섯 가지 영역에서 모두 불일치가 발생한 사례는 최악에 해당한다. 각 영역을 하나의 스펙트럼으로 볼 때 한쪽 끝에 최악의 경우가 놓인다면 반대쪽 끝에는 최선의 경우가 놓인다. 따라서 여섯 가지 영역에서 개인과 직무가 일치하는 이상적인 상태란 다음 페이지 그림과 같다.

영역별로 이상적인 상태에 초점을 맞추고 점검하면 직무 적합성을 올릴 가능성이 가장 큰 영역이 어디인지 눈에 들어온다. 여섯 가지 영역에서 개선 기회를 찾는 전략에는 또 다른 이점이 있다. 문제 발생에 영향을 주는 원인을 되도록 많이 파악할 수 있으므로 상황을 개선할 수 있는 선택지도 그만큼 늘어난다. 누구에게나 적용

지속 가능한 업무

다양한 선택지와 재량권

사회적 인정과 보상 만족

협력하는 조직 공동체

상호 존중, 공정한 기회와 절차

가치관 일치와 의미 있는 노동

가능한 단 하나의 표준을 찾고 싶은 유혹을 떨쳐내는 데도 유익하다. 다양한 각도에서 개선 기회를 분석하면, 조직마다 또 노동자마다 여섯 가지 영역을 조합하는 방식에 따라 고유한 특성을 나타내므로 맞춤식 해결 방안이 필요하다는 사실을 깨닫는다. 아울러 조직 구성원은 불일치가 드러난 영역에 초점을 맞춰 협력적 사고로 해결책을 찾을 수 있다. 가령, 업무 부담 영역에서 문제가 드러나면 번아웃 증상이나 직원 참여도에 주의를 기울이기보다 다음과 같이 구체적으로 의견을 교환하며 실행 방안을 찾아나간다. "업무에 집중하는 시간과 휴식 시간의 균형을 맞추려면 업무 흐름을 다음과 같이 바꾸는 것이 어떨까요? 이러면 지속 가능한 업무가 되지 않겠습니까?" 만약 직원들의 노력을 인정하고 보상하는 문제에 초점을 두고 논의한다면 이런 식이다. "우리 회사는 지금까지 전체 야유회를 떠나는 것이 포상 방법의 하나였는데 이번에는 다른 방식을 시도해보면 어떻겠습니까?"

여섯 가지 영역에서 직무 불일치 정도를 분석하고 개선 기회를 찾는 전략은 기존 틀에서 벗어나 문제를 분석하고 해결 방안을 모색한다는 이점이 있다. 여러 관점에서 해결 방안을 모색하면 판에 박힌 사고와 정형에서 벗어나는 데 도움이 된다. 다시 말해, 오랫동안 당연하게 수용하던 생각이나 업무 절차, 별로 효과도 없는 '그렇고 그런' 관행에 의문을 제기할 수 있다. 8장에서 다룰 한 기업의 최고경영자 사례를 잠시 언급하자면, 그는 사원들이 번아웃을 겪는 이유가 틀림없이 과중한 업무나 부족한 보상 때문이라고 간주했다. 분석 결과 원인은 **공정성** 영역에서 나타났다. 하지만 이 최고경영자는 불공정성의 문제도 사원들에게 돈을 더 많이 주는 방법으로 해결할 수 있으리라는 기존 생각을 굽히지 않았다. 해당 기업은 문제를 해결할 수 없었다. 똑같지 않은 보상이 문제가 아니라 객관적인 기준 없이 임의로 적용하는 업무 관행이 문제였기 때문이다.

여섯 가지 영역 중 직무 적합성을 높일 영역에 초점을 맞추어 변화를 단행하기로 설정했다면 그 목표를 실현할 대안을 다양한 방법으로 도출할 수 있다. 앞서 삶의 만족도와 직무 동기에 영향을 미치는 기본 심리 욕구를 다룬 바 있다. 이 기본 심리 욕구의 역할을 인지하고 길잡이로 삼아 직무 요건과 업무 프로세스를 다시 설계할 것을 권장한다.

기본 심리 욕구를 분명히 파악했다면 하나든 여럿이든 직장에서 해당 심리 욕구를 충족할 실질적인 방법이 무엇인지 모색해야 한다. 어떻게 이 방법을 찾아야 할까? 신체 욕구를 충족할 방법은 즉각 떠올릴지 모르지만, 심리 욕구를 충족할 방법은 그렇지 않다. 신체 욕구라면, 몸을 편안하고 안정되게 지탱하도록 의자를 재설계하는 방안이 금방 떠오른다. 하지만 사람들이 흔히 생각하는 바와 달리 심리 욕구도 신체 욕구와 유사한 점이 많다. 심리 욕구를 충족하려면 사람들에게 의견을 물어 어떤 조건에서 특정 심리 욕구가 충족되는지 정보를 얻는 것이 요령이다. 일례로, 의자에 관해서라면 자기 키와 작업대 환경에 따라 높이 조절이 가능한 의자에 앉을 때 가장 편안하다는 의견을 제시하는 이들이 많을 것이다. 이와 마찬가지로 자율성 욕구를 예로 들면, 자신이 과제를 수행하는 과정에서 특정 수준의 재량권을 행사할 수 있을 때 만족도가 가장 높다는 정보를 얻을 수 있다.

사람들에게 직접 의견을 듣고 통찰을 얻을 때 좋은 방법으로 **중요사건 기록법**이 있다.[6] 사회과학 연구에서 오래전에 정립한 방법으로 대상자에게 문제의 현상을 경험한 순간을 기억해보고 당시의 경험을 기술하도록 요청해 정보를 수집한다. 무슨 일이 일어났으며 그 결과는 어땠는가? 직무 적합성과 관련해 이 기법을 적용하려면 노동자가 기본 심리 욕구를 근무 환경에서 충족한 또는 충족하지 못한 경험을 떠올리고 그 일화를 들려달라고 요청하면 된다. 예를 들면 이렇다. "매우 **공정한** 대우를 받았다고 느낀 적이 있다면 당시의 근무 환경을 구체적으로 기술하십시오." 당사자가 답변할 때 반드시 기술해야 하는 요소도 안내해야 한다. 먼저 배경 설명이다. 어디서 일어난 일이고, 그 자리에 누가 있었고, 상황이 어땠는지 배경을 설명해달라고 요청한다. 다음은 그 상황에서 보인 행동이다. 당사자의 행동, 관련자들의 행동, 조직이나 환경 요인이 일으킨 사건을 설명해달라고 요청한다. 다음은 이런 행동이나 변화로 곧바로 나타난 반응이나 결과다. 당사자는 물론 관련자들이 해당 사건을 겪고 나서 보인 반응, 이들의 지각이나 인지에 어떤 변화가 생겼는지 설명해달라고 요청한다. 그리고 장기적 관점에서 해당 사건이 초래한 결과나 개인적인 변화를 기술해야 한다. 당사자나 조직은 해당 사건을 계기로 의사결정에 변화가 생겼을 터이므로 그로 인한 영향도 고려해야 한다.

여기서 짚어볼 사실이 있다. 사람들에게서 정보를 수집하는 일은 그저 개인의 취향을 알아보려 함이 아니다. 알아낸 정보를 취합해 공통으로 거론되는 해결 방안을 파악하는 데 목표가 있다. 같은 팀이나 부서 또는 동일 직급 구성원들에게서 중요사건 기록을 수집한 후에는 이들의 진술을 바탕으로 어떤 심리 욕구를 충족시켜야 하는지 그리고 심리 욕구를 충족할 근무 환경과 특성을 파악한다. 개요를 그린 다음 구성원들과 공유하고, 심리 욕구를 충족할 긍정 경험의 빈도를 늘릴 방안을 함께 모색하도록 요청해도 좋다.

중요사건이나 자신이 직접 겪은 일을 진술하는 이들에게는 해당 정보가 특정 개인의 문제를 진단하거나 고치는 데 사용되는 게 아니라 직무를 개편해 여러 구성원의 편익을 증진하는 데 쓰인다는 사실을 설명하는 것이 중요하다. 자칫 정보 수집 면담이 번아웃은 개인의 문제라는 인상을 오히려 강화하고 "제가 어떻게 해야 할까요?"라고 묻게 된다면 불행한 일이다. 번아웃 문제를 다루고 직무 적합성을 향상하는 일은 '내' 문제가 아니라 '우리'가 노력할 문제로 인식해야 한다.

실현 가능한 목표 설정

바람직한 변화를 일으킬 확률이 높은 영역을 정하고 여러 개선 방안을 수집했다면 그 후에 할 일은 어느 아이디어를 어떤 순서로 실행에 옮길지 선택하는 일이다. 모든 문제가 그렇지만 변화를 꾀하고 미래를 구상할 때는 현재 이 변화를 어떻게 시작할지 전략을 짜야 한다. 변화를 시작하는 방식이 중요하다.

개선 전략 방향을 수립할 때 중요한 기준이 하나 있다. 첫 번째로 단행할 변화는 반드시 가치 있는 변화, 즉 조직 구성원이 정말로 중요하게 여기는 영역을 개선해야 한다. 아울러 가까운 시일 안에 성공적으로 시행할 가능성이 커야 한다. 조직 내에 오래전부터 정착되어 있던 것을 바꾸기란 항상 쉽지 않은 과제다. 시간과 노력이 요구되고 그 과정에서 자잘한 문제가 발생하기 마련이며 그에 따라 경로 수정이 필요하다. 그러나 장기적 관점에서 개선 전략을 실행할 때는 첫 단계 프로그램이 시행되는 모습을 구성원이 목격하는 일이 중요하다. 처음에 성공한 경험을 자축하며 더 힘든 과제에 도전하고 싶은 의욕을 느끼고 더 나은 미래를 그릴 수 있기 때문이다.

실현 가능한 목표란 대체로 거대한 변화보다는 작은 변화를 의미한다. 여기서 '작다'라는 의미는 그 변화가 사소하거나 쓸데없거나 무의미하다는 뜻이 아니다. 노동자를 끊임없이 자극하는 스트레스 요인이라면 크든 작든 스트레스를 제거하는 일은 분명 가치 있는 목표다. 더욱이 이 목표가 실현 가능한 범위에 있다면 실행 목록에서 상위에 오른다. 사소한 스트레스는 신발 속 모래알처럼 불편하다. 이런 스트레스가 주는 짜증과 고통은 정도가 심하지는 않을지라도 지속적이어서 제거하거나 완화하면 큰 해방감을 느낀다. 만약 직장인에게 이 '모래알'에 해당하는 스트레스를 다섯 가지만 꼽으라고 한다면 공통으로 등장하는 것은 무엇일까?

작은 변화가 아니라 처음부터 거대한 변화를 목표로 삼고, 집채만큼 거대한 스트레스 요인을 해결하고 싶은 유혹에 빠질 때가 많다. 대단히 중요하고 그만큼 가치가 큰 문제를 다루는 프로젝트는 물론 성공할 경우 조직을 탈바꿈시킬 힘이 있다. 이에 해당하는 사례로 9장에서 가치를 명료화하는 과정을 다룬다. 하지만 거대한 문제는 너무 크고 복잡해서 문제를 제대로 파악하기가 어렵다. 그만큼 성공을 장담하기가 쉽지 않고 결실을 보기까지 훨씬 오랜 시일이 걸린다. 따라서 이렇게 힘든 문제부터 다루기보다는 먼저 실현 가능한 목표를 선택해 실행 계획을 수립하고 변화를 도모하는 것이 현명하다.

직무 적합성을 증진하는 직무 재설계

바람직하고 실현 가능한 목표를 선택했다면 이를 달성하는 해결 방안을 개발해야 한다. 때로는 더 나은 설비와 자재에 투자하는 방안만으로도 문제가 개선된다. 예컨대 프린터 때문에 낭비하는 시간을 줄이고 싶다고 건의한 사람들이 많다면 그리 어렵지 않게 해결 방안을 떠올릴 수 있다. 새 기계를 들이고 인쇄용지를 넉넉히 비축하는 방법이 있다. 다른 해결 방안도 있다. 담당자를 정해 프린터 관리 업무를 맡겨도 좋고 아니면 전자 문서를 더 많이 이용하도록 업무 절차를 바꿔 모든 부서가 이를 따르도록 만드는 방법도 있다. 10장에서 문제 해결 방안을 설계하는 과정에 대해 더 자세히 다루겠지만 여기서는 어떤 문제든 간에 개선 방안을 세울 때 유념할 몇 가지 원칙만 언급하겠다.

첫째, 가능한 한 대안을 많이 모색해야 최적의 해결 방안을 찾을 수 있다. 여러 대안을 놓고 각각의 장단점을 분석하는 것이 좋다. '어떻게 대처해야 하는가?'라는 질문에 함께 아이디어를 도출하고 그 후에는 후속 질문을 던지며 대안을 평가해야 한다. 이를테면, A방안이 B방안보다 더 나은 점은 무엇인가? 각 방안의 비용 또는 득실은 무엇인가? 통제감, 소속감, 공정성의 영역에서 각 방안은 직무 적합성을 얼마나 증진하는가?

둘째, 효과적인 해결 방안은 기본 심리 욕구를 충족한다. 대안을 평가할 때는 각 대안이 어떤 심리 욕구를 충족할지 또 직무 요건을 재설계하는 데 어떤 영향을 미치는지 파악해야 한다. 가령 상사의 편애 같은 불공정성을 해결하고자 누군가 어떤 대안을 제시했다고 하자. 이 경우 해당 방안이 심리적 안전감을 느끼려는 심리 욕구와 어떻게 연관되는지 살펴야 한다. 또는 냉소적인 직장 분위기를 개선하고자 누군가 대안을 제시했다고 하자. 이 경우 해당 방안으로 관계성 욕구를 충족함은 물론 업무에서 의미를 찾으려는 욕구까지 충족한다면 다른 해결 방안보다 더 효과적이라고 볼 수 있다.

셋째, 사람들이 자주 간과하는 **뺄셈** 원칙이다. 만약 기존 직무에 다른 업무와 책무를 추가하려 한다면 이전 것들 중 일부를 제거해야 한다. 더는 필요하지 않고 간단히 제거할 수 있는 업무나 책무가 있는가? 직무 요건을 수정하거나 형식을 재설계함으로써 더 쉽고 빠르게 업무를 수행할 수 있는가? 그러면 불필요하게 소요되던 시간과 노력을 줄일 수 있다. 많은 시간이 필요한 업무라면 다른 직원에게 인계할 수 있는지 살펴야 한다. 만약 가능하다면 어떤 업무를 넘기고 부담을 줄일 수 있을까? 특정 직무에서 업무 부담이 과도해졌다면 이는 오랜 시간에 걸쳐 꾸준히 업무가 늘어난 결과다. 이미 수행하는 업무에 새로운 업무를 더하는 경우는 흔해도 기존 업무를 빼주는 경우는 드물다. 새봄 맞이 대청소하듯 조직의 업무 절차를 근본적으로 검토하고 그 절차를 재설계하는 일은 더더욱 드물다. 관리자는 이따금 뒤로 물러서서 직무를 재평가해야 한다. '현재 우리 자원과 기술력을 토대로 중요한 과제를 더 효과적으로 처리할 수 있도록 업무 흐름을 재설계할 방법은 없는가?'

새로운 업무 절차와 요건 실행

"지금부터 우리는 이런 방식으로 일합니다"라고 선언하는 것만으로 바람직한 변화가 일어나지는 않는다. 업무 절차 개선은 전사적 프로젝트가 되어야 한다. 설령 마음에 들지 않는 부분이 있더라도 이미 익숙해진 방법이나 절차를 기꺼이 포기하고 더 효율적일 것으로 기대되는 새로운 방법이나 절차를 수용해야 한다. 이행 과정을 꼼꼼히 계획하고 중간 결과를 확인할 수 있도록 이정표를 구체적으로 명시해야 한다. 해당 프로젝트가 성공하려면 무엇이 필요한지 파악하고, 목표를 향해 제대로 나아가고 있는지 점검할 방법을 마련해야 한다. 마지막으로, 프로젝트가 성공했을 때 성과가 어떻게 나타나야 하는지 그 기준을 규정해야 한다.

거듭 강조하건대 가치 있는 변화는 하루아침에 이루어지지 않는다. 실행 계획을 현실적으로 수립하려면 현장의 시간을 고려해야 한다. 낡은 업무 절차를 제거하고 새 업무 절차를 배우기까지 걸리는 시간, 새 업무 절차를 거의 자동으로 처리할 만큼 익숙해지는데 걸리는 시간, 예기치 못한 문제와 사고에 대처하는 시간, 새 업무 절차를 개선하며 제대로 효과를 보기까지 걸리는 시간을 모두고려해야 한다. 변화의 진척 상황을 정기적으로 의제에 올려 모두에게 알리고, 변화 과정에서 경험하는 작은 승리를 축하하는 노력이 중요하다. 그리고 최종 목표를 만족스럽게 달성했을 때도 당연히 이를 축하하고, 새로운 변화로 혜택을 누리는 모든 구성원과 함께 기쁨을 나눠야 한다.

협업, 맞춤식 개선 방안, 헌신

3부에서는 직무 적합성 향상 프로젝트를 진행하면서 경영진이 채택할 수 있는 모범 사례를 자세히 살피고, 현장에서 실제로 부딪히는 문제를 다룰 예정이다. 크든 작든 변화를 창출하려면 구성원들이 개선 방안을 수용하고 효과를 거두도록 헌신해야 한다. 이때 이들은 세 가지 요소를 유념할 필요가 있다. 협업, 맞춤식 개선 방안, 헌신이다.

첫째, 무엇이 좋을지 관리자는 일방적으로 결론을 내리지 말고 구성원과 **협업**해야 한다. 변화를 창출하는 일에 구성원들도 참여하도록 만들어야 한다. 대안별로 좋은 아이디어와 피드백을 제공하도록 요청하고 구성원들이 제시하는 의견에 귀를 기울여야 한다. 조직이 제시한 개선 방안에서 구성원들이 혜택을 느낄 수 없다면 기대한 변화는 일어나지 않을 것이다.

둘째, **맞춤식 개선 방안**을 수립하려는 의지와 역량이 중요하다. 이른바 '모범 사례'를 활용할 때 특히 유념할 사안이다. 세상에는 만능 해결책 같은 것이 존재하지 않는다. 따라서 각 지역 특성이나 직무 성격에 따라 신중하게 조정해야 한다. 모범 사례를 창의적으로 수정하도록 구성원들을 격려하는 것도 해결 방안을 찾는 데 도움이 된다. 구성원들이 함께 수정해서 수립한 계획은 더 쉽게 수용할 뿐 아니라 주인 의식을 갖고 실천한다.

셋째, 조직은 직무 재설계 계획을 실행하는 일에 **헌신**해야 한다. 직무를 재설계하고 긍정적으로 변화를 도출하는 일은 단기간에 끝나지 않는다. 바람직한 변화를 단행하고, 결과를 평가하고, 평가 결과에 따라 개선 계획을 수정하는 과정을 주기적으로 반복해야 함을 이해해야 한다. 직무 적합성을 높이려는 노력이 처음에는 실패할지 몰라도 개선 계획을 수정하며 의미 있는 결과가 나올 때까지 지속하는 것이 중요하다.

직무 적합성이 중요한 이유

《해피니스 트랙》을 쓴 에마 세팔라Emma Seppala는 젊었을 때 파리에 있는 국제 신문사에서 인턴으로 일했던 경험을 소개한다. 세팔라는 여름 동안 신문사 1층과 지하실을 수시로 오가며 메시지와 문서 전달을 담당했다. 1층에서는 기자와 편집자가 이튿날 신문에 실릴 기사를 작성했고, 지하실에서는 새벽이 되기 전에 신문을 인쇄해야 하는 인쇄공들이 일했다. 두 부서 모두 매일 마감 시간에 쫓기는 점은 차이가 없었지만, 업무 환경은 크게 달랐다. 그들이 맡은 과제를 비롯해 그 일을 수행하는 사람들뿐만 아니라 작업장 분위기도 차이가 났다. 기자들이 일하는 1층에서는 초조함과 긴장감이 가득했다. 기자들은 고개를 잔뜩 수그린 채 키보드를 열심히 두드렸고, 식사도 책상에서 해결하며, 칸막이 사무공간을 좀처럼 벗어나지 못했다. 반면에 인쇄실은 시끌벅적하고 흥겨운 분위기였다. 인쇄공들은 서로 웃으며 농담을 주고받았고, 탁자 위에는 프랑스 빵과 치즈, 와인이 놓여 있었다. 인턴 시절에 세팔라는 인쇄실에 들어갈 때마다 기분이 좋았고 훗날 이 경험을 기록했다. "내가 알기로는 사람들 대부분이 이 프랑스 신문사의 인쇄공들처럼 일하고 싶어 한다. 누구나 일을 잘하고 싶고 또 그 일을 즐기고 싶어 한다."[7]

일을 잘하고 또 그 일을 즐기는 것. 이 말은 직무 적합성 증진의 핵심 목표를 잘 드러내는 말이다. 직무 불일치가 발생하는 여섯 가지 영역이 중요한 이유는 심리 욕구 및 심리 상태와 관련이 깊다. 개인과 근무 환경의 관계를 개선하는 방법은 먼저 이 여섯 가지 영역을 점검하는 일로 시작된다. 효율적으로 작동하는 영역은 어디인지, 문제를 일으키는 영역은 어디인지, 또 심리 욕구 충족을 얼마나 방해하는지 알아내는 것이다.

2부는 여섯 개의 장으로 구성된다. 여기서는 실제 근무 환경으로 초점을 옮겨서 조직의 문제점을 파악해 전략을 재고하고, 해결 방안을 설계해 더 나은 변화를 실현한 여러 조직을 살펴본다. 그리고 직무 불일치가 발생하는 여섯 가지 영역, 즉 업무 부담, 통제감, 보상, 소속감, 공정성, 가치관 영역을 각 장에서 하나씩 다룬다. 영역별로 사례를 모두 살피고 나면 중요한 메시지가 분명하게 드러난다. 직무 적합성 향상은 다양한 영역에서 모색할 수 있고 이를 실현할 경로 또한 다양하다는 사실이다.

2부

BURNOUT

직무 불일치 진단

LOGOUT

4장

업무 부담

————————— 영어 사전에 등재된 '가로시 Karoshi'는 일본어로 '과로로 인한 사망'을 의미한다. 과로사가족회 Council for Karoshi Victims가 1989년에 구체적으로 정의한 바에 따르면 '지나친 피로로 생체 리듬이 무너지고 생명 유지 기능이 망가진 치명적 상태'를 의미한다.[1] 과로사의 사망 원인은 의학적으로는 대부분 심근경색과 뇌졸중이지만, 근본 원인은 장시간 노동과 수면 부족, 탈진이다.

최근에는 과로사와 '과로 자살'을 구분한다. 후자는 '과도한 업무 때문에 스스로 목숨을 끊는' 경우를 가리킨다. 과로 자살은 신체적 고통뿐 아니라 심리적 고통이 그 원인이고, 심리 요인에는 우울증과 번아웃 증상이 포함된다. 과로사는 특정 조직 문화와 연관된다.

특히 '조직을 향한 충성심'을 지나치게 강조하는 문화가 문제다. 자신이 속한 조직에 애정이 있다는 의미로 본다면 문제가 없다. 하지만 '책상에 앉아 있는 시간이 길수록' 충성도가 높은 사람으로 여기고, 상사의 지시에 무조건 복종하고, 항상 상사보다 나중에 퇴근해야 한다는 식으로 충성심을 강요한다면 문제가 된다. 심지어 위에서 요구하면 휴가를 줄이거나 아예 반납하는 자세를 충성심으로 평가하고는 한다. 노동자가 '초과근무'까지 하며 업무에 매진하는 것을 당연한 일로 여기는 조직 문화도 문제다. 어떤 노동자는 연장근무 수당이 없어도 늦은 저녁이나 주말에도 고객을 응대해야 한다. 언뜻 보면 남성들만 과로사 위험에 처한 것으로 생각하기 쉽다. 일본 사회에서는 대체로 남성이 돈을 벌고 여성은 집에서 살림하고 아이를 길렀기 때문이다. 하지만 오늘날에는 일본 여성도 사회에 진출한 이들이 많고 여성도 과로사에서 예외가 아니다. 31세 여기자가 심부전증으로 사망했는데 알고 보니 죽기 전 한 달 동안 159시간이나 시간외근무를 한 사실이 밝혀져 충격을 주었다.[2]

과로사와 과로 자살이라는 용어 외에 우리 사회에서 흔히 쓰는 몇몇 표현만 봐도 더 많이 일하고, 더 오래 일하는 태도를 격려하거나 정당화하는 문화가 있다. 직장인은 '언제든 연락 가능한 상태'여야 하고, '쉼 없이 노력'하고 '뼈를 깎는 자세로 일해야' 하고, '사력을 다해 성공을 좇아야' 한다. 중국의 IT 전문가들 사이에서는 이른바 '996' 근무 관행이 있다. 이 숫자들은 노동법에서 근무 시간을 8시간으로 규제하고 있는데도 일주일에 6일은 아침 9시에서 저녁 9시까지 일하도록 몰아붙이는 조직 문화를 가리킨다. 노동자는 더 오래, 더 열심히 일하고 그로 인해 생산성이 높아지면 당연히 임금과 고용 안정성도 그만큼 상승하기를 바란다. 하지만 그런 바람이 늘 실현되는 것은 아니다. 도리어 기력 소진과 건강 악화를 피하지 못할 때가 많다.

"나는 일주일에 6일 일하는데, 밤에도 일하고 주말에도 일하고 휴일에도 일한다"라고 말하는 이들을 흔히 볼 수 있는 직종이 있다. 특히 첨단기술과 의료서비스 산업 같은 분야에서 두드러진다. 수십 년 전 설문조사와 비교해보면 오늘날에는 극도의 피로감과 탈진을 자주 경험한다고 답변하는 이들이 꽤 많아졌다.[3] 최근 학계에서는 젊은 세대 노동자에게 주목한다. 수면 전문가들은 기력 소진과 수면 부족에 시달리는 Y세대(밀레니얼세대)를 특정해서 '피로 세대'라는 용어까지 만들었다.[4] 이런 특성을 고려해 우리는 직무 불일치가 발생하는 여섯 가지 영역 중에서 업무 부담 영역부터 논의를 시작했다.

노동자가 과로하는 이유는 직장에서 요구하는 장시간 노동과 과중한 업무 때문만은 아니다. 임금이 적거나 대출받은 학자금을 상환해야 하는 등 부업이 필요할 만큼 금전적 스트레스가 큰 것도 노동자가 과로하는 이유에 해당한다. 하지만 업무 부담만 따로 다루어도 될 만큼 이 문제는 번아웃에 미치는 영향력이 크다. 2장에서 노동자 유형을 다루면서 설명했듯이 번아웃을 겪는 유형과 과중한 업무 유형에서 기력 소진을 초래하는 주요 원인은 과중한 업무 부담이다. 한번 정한 직무를 바꿀 수 없다고 전제하는 곳이라면 업무량이 증가할수록 자신이 업무를 통제하지 못하리라는 불안감도 커진다. 한 애널리스트가 이 점을 언급했다.

경영진은 번아웃 문제에 주의를 기울인 적이 없어요. 이 주제와 관련해 경영진이 해주는 말은 대개 이런 식입니다. "요즘 힘들어한다는 말을 들었습니다." 그러고 나서는 "좀만 더 버텨보도록 해요"라고 결론을 내리죠. 우리에게는 전혀 도움이 되지 않았어요. 최근 회사 사보에 경영진이 중간 관리자들에게 하는 조언이 실렸는데 언제든 업무 부담이 늘어날 수 있고, 시간외근무가 발생할 수 있다는 점을 사원들에게 주지시키라는 것이었어요. 누군가 회사를 그만두거나 시스템에 큰 변화가 생겨 업무 부담이 증가할지 모른다는 생각만으로도 불안을 야기할 수 있어요. 경영진에게 시간외근무 요청을 빈번하게 받으면 사실 경영진의 계획 수립 능력에 의구심이 생깁니다. 경영진의 권위를 신뢰하지 못하게 되는 거죠. 만약 어떤 프로젝트를 진행하는데 팀원들이 업무 부담을 심하게 느낀다면 이는 팀원들이 인내할 게 아니라 팀원 구성에 변화를 줄 때라는 뜻 아닌가요?

일은 너무 많고 노동 시간은 너무 길고 그 일들을 처리하는 데 필요한 자원은 너무 적다. 업무 부담 영역의 불일치로 번아웃 위험성이 높아진 환경에서 문제를 개선할 방법은 크게 세 가지가 있다. 이를 차례로 살펴보자. 첫째, 장시간 노동으로 지친 심신의 **회복**에 초점을 맞춘다. 기운을 재충전하고 회복탄력성을 키워서 신체 건강과 정신 건강을 지킨다. 둘째, 업무 수행에 필요한 자원을 늘리든 업무를 줄이든 자원과 업무 간에 **균형**을 적절히 유지한다. 셋째, 업무와 비업무 간의 **경계**를 분명히 정한다. 이 경계가 모호해질수록 곤란을 겪는 일이 증가하므로 개인 생활을 보호할 해결 방안을 찾아야 한다.

심신 회복

사람이 깨어 있는 동안 제 기능을 발휘하려면 반드시 자야 한다. 낮에 일하고 밤에 심신을 재충전하는 주기가 원활히 돌아갈 때 몸과 마음을 건강하게 유지할 수 있다. 만약 이 주기가 무너지면 단기적이거나 장기적으로 큰 대가를 치르게 된다. 따라서 쉴 새도 없이 열심히 일하는 것은 지속 가능한 길도 아니고 성공에 이르는 길도 아니다. 생산력을 최대한 높이려면 활기차고 적극적인 자세로 집중해서 일하는 시간과 느긋하게 긴장을 풀고 휴식하며 심신을 회복하는 시간 사이에 균형을 유지해야 한다.

사람의 몸은 24시간을 주기로 깨어 있는 시간과 잠자는 시간의 균형을 유지할 때 원기를 회복한다. 조사 결과에 따르면 우리 몸이 체력을 회복하려면 하루 중 3분의 1에 해당하는 7~8시간의 수면이 필요하다. 불행히도 미국에서는 수많은 이들이 수면 부족을 겪고 있으며 이를 공중보건 문제로 다루고 있다. 잠을 충분히 자지 못하면 낮 동안 활력이 부족해 피로를 느낄 가능성이 크고, 기억력과 집중력 저하로 업무 수행에 지장을 초래한다. 과로는 수면 부족으로 이어진다. 실제로 시간외근무가 일상인 기업에서는 업무를 완수하고자 잠도 자지 않고 일하는 모습을 으스대고 자랑하는 문화가 있다. "내가 이 일을 하려고 40시간이나 꼬박 일했어!"

수면을 방해하는 요인은 시간외근무 말고도 많다. 현대인이 누리는 기술도 수면을 방해하는 주요 요인이다. 휴대폰 같은 전자기기를 손에서 놓지 못하는 현대인은 잠자리에 들어서도 일찍 잠들지 못한다. 심지어 밤사이에도 휴대폰은 머리맡에서 빛을 낸다. 이따금 울리는 벨 소리라든지 진동음뿐만 아니라 깜빡이는 푸른 빛은 숙면을 방해한다. 휴대폰은 온갖 정보로 사람을 압도하고, 일부 정보는 누워서도 잠들지 못하게 할 만큼 강한 자극을 준다. 어려서부터 신기술을 접하고, 깨어 있는 매 순간 전자기기를 사용하는 데 길든 젊은 세대일수록 이로 인한 수면 장애에 노출될 가능성이 크다.

기술의 편익을 누리는 일도 관리가 필요하다. 전자기기를 사용하는 시간과 사용하지 않는 시간 사이에 균형을 유지해야 한다는 의미다. 숙면하려면 전자기기의 전원을 끌 수 있어야 한다. 심신회복과 재충전 과정을 방해할 기기를 눈에 보이지 않도록 치워야한다. 그 대신 책이나 잡지를 읽거나 가볍게 목욕을 하거나 코미디쇼를 시청하는 등 업무와 관련된 활동이나 생각을 멈추고 긴장을풀면 숙면에 도움이 된다. 8시간 숙면은 선택 사항이 아니라 필수사항이다.

하루 8시간을 수면에 할애한다면 깨어 있는 시간은 어떻게 사용해야 하는가? 우리가 활동하는 16시간을 일과 생활에 얼마씩 할애해야 할까?

이 질문에 답을 듣기 위해 150년 전으로 거슬러 올라가보자. 1856년, 호주에서 석공들이 노동 시간 단축을 요구하며 파업을 단행했다. 석공들은 이 투쟁으로 '하루 8시간 노동'을 쟁취했고, 세계최초로 8시간 노동제를 도입한 사건으로 역사에 기록됐다. 이후로유급 노동자는 하루 8시간 근무가 적절하다는 원칙이 정착되었다. 중국의 996 근무 관행처럼 과로를 당연시하는 문화도 있지만, 현재 하루 8시간 노동은 세계 각국에서 노동법에 반영되어 중요한 규정으로 이어지고 있다. 하루 8시간 노동제가 도입되고 개인은 '노동에서 자유로운' 8시간을 확보했다. 1800년대부터 전해지는 노동자의 노래에 따르면 이상적인 시간 분배는 다음과 같다.

8시간 일하고

8시간 놀고

8시간 잠을 자네

하루 8시간이면

적당한 노동에

적당한 임금이오.[5]

노동 시간을 '9시부터 5시까지' 8시간으로 제한하는 규정이 생긴 지 수십 년이 지났지만, 현실에서는 업무 관련 활동이 여가와 수면 시간을 슬금슬금 침범하고 있다. 그중에서 가장 눈에 띄는 시간은 일과에서 상당 부분을 차지하는 통근 시간이다. 사람들은 아침저녁으로 혼잡한 도로 위에서 출퇴근이라는 업무 관련 활동에 시간을 소비하느라 '노동에서 자유로운' 활동 시간을 빼앗긴다. 경제적 어려움 탓에 부업을 두세 개 뛰는 이들은 일을 끝내고 집에 돌아가지 못하고 자동차 안에서 잠을 청하며 부족한 수면을 보충하기도 한다. 수년에 걸친 여러 설문조사 결과에 따르면 저녁 시간과 주말에도 집에서 쉬지 못하고 업무에 할애하는 시간이 증가했음을 알 수 있다. 교사는 학생들의 리포트와 시험에 점수를 매기고, 의사는 전자 의료기록을 작성하고, 직장인은 비즈니스 메일에 회신하는 일을 처리한다. 노동은 이런저런 방식으로 개인의 여가와 수면 시간을 침범한다. 일과 생활의 균형이 깨지면 생활 전반에 문제가 발생한다. 휴식과 회복을 방해할 뿐 아니라 대인 관계에 영향을 미치고 삶에서 중요한 다른 경험이 제한된다.

노동자의 심신 회복을 지원할 때 기업과 경영진이 수행할 역할은 무엇인가? 무엇보다 노동자의 회복 주기가 방해받지 않도록 지원해야 한다. 근무 시간을 적절히 제한하고, 노동자가 그 시간 안에 주어진 과제를 완수할 수 있는 환경을 조성해야 한다. 개인 시간이나 수면을 포기하면서까지 업무를 연장하는 일은 없어야 한다. 근무 중에도 노동자가 심신을 재충전할 수 있도록 휴식 시간을 보장해야 한다. 책상이나 작업대에서 멀리 떨어진 곳에 휴게 공간을 마련하거나 잠깐 '꿀잠'을 잘 수 있는 방을 제공하고, 체력단련, 요가, 산책을 즐길 공간을 마련하는 등 근무 환경을 재설계하는 기업도 있다. 사원들의 휴식과 회복을 진심으로 염려한다면 관리자들이 솔선해서 이런 시설을 이용하는 것이 좋다. 아울러 일이 끝나면 바로 퇴근하고, 근무 중간에 휴식 시간을 최대한 이용하며, 휴가 일수를 남김없이 사용하도록 사원들을 격려해야 한다.

한 병원의 경영자는 간호사들의 과로 방지가 경영진의 기본 책무라고 강조했다. "8시간이 아니라 10시간이 되도록 일하는 직원을 발견하면 그 문제로 상담을 합니다. 3교대 근무제를 채택한 것은 그만한 이유가 있음을 상기시키고 다음 근무 조에 업무를 넘기고 퇴근하라고 말합니다. 수간호사와 관리자도 예외가 아닙니다. 그런 일이 있으면 저는 해당 직원과 만나서 대화를 나눕니다. 어떻게 지내는지 묻고, 어떻게 상황을 개선할지 의견을 듣고, 어떤 도움이 필요한지 묻습니다. 그리고 나흘간 푹 쉬고 나서 업무에 복귀하라고 지시할 때가 많습니다."[6]

앞서 전자기기로 수면에 방해받는 사례를 들었지만, IT 기술을 올바로 활용하면 심신 회복에 도움이 된다는 점도 짚어야겠다. 번아웃으로 괴로움을 겪던 한 노동자는 이렇게 썼다. "얄궂은 일이지만 문제를 초래하는 바로 그 영역에서 해결책도 발견할 가능성이 크다. IT 기술을 활용하면 전통적인 근무 방식이나 사무실 환경에 매이지 않고 자신이 가장 생산적으로 일할 만한 시간과 환경에서 업무가 가능하기 때문이다." 하지만 이런 방식으로 생산성을 높이려면 "조직이 유연근무제를 유지하는 데 필요한 신뢰의 문화를 구축해야" 하고 노동 시간이 아니라 성과에 초점을 맞춰야 한다고 말했다. 그러면서 "반드시 사무실로 출근해야 한다거나 '언제든 연락 가능한' 상태를 고집해서는 안 된다"라고 덧붙였다.[7] 관리자는 기술을 창의적으로 활용할 방안을 모색해 조직 구성원이 느끼는 직무 스트레스 요인과 업무 부담을 줄여나가야 한다.

너무 열심히 일하지 않기

이따금 과로에 시달리는 일은 견딜 수 있다. 중차대한 과제를 끝내기 위해 밤샘 작업을 하고 그 후 쉬면서 기운을 회복하면 된다. 하지만 이 같은 과로로 직장생활에서 불균형이 빈번하게 발생하면 일터 밖에서 건강하고 행복하게 양질의 삶을 누릴 수 없다. 이러한 불균형이 노동자에게 미치는 악영향은 직장 문을 나선 후에도 이어진다. 노동자는 어디를 가든, 심지어 그 일을 그만둔 후에도 그 영향에서 벗어나지 못하고 피로를 느끼거나 사회적 관계에서 우울감을 겪는다. 과중한 업무로 인한 불균형은 사람의 생명을 서서히 갉아먹는다.

업계에 만연한 초과근무 관행에 저항하는 노동자들도 있다. 최근 중국에서는 젊은 노동자들이 일부러 업무를 더디게 처리하거나 일을 적게 하는 방법으로 996 근무 관행에 저항했다. 청년들은 온라인 커뮤니티를 만들어 서로 전략을 공유하고 격려했다. 이들이 공유한 전략에는 화장실에 자주 가기, 휴게실에서 자주 스트레칭을 하거나 기분 전환하기, 소셜미디어에 글 올리기, 몰래 비디오게임 하기 등이 있다. 이를 두고 나태하다고 비판하는 이들도 있지만, 청년들은 인간다운 속도로 일할 권리를 되찾는 것뿐이라고 주장한다. 청년들은 이러한 행위를 가리켜 '물고기 만지기모어摸魚'라고 한다. 이는 '흙탕물에서 물고기를 잡는다혼수모어混水摸魚'라는 중국 속담에서 나온 말로 혼란한 기회를 틈타 손쉽게 이익을 얻는 상황을 비유한다. 여기서 말하는 혼란한 기회란 코로나19 팬데믹 기간에 봉쇄 조치로 원격근무를 하며 관리자들의 감시에서 벗어날 수 있었던 상황을 가리킨다. 짓궂은 장난처럼 보이는 이 집단 운동은 청년 노동자들의 과로사 문제에서 비롯했다. 한 소프트웨어 기업은 '996.ICU'라는 캠페인을 진행하며 초과근무를 강요하는 기업이 어디인지 조사해 명단을 공개했다. '996.ICU'는 아침 9시에서 저녁 9시까지 6일 내내 일하다가는 중환자실에 실려 간다는 경고를 표현한 말이다.[8]

과중한 업무 부담과 노동 시간, 휴식의 필요성과 관련해 노사 간의 입장이 상반된 곳에서는 앞에서 예로 든 '게으름 피우기' 저항이 거세질 수 있다. 직장인은 누구나 일을 멈추고 심신을 회복하며 재충전할 기회가 필요하다. 경영진이라면 이 같은 휴식 시간을 생산성을 저해하는 시간으로 여길 게 아니라 조직관리의 한 부분으로 인정하고 근무 일과에 포함해야 한다. 노동자를 감시하는 일이 주된 역할이라고 고집하는 관리자들이 있을지 모른다. 하지만 노동자를 존중하지 않고 그들과 협업하지 않으면 직장생활에서 균형을 유지할 최적의 방안을 도출하기 어렵다. 예를 들어 프로젝트 마감 시한을 합리적으로 설정할 때 과제와 자원을 재배치해야 한다면, 관리자는 구성원들과 머리를 맞대고 어떻게 조정해야 최선일지 논의해야 한다. 또 관리자는 직원들에게 무분별하게 또는 과중하게 업무가 할당되는 일이 없도록 선제적으로 예방해야 한다. 제대로 관리하지 못한 스트레스 요인 때문에 업무를 달성하는 과정에서 팀이나 개인에게 부수적 피해가 발생하지 않도록, 관리자와 팀원 모두는 최적의 업무 절차를 찾아내는 일을 목표로 삼아야 한다.

당사자가 맡은 일을 효율적으로 처리하도록 업무 절차를 재설계하는 일이 번아웃을 방지할 최선책이라는 사실이 속속 드러나고 있다. 예를 들어 의사들을 대상으로 진행한 설문조사 결과를 보면 과도한 행정 업무, 장시간 노동, 업무 처리에 필요한 자율성이나 재량권 부족 문제를 반복해서 호소한다. 사실 이 문제는 코로나19가 유행하기 오래전부터 공공연한 사실이었다. 번아웃 위험성을 줄일 방안을 묻는 질문에 의사들은 무엇보다 업무 일정과 1인당 환자 수를 합리적 수준으로 조정하고, 보조 인력을 확충해야 한다고 강조했다. 의사들의 의견은 틀리지 않았다. 그들이 겪는 번아웃을 완화할 전략을 최근 다각도에서 검토한 결과, 가장 효과적인 전략은 개인이 아니라 조직 차원에서의 근무 환경 개선으로 나타났다. 이를테면 업무 절차를 변경하고, 행정 업무 부담을 줄이고, 팀 단위로 더 나은 의료서비스를 제공하는 것이었다.[9] 의료전문 사이트 〈메드스케이프Medscape〉는 이렇게 전했다. "대다수 의사는 가능한 한 효율적으로 일하고 있으며 주로 병원의 비효율적 시스템 때문에 제약을 받는다. 지속 가능한 업무 환경을 만들려면 다양한 전략을 시도해야 한다. 설비, 업무 절차, 업무 프로세스 개선을 비롯해 행정 업무 지원 면에서 더 나은 대안을 찾아야 한다. 의사들에게 더 열심히 일하기를 요구하지 말고 더 똑똑하게 일할 수 있도록 지원해야 한다."[10]

'열심히 일하지 않고 똑똑하게 일한다'라는 개념이 번아웃 문제에 대응하는 철학으로 세상에 등장한 지 수십 년이 지났다. 일상에서 이 철학을 꾸준히 실행하는 것이 중요하다. 사람들의 관심을 끌지 못해도 일상의 사소한 문제부터 변화를 시도해야 한다. 일례로 잡동사니 업무나 군더더기를 치우는 작업은 업무 효율성을 높여 똑똑하게 일하는 방법 중 하나다. 다시 말해, 일을 복잡하게 만들고 시간 낭비를 초래하는 것들, 불필요하게 업무 속도를 더디게 만드는 관행, 업무 수행에 혼란을 주고 심지어 일의 순서조차 헷갈리게 만드는 것들을 제거해야 한다. 더는 필요하지 않고 없어도 무방한 모든 것이 잡동사니다. 중요하지도 않으면서 혼란만 초래하는 잡동사니를 치워야 중요 과제가 우선순위에서 밀리지 않는다. 잡동사니의 근원을 제거하려면 앞서 말한 뺄셈 원칙을 기억해야 한다. 새로운 문제라든지 요구가 발생하면 많은 기업이 반사적으로 양식이나 규칙을 여기저기 추가한다. 반면에 새로운 상황에서 더는 필요치 않거나 관련이 없어진 요소를 제거할 생각은 하지 않는다. 업무 과부하를 방지하려면 새로 보탠 만큼 낡은 것을 덜어내 균형을 유지해야 한다. 이 원칙은 조직뿐 아니라 개인 단위에도 적용된다. 만약 새로운 업무나 기회를 개인에게 추가할 때는 그만큼 기존 것을 제거할 방법을 모색해야 한다.

한 여성 변호사를 예로 들면 예전에는 승진 기회를 놓칠까 봐 무슨 요구든 거절하지 못했다고 한다. "거절했다가는 앞으로 어떤 기회도 얻지 못할까 싶어 두려웠어요." 그런데 현재는 '희소성'에 지배당하지 않고 앞으로 기회가 풍부하리라 전제한다. "지금은 업무가 과중하다 싶으면 새로 기회가 올 때 이렇게 자문합니다. 이 일을 하게 되면 즐겁게 할 수 있을까, 아니면 그냥 포기하는 게 좋을까? 현재 자리에서 뭔가 일을 더 맡고 싶으면 그 일을 수용할 때 다른 무언가를 포기해야 하는 법이죠."[11]

대다수 노동자는 대체로 조직에서 다양한 업무를 맡는다. 즐겁게 수행할 업무도 있지만 짜증스러운 업무도 있다. 후자가 하루하루를 채우게 되면 그 상황에서 벗어나고 싶은 마음이 들기 마련이고 결국 직장을 그만두기도 한다. 하지만 '임무 교대'가 가능한 기업도 있다. 이 경우 해당 사원은 하루 또는 며칠간 스트레스가 많은 업무에서 벗어나 압박감이 낮은 업무로 이동할 수 있고, 해당 업무는 다른 이들이 임시로 맡는다. 예를 들어, 한 정신병동에서는 일주일간 힘들게 일한 간호사들이 환자들을 대면하는 업무를 맡지 않도록 조정할 수 있다. 한 간호사가 설명했다. "병동에서 근무하다 보면 더는 견디지 못할 듯한 순간이 찾아옵니다. 그럴 때면 사무실에 앉아서 서류 작업을 많이 해요. 우리 병원 일정상 그렇게 조정하는 게 가능해요. 한동안 회의에만 참석할 수도 있어요. 아니면 약제실에 배정해달라고 요청해서 온종일 약제실에서 일할 수도 있어요. 그러면 처방약을 받아 가라고 환자를 호출할 때 외에는 환자를 대면할 일이 없습니다." 이런 시스템에서는 한 간호사가 업무를 교대하면 다른 간호사가 환자를 돌보기 때문에 간호 업무에는 지장이 없다.[12]

업무 교대로 노동자가 직장생활에서 균형을 유지하는 시스템을 갖추려면 통제감과 소속감 영역도 중요하다. 이 시스템은 업무 일정을 한시적으로 조정하는 문제와 관련해 노동자에게 발언권을 허용하는 유연성을 갖춰야 하기 때문이다. 다음 장에서 살필 테지만, 이 유연성은 통제감과 자율성 관점에서 직무 적합성을 증진하는 중요한 요소다. 예로 든 병원의 업무 시스템이 성공을 거둔 데는 간호사들 간의 좋은 관계도 큰 역할을 했다. 구성원을 격려하고 지원하는 조직 문화를 형성하려면 구성원의 대인 관계가 중요하다. 모든 간호사가 서로 신뢰하고 시스템에서 제 역할을 해야 동료에게 도움을 요청할 수 있고 또 도울 수 있다.

일하는 시간과 일하지 않는 시간

하루 24시간 중 8시간 노동하고 기운을 회복하는 시간에는 수면 시간 말고도 '업무와 관련 없는' 8시간이 더 있다. 흔히 '개인 시간', '가족과 보내는 시간' 또는 '친구들과 노는 시간'으로 통한다. 하루 중 3분의 1에 해당하는 시간에는 이 세 종류의 활동이 혼재한다. 사람들은 업무 시간이 지나면 깨어 있는 동안 업무와 무관한 활동을 한다. 가족, 친구, 이웃 등과 어울리는 일부터 요리, 집안일, 심부름 그리고 콘서트, 스포츠, 종교행사, 학교, 헬스장에서 하는 활동은 물론 멀리 떠나는 여행 등이 있다. 지금이야 사정이 달라졌지만, 우리 사회는 꽤 오랜 세월 동안 8시간 노동이 끝나고 사생활을 즐기는 시간에는 어떠한 업무 활동도 끼어들면 안 된다고 전제했다. 노동 후에 심신 회복과 재충전에 관한 조사 결과를 보면 일정 시간 노동과 완전히 단절할 때 업무 생산성이 향상하고 만족도가 올라간다.[13] 일이 끝나면 업무와 관련된 생각은 아예 하지 않고 휴식해야 회복이 빠르다. 따라서 일하는 시간과 일하지 않는 시간을 분명히 구분하는 것은 사람이 성장하고 건강을 지키는 데 필수 조건이다.

기술 발달로 원격 업무가 가능해지면서 노동과 휴식의 경계가 갈수록 흐려진다. '지식 경제 기반' 사회로 바뀌면서 세계 여러 나라에서는 시간과 장소에 구애받지 않고 업무를 처리할 수 있게 되었다. 이제는 여러 산업 분야에서 노트북, 태블릿, 휴대폰을 주요 도구로 활용한다. 소비자들은 깨어 있는 시간에는 언제든 서비스를 이용하고 구매할 수 있기를 기대한다. 수많은 기업이 해외에 있는 제휴사는 물론 고객과도 소통하게 되면서 '영업시간'의 의미가 대폭 확장되었다. 요즘은 집, 공유 오피스, 카페, 심지어 이동 중에도 수많은 일을 처리할 수 있다. 사무실이나 작업장이 아닌 다른 장소에서 일할 때 생산성이 더 높은 사람들도 있다. 출퇴근에 쓰는 시간과 비용을 절약한다는 장점뿐 아니라 업무 집중력에서도 유리하다. 특히 개방형 사무실처럼 주의가 산만한 곳에서 일하는 직장인이라면 더욱 그렇다.

개인의 사생활 역시 공간 구분이 사라지고 있다. 현대인은 언제 어디서나 물건을 구매할 수 있다. 직장에 있는 동안에도 가족과 연락하고, 은행 계좌를 확인하고, 도서 대출을 예약할 수 있다. 이렇게 업무를 수행하는 시간과 공간의 경계가 모호해진 만큼 노동자와 기업은 회사에서나 집에서나 이와 관련해 더욱 신중하게 의사결정을 내려야 한다. 과거에 출퇴근 도장을 찍던 시절과 달리 지금은 일과 생활의 경계가 일정하지 않다.

과거에는 평일과 주말 사이에 분명한 경계가 있었다. 하지만 정규 근무 시간을 비롯해 대기시간이든 시간외근무(유급 또는 무급) 시간이든 갈수록 많은 이들이 주말에도 일하면서 이 경계 또한 불분명해졌다. 주말에 일하는 게 문제가 있을 때도 있고 없을 때도 있지만, 노동과 휴식의 경계가 불분명해지면 노동이 개인 시간을 침범하고 결국 휴식이나 여가 활동에 쓸 시간을 집어삼킨다.

과거에 일요일은 온전히 쉬는 날이었다. 일손을 놓고 대개는 온 가족이 함께 모여 종교 활동에 참여했다. 일요일에는 일하지 않고 안식하는 과거 전통과 유사하게 하루 동안 전자기기와 단절된 채 지내자는 기발한 제안도 등장했다. 《전원을 뽑고 하루 안식하기 24/6: The Power of Unplugging One Day a Week》를 쓴 저자는 IT 기업을 이끄는 사람이지만 10여 년 전부터 일주일에 하루는 기술을 이용하지 않는 '기술 안식일'을 실천한다. 저자는 이 같은 습관으로 끊임없이 우리 주의를 빼앗는 디지털 세계에서 벗어나 심신 회복에 필요한 개인 시간과 여가 시간을 확보할 수 있다고 설명했다.

하루 동안 디지털 세계와 떨어져 지내면 마법을 경험한다. 이유는 이렇다. 그날에는 마치 물리법칙을 거슬러 시간이 더 늘어나거나 더 천천히 흐르기 때문이다. 휴대폰을 들여다보지 않은 날 나는 훨씬 많이 웃었다. 모든 사물을 더 세밀하게 들여다보았다. 깊이 잠들었다. 대인 관계는 더 돈독해지고 몸도 더 건강해진 기분이다. 그날 나는 책을 읽고 생각한다. 창의적으로 사물을 보고 훨씬 깊이 성찰한다. 매주 하루 온전히 쉼을 얻는다. 그리고 이렇게 쉼을 얻은 효과가 이어지는 6일간 더 생산적이고 효율적으로 일한다. 인터넷으로 접근할 수 있는 모든 것을 더 감사히 여기게 되었고 인터넷의 위력이 얼마나 대단한지 매주 새롭게 깨닫는다. 기술 없이 지낼 때 오히려 기술의 위력을 더 실감하게 될 줄 누가 알았겠는가?[14]

하지만 일하는 장소가 곧 평소 거주하는 공간이라면 어떨까? 많은 작가와 치료사들이 자택에서 일한다. 자택을 어린이집으로 등록해 아이들을 돌보는 사람들은 집이 곧 일터다. 부대에 배치되어 단체생활을 하는 군인은 함께 근무하는 동료들이 룸메이트이자 친구이며 이웃이다. 이런 업무 환경에서는 경계가 구분되지 않으므로 업무에서 발생한 문제가 사생활에 곧바로 영향을 미친다. 사정은 약간 다르지만, 해외에 나가 구호 활동을 펼치는 비영리단체 직원들도 직장과 개인 생활의 경계가 사라진 경우다. 구호단체 직원들은 해외에서 하루 14시간씩 12주간 일하고 2주간 휴식하는 방식으로 일할 때가 많다. 이렇게 일하는 한 구호단체 직원은 감독관과의 빈번한 마찰이 지속적인 스트레스 요인이라고 설명했다. "숙소와 사무실이 한 건물에 있으니 회사에서 생활하는 것이나 마찬가지죠. 업무가 끝난 뒤에도 한 공간에서 회사 사람들과 함께 지내니까 개인 생활이 따로 없어요. 그러니 스트레스가 증폭하는 거예요. 저는 상사와 얼굴을 마주치고 싶지 않아서 친목 모임도 빠지는 편입니다."[15]

전 세계가 코로나19 팬데믹에 대응할 방법을 고민하던 2020년에 일터와 가정의 경계가 실제로 무너지는 과정을 우리는 지켜봤다. 재택근무가 노동자들의 새로운 현실로 자리 잡았고, 업무 시간과 장소에 관한 방침도 급격히 달라졌다. 직원들에게 사무실이나 작업장에 출근해 일할 것을 고집했던 기업들도 생존하기 위한 유일한 수단으로서 재택근무를 전격 수용했다. 원격근무를 허용하든지 회사 문을 닫든지 선택은 둘 중 하나였다.

기업들은 오랜 세월 고수한 기존 방침을 버리고 뜻하지 않게 원격근무를 받아들였지만, 시간이 지나고 보니 타당하고 현실성 있는 대안일 뿐 아니라 효율성도 높다고 드러났다. 물론 모두가 원격근무 방식을 선호하지는 않았다. 코로나 때문에 재택근무를 하면서 갑자기 어린 자녀들을 돌보거나 아이들의 온라인 학습을 감독할 처지에 놓인 직장인에게 원격근무는 쉽지 않았다. 고객을 직접 대면해야만 하는 업종 역시 원격근무제를 수용하기가 어렵다. 또 기술 자원이 부족하다든지 기술을 다루는 데 익숙지 않은 사람이나 일할 때 소통을 중시하는 사람들도 원격근무에 불만을 드러냈다. 우리가 연구한 바로는 원격근무제가 본격화된 이후로 육아 번아웃, 재택근무 번아웃, 팬데믹 번아웃을 비롯해 새로운 형태의 번아웃 증상도 나타났다. 반면에 재택근무가 더 효율적인 사람들도 있었다. 통근 시간을 아끼고, 업무 중간에 들어오는 간섭도 줄고, 주의를 분산시키는 자극이 감소했기 때문이다. 이러한 장점을 경험한 이들은 코로나 감염 위협이 줄어 규제가 완화된 후에도 재택근무를 계속 활용할 방안을 고민했다. 어떤 유형의 재택근무를 하든 원격근무제를 지속하려면 상호 신뢰가 필수다. 노동자는 기업이 합리적 수준 이상으로 생산성을 요구하지 않으리라는 신뢰가 있어야 하고, 기업은 노동자가 업무에 매진하며 과제를 완수하리라는 신뢰가 있어야 한다. 앞으로 살펴보겠지만 여섯 가지 진단 영역에 모두 적용되는 핵심 가치가 바로 상호 신뢰다.

업무 부담을 줄이려면 방해 요소를 최소화하라

솔직하게 문제를 공유하고 서로 신뢰하고 협업할 때 업무 부담 문제를 창의적으로 해결할 방안을 도출할 수 있다. 업무 부담 문제를 훌륭하게 해결한 어느 조직을 예로 들어보자.

한 종합대학 본관에는 수많은 업무 공간이 있다. 행정직 임원들이 근무하는 사무실도 있고, 관리자와 일반 사무원들이 쓰는 칸막이 사무실도 있다. 자재와 장비를 보관하는 공간도 있고, 교직원 우편함이 놓인 공간도 있다. 방문객을 맞이하고 기본 정보를 제공하는 안내처도 있다. 요컨대 종합대학 본관은 근무 시간에 수많은 활동이 일어나는 공간이며 직원뿐 아니라 다양한 사람이 수시로 들락거리고 머무는 곳이다. 많은 이들이 모여서 일하다 보면 누군가 가져온 간식을 함께 나누거나 농담을 주고받으며 즐겁게 일할 때도 있지만, 주의가 산만해져 업무 생산성을 떨어뜨리기도 한다. 공식적으로 정오부터 1시까지는 점심시간이기에 업무를 중단하는 게 맞다. 하지만 직원들은 이 시간에 식사와 휴식을 정당하게 누리는 대신, 사무실 복도에 사람들이 밀려들기 전에 집중해서 밀린 업무를 처리하는 시간으로 활용하기 시작했다. 식사도 미룰 정도로 업무 부담이 날로 커지고 불만이 높아졌다. 오후 5시에 사무실 문을 닫은 후에도 집에 가지 못하고 계속 업무를 처리하는 날도 있었다. 부서장은 이 문제를 해결해야겠다고 판단하고 모든 직원을 불러 모아 실행 가능한 해결 방안이 있는지 함께 고민하자고 요청했다. 직원들은 '모든 추가 업무'에 관해 불만을 토로했다. 의견을 나누다 보니 중요 업무의 양이 증가한 것은 아니었고 다만 업무 흐름을 끊고 주의를 분산시키는 요소 때문에 업무에 집중하는 시간이 줄어든 것이 근본 문제임이 드러났다. 우편물을 찾아가거나 자재를 가져가는 등의 활동이 수시로 직원들의 집중력을 떨어뜨렸지만 그렇다고 이런 일을 하지 못하게 제지할 수도 없었다. 사정이 이렇다면 어떻게 대응해야 할까?

직원들이 내놓은 해결 방안은 하루를 '방해 없이 일찍' 시작하는 것이었다. 매일 아침 8시부터 10시까지 두 시간은 본관에서 근무하는 직원을 제외하고 방문객의 출입을 전면 차단하자는 방안이었다. 그러면 그 시간 동안 아무에게도 방해받지 않고 중요한 업무를 먼저 처리할 수 있었다. 그 밖에 필요한 용무나 친교 활동은 10시 이후로 허용하자는 방안이었다. 사무 공간이 방해받지 않도록 본관 출입 시간을 조정한다면 직원들이 업무에 집중할 수 있고 업무량을 충분히 감당할 수 있으리라고 기대했다. 이 아이디어는 성공했다. 교수와 학생 들은 건물 개방 시간이 바뀐 환경에 어렵지 않게 적응했다. 배달원들도 마찬가지였다. 이른 시간에 본관을 방문하는 극소수 방문객에게는 안내문을 붙여 필요한 정보를 제공했다.

이 사례에서 먼저 주목할 부분은 업무 환경에 영향받는 사람들이 협업하고 창의적인 방안을 도출해 업무 부담을 해결했다는 점이다. 다음 장에서 자세히 다룰 테지만 이와 같은 전략으로 통제감 영역에서도 문제를 해결할 수 있다. 다른 직원의 업무 영역을 침범하지 않는 선에서 노동자에게 재량권을 주고 '자기 일을 잘할 수 있도록' 허용한다면 노동자는 어떻게든 해결 방안을 찾아낼 것이다. 하지만 조직의 구성원은 혼자 일하는 게 아니므로 변경 사항을 다른 구성원과 공유해야 할 때가 많다. 업무를 성공적으로 변경하려면 당연히 구성원 간 합의가 필요하다.

이 사례에서 또 하나 주목할 부분은 문제가 악화하고 직원들이 전문가를 찾아가 증상을 진단받는 사태가 벌어지기 전에 업무 부담에 대처할 방안을 먼저 모색했다는 점이다. 어느 조직이든 구성원들이 주목하는 문제가 있다면 모두가 제시한 의견을 바탕으로 근무 환경에서 개선할 점이 있는지 진단하고 그 해결 방안을 모색하는 것이 좋다. 이때 '조직 내에서 번아웃 증상을 겪는 개인'에게 주목할 것이 아니라 '특정한 근무 환경에서 발생하는 번아웃 위험 요인'에 주목해야 한다. 구성원 모두가 제시한 의견을 기반으로 번아웃 위험 요인을 파악하고 이 정보를 토대로 근무 환경을 개선할 방안을 마련할 수 있다. 구성원들이 제공한 의견을 조직이 수렴해 해결 방안을 모색하는 전략 자체가 구성원의 의견을 존중한다는 강력한 메시지를 전달한다. 더 나아가 번아웃 위험 요인을 줄이기 위해 조직이 할 일에 집중하면, 번아웃으로 고통받는 개인을 향한 비난을 방지할 수 있고 조직이 추구하는 가치가 무엇인지 구성원에게 보여줄 수 있다.

마지막으로 이 사례에서 주목할 부분은 아무리 작은 변화라도 이를 실행에 옮기는 일이 정말로 중요하다는 점이다. 특히 모든 구성원이 협업해 도출한 방안이라면 더욱 그렇다. 구성원들이 해결방안을 제시하고 관리자가 이를 채택했을 때 구성원들은 이 변화를 실현하는 데 헌신할 가능성이 더 크다. 이 과정에서 구성원들은 작지만 중요한 변화를 계획하고 또 실현하는 데 자신에게 생각보다 큰 재량권과 유연성이 있음을 깨닫는 경우가 많다. 지금 우리가 다루는 사례도 따지고 보면 아무 비용을 들이지 않고 부서장의 승인만으로 간단하게 업무에 집중할 시간을 확보할 수 있었다.

이 이야기는 여기서 끝이 아니다. 몇 년 뒤에 이 대학교는 새 건물로 본관을 이전했다. 오래된 건물을 철거할 예정이었기 때문이다. 새 건물은 층마다 개방형 사무실을 더 많이 만들고 각 구역은 통로로 구분해 탁 트인 공간으로 설계했다. 이른 아침에 방해받지 않고 조용히 업무에 매진할 수 있는 제도가 있었기에 벽이나 문을 따로 설치하지 않은 것이다. 그런데 실제로는 사무실을 '드나드는' 사람들 때문에 소음이 증가했다. 물론 엄밀히 말하면 사무실 안으로 들어오는 사람이 아니라 통로를 지나 다른 구역으로 이동하는 사람들 때문이긴 하다. 건물을 지을 때 직원들의 사적인 공간을 제거할 의도는 없었지만, 어쨌든 그런 효과를 내는 결과물이 나오고 말았다.

업무 환경은 진화하고, 과거에 발생했던 문제에 관한 기억은 희미해진다. 유용한 방식도 그 효과가 영원히 지속하는 것은 아니다. 이런 까닭에 번아웃을 일으킬 위험 요인이 있는지 계속 주시하고, 가능하면 모든 직원이 머리를 맞대고 해결 방안을 모색하는 것이 중요하다. 앞으로 다루겠지만 꾸준히 변화를 모색하는 과정에서 뜻밖의 행운이 겹쳐 방법을 찾거나, 끊임없는 시도와 수정을 거쳐 정책을 발전시키고, 그 결과 모두 인정하는 유용한 해결책이 나오는 경우가 적지 않다.

5장

통제감

 50여 년 전 관리자들은 'X이론'과 'Y이론'
이라는 두 가지 동기부여 이론 중 하나를 채택해 각기 다른 방식으
로 노동자를 관리했다. X이론을 채택한 관리자는 노동자를 부정적
관점에서 본다. 노동자는 야망이 없고, 책임질 줄 모르고, 게으르
고, 그저 돈이나 벌려고 할 뿐이다. 노동자는 대부분 이기적이며 직
무 유지에 필요한 최소한의 요건만 충족하고 그 이상 성과를 올리
려는 욕구가 없다. X이론을 따르는 관리자는 노동자를 엄밀히 감
시하는 전략을 택한다. 노동자가 자기 일에 책임지고 성과를 내리
라고 믿지 않기 때문이다. 관리자는 노동자를 엄격히 통제하며 실
수를 저지르는지 주시하고 필요하면 신속히 징계를 내린다. 이와

반대로 Y이론을 채택한 관리자는 노동자를 긍정적 관점에서 본다. 노동자는 일을 열심히 하며 자아를 실현하려는 욕구가 있고 일에 책임감을 느낀다. 관리자는 성과를 점검하겠지만 노동자를 일일이 통제할 필요성은 느끼지 않는다. 업무를 수행하는 노동자에게 더 많은 자율성을 보장하고, 정서적으로 유대감을 형성하면서 옆에서 지원하는 교사 역할을 맡는다. 업종, 제품 그리고 관리자의 성격에 따라 차이는 있겠지만, 대체로 X이론에 기초한 관리 방식이 번아 웃 위험성을 높이는 경향이 있다.[1]

이번 장에서는 직무 일치 또는 직무 불일치가 생기는 두 번째 영역을 다룬다. 이는 노동자가 느끼는 통제감, 자율성, 유연성과 관련이 깊다.

통제감

민주주의 제도에서는 모두가 동등하게 한 표를 행사하지만, 기업이 의사결정 과정에서 구성원 모두의 목소리를 동등하게 고려하는 경우는 거의 없다. 기업에서는 경영진이 일반 사원보다 훨씬 많은 권한을 행사한다. 기업의 조직 구조는 상명하달 체제로 기업주, 최고경영자, 경영진, 관리자가 누가, 언제, 어떤 방식으로 무슨 일을 수행할지 결정한다. 조직의 지배구조에 따라 개인의 지위와 권한이 달라진다. 따라서 노동자가 더 많은 권한을 얻으려는 시도는 애초에 불공평한 환경에서 시작된다. 반면에 고용주는 자기 밑으로 권한을 얼마나 배분할지 결정할 특권을 지녔다. 그러니까 여기서는 직무를 수행하는 노동자에게 얼마나 많은 권한을 부여했느냐가 관건이다. 노동자가 최선이라고 여기는 방식으로 목표를 성취할 수 있게 재량권을 충분히 허용했는가?

재량권이 부족해 노동자가 업무를 제대로 통제하지 못하고 불만이 커질 때 이는 직무 불일치를 암시하는 중요한 단서다. 인간에게는 할 일을 스스로 선택하고 결정하고 싶은 욕구가 있다. 교육받으며 익힌 지식과 역량을 발휘해 문제를 해결하고 싶어 한다. 그리고 결과가 어떻든 성과를 도출하는 과정에 주도적으로 참여하고 싶어 한다. 노동자에게는 과중한 업무량보다 재량권이 부족한 환경이 더 심각한 문제일 때가 많다. 재량권이 부족하면 직무 효능감이 떨어지고, 업무 절차의 타당성과 결과물의 가치에 관해 냉소적인 태도로 일관하기 쉽다. 반면에 적절한 재량권에 따라 노동자가 업무를 처리하고 그에 필요한 자원을 이용할 수 있다고 느끼면 직무에 몰입할 가능성이 크다. 자기 책임감을 바탕으로 주도적으로 일하는 것과 면밀한 감시 아래 엄격한 방침을 따르며 일하는 것은 하늘과 땅만큼 차이가 크다.

정해진 절차가 만능이라도 되는 양 업무를 일일이 지시하고 제한하는 경우, 노동자가 재량껏 판단하며 혁신할 기회를 차단하므로 결과물에 책임감이 떨어지기 마련이다. 업무 지침대로 기계처럼 일하기를 강요하는 조직에서 구성원은 판에 박힌 결과물을 보여줄 뿐이다. 업무를 일일이 감시하는 일은 관리자의 시간과 에너지를 잡아먹는 데서 그치지 않는다. 노동자가 새로운 과제에 적응하고 주도적으로 문제를 해결할 기회를 차단함으로써 오히려 직원의 역량을 떨어뜨린다. 직원들을 일일이 감시하는 조직은 "직원들이 무능해서 믿을 수 없다"라고 모욕하는 셈이다. 노동자가 보기에 이는 경영진이 자신들의 판단력을 존중하지 않고, 똑똑하다고도 여기지 않으며 제대로 과제를 완수할 능력이 없다고 판단한다는 말과 같다.

관리자가 노동자에게 상당한 권한을 부여하는 경우는 생산성과 신뢰라는 두 가지 관점에서 만족할 때다. 업무를 수행할 장소와 시간, 방법과 관련해 상당한 재량권을 노동자에게 부여하려면 먼저 충분한 성과를 달성할 능력과 의지가 있는지 관리자가 알아야 한다. 관리자는 노동자에게 더 많은 권한을 부여해도 생산성이 저하되지 않으리라는 확신 외에도 노동자가 늘어난 재량권을 남용하지 않으리라는 확신이 필요하다. 재량권을 확대했을 때 '노동자가 일을 대충하며 품질을 떨어뜨리거나, 평소 마음에 들지 않던 직원의 업무를 방해하거나, 우선순위가 낮은 업무에 자원을 투입하지는 않을까' 하고 관리자들은 염려한다. 상급자가 권한을 위임하고 전혀 감시하지 않을 때, 노동자가 문제를 일으킬 가능성이 크다는 사실을 부정하는 사람은 없을 것이다. 관리자가 노동자에게 상당한 재량권을 부여하는 방식과 모든 사안을 일일이 감시하고 결정하는 방식 사이에서 적절한 균형을 찾는 일이 중요하지만, 이는 쉽지 않다.

코로나19 팬데믹으로 많은 기업과 조직이 갑자기 재택근무로 변경해야만 했고, 노동자는 여태껏 경험한 적 없는 수준의 재량권을 얻었다. 조사에 따르면 당시 원격근무 방식을 적용하는 데 어려움과 우려가 있었지만, 원격근무 환경에서 생산성이 향상한 것으로 나타났다.[2] 코로나 이후를 논의하는 과정에서 이제는 많은 기업이 사무실 출근을 필수로 여기던 시절로는 영영 돌아가지 못하리라는 전망이 나오기 시작했다. 노동자에게 권한을 양도하는 것을 마뜩잖게 여기는 관리자들에게는 이 같은 전개가 그리 반갑지 않을 것이다.

〈워싱터니언〉은 워싱턴 시에서만 발행되는 잡지다. 이 잡지를 발행하는 워싱터니언 미디어Washingtonian Median의 최고경영자가 〈워싱턴 포스트〉에 기고한 객원 사설을 보면 변화를 반기지 않는 관리자의 태도를 엿볼 수 있다.[3] 이 사설의 요지는 원격근무 방식이 표준으로 정착되면 기업이 어려움을 겪을 테고 만약 성과가 감소한다면 비용 절감 카드를 꺼낼 수밖에 없음을 노동자에게 일깨우는 내용이었다. 워싱터니언 미디어의 최고경영자는 사무실에서 함께 일할 때 자연스럽게 이루어지는 소통이라든지 사수가 신입을 이끌어주는 문화를 칭송했다. 이에 더해 구성원의 '역할 외 행동', 즉 직무명세서에 명시된 역할이 아니어도 조직이 원활하게 돌아가는 데 일조하는 모든 자발적 노력을 강조했다. 이 최고경영자는 사설 전반에서 직원들의 노고를 인정하다가 마지막에 불길한 전망을 전했다. "사무실로 복귀하면 얼마간 고통과 불안감이 따를 테지만, 노동자에게 가장 큰 혜택은 고용 안정일 것이다. 여러분이 알아둘 게 있다. 해고자 명단에 올리기 가장 힘든 사람은 관리자가 평소 잘 아는 사람이라는 사실이다."

'사무실로 복귀하지 않으면 해고'라고 읽히는 사설에 워싱터니언 직원들은 즉각 대응했다. "최고경영자로서 나는 사무실로 복귀하지 않을 시 발생할 위험성을 직원들이 이해하기 바란다"라는 사설 제목도 사태를 악화시키는 데 일조했다. 이튿날 아침에 수십 명의 직원이 트윗을 올렸다. "워싱터니언 편집부 직원으로서 직원들의 노고를 인정하지 않을 시 발생할 위험성을 최고경영자가 이해하기 바란다. 최고경영자가 공개적으로 직원들의 생계를 위협했다는 사실이 너무나 경악스럽다. 금일 발행 업무는 전면 중단할 것이다."⁴ 최고경영자는 사원들을 위협할 의도는 전혀 없었다고 즉각 해명했다. 하지만 사설의 마지막 문장은 직원들의 업무를 놓고 조직에서 누구에게 가장 많은 권한이 있는지 친절하게 일깨웠다. 그 사람은 바로 직원을 해고할 힘이 있는 관리자다.

삶을 통제하고 싶은 것은 인간의 기본 욕구다. 이처럼 중요한 욕구를 놓고 직장 상사가 강경한 발언을 하면 직원들이 그 메시지에 민감하게 반응하리라는 사실을 놓치면 안 된다. 비슷한 맥락에서 대학교수인 우리 역시 학점을 놓고 함부로 농담하면 안 된다는 사실을 오래전에 배웠다. 학생들에게 학점은 중대한 사안이다. 누군가의 막강한 권력에 의해 개인의 통제력이 무력화될 수 있는 영역에 속한다. 고용 안정성이 농담거리가 되지 못하듯 학점도 마찬가지다.

자율성

개인의 자율성이 얼마나 중요한지는 몇 번이고 강조해도 모자라다. 자신의 신념과 우선순위에 따라 스스로 선택할 수 있다는 지각은 인간 존엄성의 핵심이다. **자율성**autonomy이라는 말은 **자기 규제**를 뜻하는 라틴어에서 유래했다. 자율성은 국가와 지역부터 조직,

팀, 개인에 이르기까지 모든 차원에 적용된다. 개인 차원에서 자율성이란, 삶의 모든 영역에서 스스로 좋은 결정을 내리고 독립적으로 행동할 수 있는 능력을 의미한다. 일터에서 자율성이란, 일이 잘못되면 필요한 조치를 실행해 이를 바로잡을 수 있고 수시로 변하는 환경에 적응하며 맡은 업무를 잘 해낼 수 있는 능력을 의미한다. 사람들이 남의 도움 없이 자기 힘으로만 일하기를 선호한다는 의미가 아니다. 함께 일하는 동료들과 소통하지도 않고 단독으로 결정을 내리거나 피드백을 거부해야 한다는 말도 아니다. 자율성이란 조직에서 역량을 인정받고 그에 합당한 재량권을 행사하며 책무를 완수하고 싶은 욕구를 말한다.

직무 자율성을 얻거나 유지하는 방법은 많다. 먼저, 누구나 알다시피 교육 과정을 밟아 관련 업무 기술을 습득했음을 입증하는 방법이 있다. 하지만 기본 역량을 갖추는 것으로 끝이 아니다. 노동자가 합리적인 아이디어와 비판을 자유롭게 제시하고, 혁신 아이디어를 주도하거나 새로운 프로젝트에 착수할 수 있으려면 자격증 외에도 이를 뒷받침하는 환경이 조성되어야 한다. 직무 자율성과 만족도를 향상하려면 직원, 팀원, 관리자 간에 거리낌 없이 주기적으로 의견을 교환하는 시간이 필수다. 이때 어느 한쪽이 대화를 주도하면 안 되고, 구성원 모두에게 의견을 제시하고 질문할 기회가 주어져야 한다. 사람들이 자유롭게 의견을 제시하려면 심리적 안전감이 중요하다. 직원들의 자율성과 재량권을 높이기 위해 관리자가 할 일이 있다. 구성원이 맡은 역할과 과제를 분명하게 밝혀 그 안에서 재량껏 임무를 완수하도록 지원하는 것이 좋다. 또 직무나 직무 환경 차원에서 개선점이 무엇인지 묻고 그 아이디어를 반영하며, 개선에 필요한 자원과 절차 변경까지 지원하기로 약속하는 것이 좋다.

직무 교육을 제대로 받았고 수행 의욕도 높은데 만성적인 방해 요인 때문에 직무를 재량껏 수행하는 데 어려움을 겪기도 한다. 방해 요인에는 내적인 요인과 외적인 요인이 있다. 방해물이나 장애물로 직무를 스스로 통제하지 못하면 업무 완성도가 떨어져 일에서 느끼던 자부심까지 위협받는다.

단적인 사례로, 좋은 성과를 도출하고 나쁜 일을 방지하고자 마련한 업무 규정과 지침을 생각해보자. 이 업무 규정과 지침은 업무 수행을 지연시키고 어렵게 하는 원인이 되기도 한다. 노동자가 직면하는 상황에 적합하지 않다면 업무 진행 속도를 더디게 하거나 품질을 떨어뜨리기 때문이다. 예를 들어, 미국의 보건의료 종사자들은 의료보험 규정에 따라 일하는 것을 주요 스트레스 요인으로 꼽는다. 이런 규정과 지침 때문에 의료 행위를 수행하는 데 어려움을 겪는다고 불만을 토로하는 의사가 많다. 과도한 사전 승인 절차라든지 진료 표준을 무시하는 관행 때문에 불필요하게 많은 시간을 허비한다고 밝혔다. 또 의사보다 전문 지식도 부족하고 환자에 관해 잘 알지도 못하는 건강보험사 평가원이 해당 환자가 몇 차례 치료를 받아야 하는지 횟수까지 결정한다며 불만을 터뜨리기도 했다. 이런 일은 단순히 짜증이 나는 정도로 그치지 않는다. 환자에게 어떤 종류의 치료를 어느 정도의 품질로 제공할지 결정할 권한이 없다는 사실에서 의사는 자괴감을 느끼게 된다. 업무 규정과 지침은 의사 개인이 바꿀 수 있는 일이 아니다. 하지만 동종 업계 경영진이 협력한다면 업무에 지장을 주는 규정과 지침을 변경하거나 수정할 수 있다.

감독 업무에서 가장 빈번하게 직무 불일치가 발생하는 영역은 통제감으로 보인다. 일이 순조롭게 풀릴 때 관리자는 자신이 신뢰하는 직원에게 자율성과 재량권을 보장한다. 조직이 정한 우선순위에 충실한 직원 그리고 업무 역량이 뛰어난 직원일수록 관리자는 더 많은 재량권을 허용한다. 반면에 이 두 가지를 신뢰할 수 없는 직원이라면 해당 직원이 내리는 결정을 더 면밀히 감시한다.

관리자가 기업의 방침이나 계약 조건 때문에 제약을 받아 직원에게 충분한 권한을 부여하지 못할 때도 있다. 예를 들어 계약 체결, 치료 방식의 선택, 교과과정 개발처럼 중요하고 어려운 의사결정이라면 특정 직원이나 부서 또는 팀에 재량권을 부여할 권한이 관리자에게 없다. 통제감 영역에서 발생하는 직무 불일치를 줄이려면 우선 어디서 문제가 발생하는지 포착해야 한다. 관리자와 직원 사이에서 발생하는 문제인지 아니면 해당 관리자보다 더 윗선에서 내린 방침 때문인지 파악해야 한다.

자율성을 부여하는 일에서 관리자들이 행사할 수 있는 권한은 제각각이다. 이 사실은 2021년 코로나19 감염률이 떨어지고 방역 방침이 완화되면서 확연히 드러났다. 재택근무가 훨씬 생산성이 높다는 사실을 깨달은 많은 사람이 기왕에 발생한 변화를 사무실 근무와 재택근무 간에 균형을 맞출 좋은 기회로 보았다. 일부 기업 에서는 현지 관리자에게 근무 방식을 조정할 권한이 없어 먼저 글 로벌 조직관리 규정을 수정해야 했다. 근무 방식을 조정할 권한이 직속 관리자에게 있는 기업도 있었다. 이 경우 관리자는 해당 노동 자의 직무가 지닌 고유한 특성과 협업 필요성 등을 고려해 실행 가 능한 수준에서 근무 방식을 조율했다.

직무 자율성을 개선하는 두 가지 경로가 있다. 먼저 관리자에게 재량권이 있다면 직무 불일치를 해소하는 경로가 단순하고 빨라진 다. 다만 관리자에게 재량권이 있더라도 노동자와 관리자 사이에 불신이나 반감이 있으면 실패할 확률이 높다. 다른 하나는 관리자 에게 주어진 재량권 범위가 작아서 조직관리 규정을 수정해야 하 는 경우다. 경험해본 이들은 알겠지만, 이 과정은 더디고 복잡하 다. 하지만 후자의 절차를 따르는 방식에도 이점이 있다. 관련 규정이 일단 수립되면 이 규정은 즉시 조직 전체에 적용된다.

한 기술 기업을 예로 들어보자. 이 기업은 엄청난 이익을 거두고 몸집이 커져 급격한 변화를 겪었다. 직원들은 업무에 매진하고 기업에 헌신했지만, 프로젝트를 진행할수록 불만이 쌓여갔다. 설문 조사 결과 많은 직원이 직무 효능감이 낮은 유형에 속하는 것으로 드러났다. 이들이 내린 부정 평가는 대부분 직무 효능감 영역에 몰려 있었다. 가치관 영역에서 직무 일치 정도가 높아 조직에 헌신하고 있음은 분명했지만, 통제감 영역에서 직무 불일치 정도가 높았다. 통제감 영역에 비하면 덜하지만, 보상과 공정성 영역에서도 평가가 좋지 않았다. 직원들 평가를 보면 관리 감독 방식에 특히 비판적이었다. 주로 재량권 또는 자율성과 관련된 문제였는데 비판이 워낙 거세 앞으로도 이 문제가 나아질 가망이 보이지 않았다.

설문지에 적힌 직원들 의견을 종합하면 기업의 몸집은 비대해졌는데 중앙에서 지나치게 통제하려드는 것이 문제의 근원임이 틀림없었다. 이 회사의 최고경영자는 열정이 넘치는 사람으로 직원의 목표 의식을 고취하고 자율적으로 일하는 프로젝트팀을 꾸려 회사를 키웠다. 이들 프로젝트팀은 새로운 아이디어를 생산하는 기획 단계부터 투자기금을 유치하고, 완성도가 높은 시제품을 제작하기까지 모든 업무를 수행했다. 이 최고경영자는 팀장들과 직접 소통하며 복잡한 업무를 관리했다. 짧게나마 매주 회의를 열고 프로젝트 관리 문건을 직접 컴퓨터에 업데이트했다. 이러한 체제 속에서 여러 제품을 무사히 출시하고 회사에 헌신하는 유능한 직원들이 이끄는 조직을 구축했다.

하지만 회사가 성장할수록 프로젝트 범위는 개인 차원에서 관리할 수준을 넘어섰다. 기업 이사회는 경영 컨설팅 회사를 고용해 관리 통제 시스템을 구축하고 회계 처리 절차를 수립했다. 덕분에 이 회사는 그전까지 여러 팀에서 독자적으로 진행했던 다양한 프로젝트를 체계적으로 추적할 수 있었다. 이 시스템은 사업과 관련한 주요 정보를 추적하는 데 효과가 좋은 반면 직원들이 처리할 문서 작업량이 늘면서 업무 부담이 커졌다.

업무를 개선하려고 마련한 새로운 절차 때문에 직원들이 원하는 재량권 수준과 실제로 부여받은 재량권 사이에 심각한 불일치가 발생했다. 이 회사는 통제감 영역에서 발생한 불일치 문제를 해결하려고 자체적으로 특별팀을 구성함으로써 급성장한 회사에서 조직 관리 체제를 전환할 때 발생하는 문제를 조사했다. 특별팀은 경영진에게 이 분야에서 실력 있는 컨설턴트와 협업할 것을 제안했다. 아울러 구성원들과 협업해 실행 가능한 조직관리 대안을 회사가 새로 개발하고, 제품을 생산하는 프로젝트팀들의 주도성을 해치지 않으면서 효과적으로 지원할 방법을 찾아야 한다고 조언했다. 그 결과 새로 개발한 관리 체제는 직원들이 바라는 자율성을 부여했다.

유연성

통제감 영역에서 직무 적합성을 개선하는 핵심 원리는 유연성이다. 유연성이라는 용어는 여러 의미를 내포하며 우리가 다루는 주제와 모두 관련이 깊다. 첫째, 유연성은 부러지지 않고 쉽게 구부러지는 속성을 가리킨다. 이 속성은 기계공학에서 스트레스 및 스트레스 테스트 개념과 함께 거론된다. 기계공학에서 스트레스는 어떤 물건이 받는 힘을 가리키며 이 힘은 물건 내부에 변화를 일으킨다. 스트레스 테스트는 어떤 물건이 얼마나 강한 힘을 받을 때 부러지는지 검사한다. 기계공학에서 유연성 개념은 일반적으로 다리나 전력망 같은 기반시설이나 기술에 적용되지만, 이 개념을 인간의 신체에 적용해도 유용하다. 몸과 마음이 안녕하지 않을 때 이런 현실에 꺾이지 않고 유연하게 대처할 수 있도록 기반 조건을 만들 필요가 있다. 직무와 개인의 적합성 또는 일치 정도를 높이려는 것도 같은 맥락이다.

둘째, 유연성은 쉽게 수정할 수 있는 속성을 가리킨다. 영구적으로 고정된 것이 아니라면 언제든 수정하고 변경할 수 있다. 업무 방식 등은 얼마든지 변경할 수 있다. 구태의연한 업무 방식을 수정하고 타성에서 벗어나기로 선택할 때 노동자는 자신이 자율성을 발휘하고 업무를 통제한다고 느낀다. 새로운 판매 전략을 수립하는 일처럼 중요한 업무를 이전과 다르게 수정할 수도 있고, 이메일 답신이나 고객에게 인사하는 방법 또는 보고서 첫 문단을 시작하는 방법처럼 일상 업무에 변화를 줄 수도 있다. 이 같은 수정 작업은 일회성으로 끝나지 않고 정기 과제로 진행되기도 하고, 조직 차원이 아니라 구성원 개인이 재량껏 실행할 때가 많다. 노동자는 업무 영역을 재평가하고 자기에게 재량권과 선택권이 있는 영역을 중심으로 일상의 업무 방식을 수정하거나 전환하고 재편할 수 있다.

셋째, 유연성은 기꺼이 변화를 받아들이고 절충하는 속성을 가리킨다. 이는 노동자, 팀, 관리자가 기존보다 나은 대안을 찾으려는 마음의 준비가 되어 있음을 의미한다. 그리고 어느 대안이 더 나은지 판단하려면 여러 부서와 팀이 협력해야 할 때가 많다.

오늘날에는 노동자가 일과 생활의 균형을 유지하려 애쓰기 때문에 기업이 업무 유연성을 보장하는 일은 이제 선택 사항이 아니라 필수다. 노동자에게는 일정을 바꿀 수 없는 개인 용무가 있다. 자녀의 등하교 시간 때문에 업무 일정을 조정할 일이 생긴다. 때로는 예측을 벗어난 상황도 발생한다. 갑자기 몸에 이상이 생겨 병원에 가야 할 때도 있다. 유연근무제의 중요성은 코로나19 팬데믹 기간에 더욱 뚜렷하게 드러났다. 많은 노동자가 사무실에서 하던 업무를 집에서 수행하기도 했고 이에 따라 기존의 근무 시간과 업무 절차도 달라졌다. 사람들은 기존과 다른 방식으로 업무를 처리하는 법을 익혔고, 이 같은 변화는 코로나가 종식된 후에도 업무 효율성을 높이는 데 일조할 것으로 보인다. 코로나 후에도 원격근무를 지속할 가능성이 크기 때문에 기업은 원격근무를 선호하는 인력을 수용해야 할 것이다. (이 책은 2023년 5월 5일, 세계보건기구WHO가 코로나19 종식을 선언하기 1년 전 집필되었다. 저자들의 전망은 현실이 된 듯하다. – 편집자) 봉쇄 조치 기간에 처리하지 못했던 업무 중 일부는 아예 사라질 전망이다. 앞서 언급했듯이 불필요한 잡동사니라면 제거해야 한다. 기업은 사무실에서나 온라인 환경에서나 노동자들이 건강하고 안전하게 일할 수 있도록 진화해야 한다. 이 모든 점을 고려해보면 미래 노동 환경에서 직무 적합성을 향상할 때도 유연성이 핵심 요소로 주목받을 듯하다.

의사들을 대상으로 번아웃 위험성을 진단하고 주요 위험 요인을 파악해서 업무 유연성을 향상한 어느 병원을 예로 들어보자. 설문조사 결과는 여러모로 흥미로웠으며 해당 병원은 이를 토대로 업무 관행을 수정하는 데 유용한 대안을 찾을 수 있었다. 특히 통제감 영역에서 의사들 간 나타난 극명한 차이가 흥미로웠다. 거의 모든 의사가 통제감 영역에서 불일치가 발생했는데 일부 의사들은 오히려 직무 적합성이 높게 나타났다. 직무 적합성이 높은 의사들에게 무슨 일이 일어났던 것일까? 나중에 추가로 면담을 진행한 결과 이 그룹의 의사들은 일정 관리 체계가 다른 의사들과는 달랐다.

이들은 처음에 정해진 일정을 그대로 수용할지 아니면 수정할지 선택할 수 있었다. 나머지 의사들의 경우에는 중앙에서 일괄적으로 통제하는 방식이어서 일정을 조율할 선택권이 부여되지 않았다. 중앙 통제 방식은 "여기 정해진 일정대로 처리하세요"라는 일방 지시에 가까웠다. 이 한 가지 차이점이 직무 불일치를 직무 일치로 전환하는 중요한 열쇠였다. 다만 일정 변경뿐이었지만 재량권을 행사한 의사들은 업무와 개인 용무를 조정할 수 있었고 통제감을 충족했다.

이 업무 관리 체계는 나머지 의사들도 원하던 방식이었다. 다만 이 체계를 모든 부서에 도입하려면 일정을 수립하는 업무 외에도 일정을 변경하려는 의사와 조율하면서 새로 일정을 짜는 인력을 채용해야 했다. 이런 인력을 충원하면 병원은 의사들이 느끼는 통제감을 대폭 증진하고 번아웃 위험률을 낮출 수 있었다. 의사는 고액 연봉을 받는 직업이고 채용 비용도 만만치 않아서 결국 일정 관리를 맡는 인적 자원을 늘리는 편이 더 이득이라는 결론이 났다.

시스템을 재설계해 좋은 변화를 경험해본 사람들은 통제감 문제에 관해 해결 방안을 적극적으로 모색하기 시작했다. 새로운 시스템이 성공을 거두고 나서 사람들은 '할 수 있다'라는 자신감을 얻었고 이는 더 좋은 방법을 찾아내는 원동력이 되었다.

일시적 관계

21세기 노동 환경에서 주목할 변화 한 가지는 노동자와 기업이 장기 계약 대신 일시적 계약을 맺는 비율이 증가하고 있다는 점이다.[5] 대다수 나라에서 평생직장 개념이 사라지면서 퇴직연금제도는 유명무실해졌고,[6] 기업은 책임을 피고용인에게 전가하는 추세다. 이제 노동자는 경력 개발 관점에서 현재 다니는 직장을 최대한 이용하는 데 주의를 기울여야 한다. 장기적 관점에서 경력 개발 계획을 세우면 장점이 있지만, 빠르게 변하는 환경에서는 불확실성도 증가한다. 노동자는 현재 직무를 통제하는 문제뿐 아니라 미래의 경력을 통제하는 문제에서도 여러 난관을 극복해야 한다.

21세기는 일시성의 시대이며 일시성은 불안감을 조장한다. 오늘날의 세계는 일회용품으로 가득하다. 고쳐서 쓰지 못할 물건들이 넘쳐나고 설령 고쳐 쓸 수 있다 해도 새로 사는 편이 비용이 적게 든다. 책이나 음악, 그림처럼 과거에는 반영구적으로 소유하던 물건도 지금은 디지털화되었다. 과거에는 애플리케이션을 한 번 구매하면 소유권이 완전히 귀속되어 언제든 이용할 수 있었지만, 지금은 정기적으로 구독료를 내고 이용한다. 디지털 제품은 형체가 없을 뿐 아니라 오래도록 소장하고 아끼고 싶은 마음이 들지 않는다.

개인이 직장과 맺는 관계가 일시적일수록 노동자는 직무에서 통제감을 키우기가 어렵다. 관계가 일시적일 때 노동자는 과감하게 나서지 못한다. 장기간 진행하는 대규모 프로젝트에 참여할 기회도 그만큼 줄어든다. 요컨대 고용 관계가 지속되리라는 확신이 없으면 자율성을 발휘하며 주도적으로 일하기가 어렵다.

이러한 현실을 감안할 때 노동자가 직장과 형성하는 관계의 토대는 통제감 영역에 있음을 알아야 한다. 통제감이 늘면 여섯 가지 진단 영역 중 나머지 영역에서도 직무 적합성이 향상할 가능성이 크다. 업무, 자원 이용, 팀 운영을 놓고 재량권을 발휘할 수 있으면 업무 부담을 관리하고, 관심사를 공유하는 커뮤니티를 구성하며 우선순위에 부합한 활동을 수행하는 일에도 좋은 영향을 미친다. 의사결정 과정에 참여하거나 선택권이 있는 노동자는 업무를 수행하면서 무슨 일이 닥치든 대처할 방법을 찾는다. 또 자율성과 유연성을 보장받을 때 그 직장에 오래 남을 가능성이 크다.

직무 적합성을 향상하려면 관리자의 역할이 중요하다. 조직관리 방침에 따라 권한을 지닌 관리자는 구성원의 다양한 선호와 근무 방식을 충족할 수 있다. 관리자가 직원들의 필요에 신속히 반응하는 조직에서는 직원들도 문제를 신속히 해결한다. 직장생활에서 어려움을 만드는 제약이나 기회를 서로 다르게 볼 수 있음을 인정하기 때문이다. 경영진과 관리자 간의 지속적이고 원활한 소통은 조직이 목표에 집중하고 단합하는 데 일조한다. 경영진은 관리자의 의사결정을 지지하고 있음을 밝힐 필요가 있다.

관리자와 구성원들의 관계는 통제감과 자율성 관점에서만 중요한 것이 아니다. 6장에서 살펴보겠지만 보상 영역에서도 직무 적합성을 위해 중요하다. 사실 보상이란 긍정적 유인이지만 본질상 조직에서 사람들을 통제하는 수단으로 쓰인다. 하지만 상급자에게 받는 보상 말고도 보상의 종류는 매우 다양해서 조직 전체에 미치는 효과는 복잡하다. 다음 장에서 확인할 테지만 가장 가치 있는 보상은 동료나 노동 자체에서 얻는 보상이다.

6장

보상

 보상이라는 말을 들으면 잃어버린 물건을 누가 찾아주었을 때 그 대가로 주는 보상금, 또는 개가 주인의 명령을 제대로 따랐을 때 주는 간식이 떠오른다. 직장에서 업무를 성공적으로 완수하고 받은 보상을 떠올리는 이도 있을 것이다. 잃어버린 물건을 찾아준 대가, 주인의 말대로 행동한 대가, 업무를 잘 처리한 대가, 모두 긍정적 보상에 해당한다. 그리고 대개는 보상을 받은 그 행동을 강화하는 데 목적이 있다.

보상에는 눈에 보이는 이익 외에도 거기에 담긴 긍정의 메시지로 사람들의 삶을 바꾸는 힘이 있다. 성과를 인정하고 보상하는 방식이 부당하거나, 보상 내용이 부족할 경우 업무와 노동자의 가치를 모두 무시하는 결과를 초래해 번아웃 위험성을 높일 수 있다. 부족한 보상은 직무 효능감 저하와도 밀접한 관련이 있다. 부족한 보상이 먼저 문제를 일으켰는지 기력 소진이나 냉소주의가 먼저 문제를 일으켰는지는 불분명하다. 보상이 따르지 않을 때 노동자는 지치고 냉소적으로 변한다. 또 지치고 냉소적인 상태에서는 업무 수행력이 떨어져 보상이 따르지 않을 수도 있다. 감정과 보상은 서로 영향을 미친다. 보상 수준을 높이면 활력이 생기고 직원 참여도와 직무 효능감이 증가할 가능성이 크다.

성과보상 제도를 살펴보면 해당 기업이 무엇을 중시하는지 많은 부분을 알 수 있다. 예를 들어 부서나 팀이 거둔 성과가 아니라 개인이 거둔 성과에 보상하는 제도는 기업이 중시하는 가치를 명백히 드러낸다. 만약 성과를 배분할 때 그 과정을 투명하게 공개하고 공정하게 집행하는 기업이 있고, 반대로 소수 경영진만 의사결정에 참여해 은밀하게 성과를 배분하는 기업이 있다면 경영진이 권력을 어떻게 행사하는지에서 차이가 극명히 드러날 것이다. 경영진은 노동자의 행동을 통제하기 위해 보상이라는 도구를 이용할 권한과 역량이 있다. 반면에 노동자에게는 경영진의 행동을 통제할 보상 수단이 없다. 성과보상과 관련된 중요한 질문에 기업이 내놓은 답변을 보면, 해당 조직의 구성원이 소속감과 자율성을 충족할 수 있을지 그리고 번아웃 가능성도 미루어 짐작할 수 있다. 직원 참여도가 높은 기업에서는 긍정적 메시지와 가치 있는 보상을 충분히 제공했다. 반면에 번아웃 증상을 겪거나 직무 효능감이 낮은 유형의 노동자가 많은 기업에서는 업무 성과가 아무리 좋아도 긍정적 피드백과 가치 있는 보상을 전혀 제공하지 않거나 최소한만 제공하는 경우가 많았다.

성과보상 영역에서 무엇이 직원들을 만족시키고 무엇이 불만을 초래하는지 이해할 때 기업에서 발생하는 문제와 시간 낭비를 줄일 수 있다. 직원들과 면담하고 설문조사를 실시해 보상 영역에서 발생하는 문제를 파악한다면 무엇을 개선해야 하는지도 파악할 수 있다. 기업이 정한 보상 체계를 직원들이 무조건 수용하는 법은 없다. 직원들이 보상 체계에 공감하려면 기업이 제공하는 보상과 격려가 직원들의 가치관에 부합해야 하고 그 절차가 공정해서 신뢰를 얻을 수 있어야 한다.

기업이 맞춤형으로 보상 체계를 설계할 때 가장 중요한 요소는 신뢰다. 구성원들이 보기에 심사 절차가 투명할수록 해당 보상을 받아들일 가능성이 크다. 즉 심사 대상에 오른 후보, 심사위원, 심사 기준 모두 분명해야 한다. 심사 절차를 공개하면 특정 직원을 편애한다는 의혹도 사라진다. 인간은 대개 자신이 유능하다고 믿고, 타인이 자기보다 더 유능하다는 사실을 인정하기 싫어한다. 개인보다 팀이 거둔 성과를 높이 평가하는 전략도 보상 체계의 신뢰도를 높이는 데 일조한다. 오늘날 기업에서 생산하는 제품이나 서비스는 대다수가 개인이 아닌 부서나 팀이 노력한 결과물이다. 부서나 팀에서 몇 명에게만 상을 수여하면 보상으로서 긍정적 기능을 이루기 어렵다. 개인에게 보상을 한 경우에도 혼자 힘으로 성과를 낸 것이 아니라 팀원들의 노력이 있었기에 가능했다는 사실을 인정할 줄 알아야 한다. 보상 체계는 기업에서 가치를 창출하는 과정을 정확히 반영해야 한다.

보상 영역에서는 두 가지 요소가 번아웃 증상에 큰 영향을 미친다. 첫째, 심사 과정의 공정성이다. 정당한 심사 절차와 보상 기준에 따라 대상을 선정하는가? 8장에서 더 자세히 다룰 테지만 자신이 제대로 인정받지 못한다고 느끼면 사람들은 심리적으로 조직과 거리감을 두고 냉소주의에 빠질 위험성이 크다. 둘째, 업무 자체에서 느끼는 내재적 보상이다. 일상적으로 업무를 수행할 때 완수하는 행위 자체에서 만족감을 느끼는가? 만약 그렇다면 직원 참여도에 미치는 긍정적 영향이 클 것이다. 관리자는 이 모든 측면을 이해하고 보상 방법을 세심하게 계획하고 실행해야 한다. 금전적 보상만이 아니라 다른 방법으로도 얼마든지 많은 문제를 해결할 수 있음을 알게 되면 마음이 한결 가벼워질 것이다.

감사 인사

감사 인사는 직장에서 동료 간에 쉽게 주고받을 수 있는 보상이다. 모든 직원에게 가장 중요하고 가치 있는 보상은 사회적 인정이다. 자신이 긍정적인 차이를 만들어냈고, 이를 경험한 동료나 고객 또는 의뢰인에게서 실력을 인정받고 고맙다는 인사를 들을 때 노동자는 뿌듯하고 기쁘다.

타인에게서 감사 인사나 칭찬을 듣는 것은 신나는 경험이다. 칭찬을 듣는 것도 좋지만 타인에게 감사 인사를 전하는 것 역시 신나는 경험이다. 머릿속으로 감사하다고 생각만 한다면 의미가 없다. 서로 감사하는 조직 문화를 구축하려면 상대의 성과를 인정하는 메시지를 담아 말과 행동으로 명확히 표현해야 한다. 감사를 표현하는 일은 남들에게 보여야 한다는 점에서 무대 연기와도 비슷하다. 누군가 감사를 표현하는 행위와 그 행위가 상대방과 주변 사람에게 미치는 영향을 보면서 사람들은 비슷하게 행동하고 싶은 욕구를 느낀다. 감사하는 조직 문화를 형성하는 일은 어느 한 사람의 노력으로 되지 않는다. 모든 구성원이 일터에서 친절을 베푸는 시혜자이자 친절한 대우를 받는 수혜자가 되어야 한다. 동료의 수고가 있었기에 성과를 냈음을 분명하게 인정하고 감사를 표현하면 그 말을 듣는 사람에게 좋은 영향을 줄 뿐 아니라 조직 전체에 좋은 반향을 일으킨다.

성과를 인정해주는 주체가 경영진이냐 동료냐에 따라 그 의미에는 차이가 있다. 둘 다 각기 고유한 가치가 있다. 경영진에게 성과와 기여도를 인정받는 것은 장차 이 직장에서 승진 기회를 얻고 경력을 쌓을 가능성이 크다는 의미로 해석된다. 상급자에게 받는 칭찬만 중요한 것이 아니다. 동료에게 인정받는 일도 의미가 크다. 동료에게 받는 칭찬은 공식적인 포상은 아니어도 마음에서 우러나 진심을 담은 것이어서 더 특별하게 느껴진다. 동료에게 받는 칭찬이 더 의미 있는 이유는 업무를 잘 알고, 그 일을 잘하는지 여부를 더 세밀하게 판단할 수 있는 위치에 있기 때문이다. 이는 성과보상 체계가 왜 협업에 바탕을 두어야 하는지 잘 보여준다. 구성원의 의견을 많이 수용할수록 중요한 사안에 집중하고, 구성원이 신뢰하는 방안을 내놓을 가능성이 크다. 되도록 많은 구성원이 자발적으로 참여해 성과보상 제도를 개선할수록 새로운 보상 제도가 조직 내에서 확고히 자리 잡을 가능성이 크다.

조직 문화에서 그 영향력이 크지만 자주 간과되는 요소가 조직 정서다. 사무실이나 일터에서 주로 느끼는 정서가 무엇인가? 즐겁고 활기찬 느낌인가? 아니면 긴장되고 침울한 느낌인가? 조직 정서가 눈에 보이지 않아도 구성원들은 사무실 안에 감도는 분위기를 쉽게 감지한다. 그리고 이 정서는 구성원 간에 접촉이 이루어질 때마다 조직에 퍼져나간다. 성과보상이 이뤄지는 때의 분위기도 조직 정서에 따라 달라진다. 자신의 성과를 구성원들이 함께 축하해준다면 만족감은 배로 커진다. 그리고 좌절감을 느낄 때 아무도 위로해주는 사람이 없다면 슬픔 역시 배로 깊어진다.

외재적 보상

돈은 중요하다. 대다수 사람에게 노동은 돈을 벌기 위한 수단이다. 사람들은 특별한 일이나 비상 상황 또는 은퇴를 대비해 돈을 저축하는 한편 현재 생활비를 감당해야 한다. 오로지 돈을 벌려는 이유만으로 직장에 다니는 것은 아니겠지만 돈이 필요한 것은 분명하다. 노동자는 자신이 기여한 만큼 정당하게 임금을 받아야 한다. 회사에서 제공하는 복지 혜택과 사회적 지위도 필요하다. 선진국에서는 양질의 의료서비스를 국민의 기본 권리로 제공하지만, 미국이나 여러 개도국에서 이 정도 의료서비스를 받으려면 일정한 소득이 있는 직장인이어야 한다. 가령 공원 관리인으로 일하면 아름다운 노을을 감상할 수 있고 노을을 즐기는 시간은 그 일을 하면서 누리는 기쁨과 풍요로움이 될 수 있다. 하지만 그런 만족감으로 공과금을 내지는 못한다. 의료보험도 들지 못하고 전문성을 개발하지도 못한다. 그러니까 노동의 의미를 찾는 것은 중요하지만 그 것만으로는 부족하다. 아무리 즐겁게 다니는 직장이라도 매일 웃을 일만 가득한 일터는 없다. 일을 열심히 해야 하고, 노동자는 그 대가로 보상을 받아야 살아갈 수 있다.

회사가 제공하는 연봉과 수당, 금전적 가치를 지닌 복지 혜택, 상여금, 기타 특별 보상 등 금전적 보상을 들여다보면 이 회사가 무엇을 가치 있게 여기는지 알 수 있다. 노동자는 금전적 보상의 차이에 큰 관심을 보인다. 다른 구성원과 비교하면서 자신이 조직 내에서 어느 위치에 있는지 가늠한다. 노동자의 책무와 성과의 차이를 보상에 반영할 때, 노동자는 조직의 평가 방식에 의문을 갖는다. 외재적 보상에 차등을 두는 당위성을 해명하기는 쉽지 않으나 이는 기업이 풀어야 할 숙제다. 인간에게는 자신에게 유리하게 해석하는 인지 편향이 있음을 기억해야 한다. 누구나 실제보다 자신을 더 좋게 평가하는 경향이 있다. 이 인지 편향 때문에, 자신보다 남에게 더 많은 보상이 돌아가는 결정이 과연 정당한지 의심한다. 마지못해 조직의 결정을 따를지는 몰라도 의구심까지 해결하지는 못한다. 따라서 조직은 납득할 만한 근거를 제시해야 한다. 하지만 성과를 측정하는 일은 만만치 않다. 직무 성과를 구성하는 요인이 다양하고, 이 중에는 주관적 평가를 배제할 수 없는 것도 있다. 한 영역에서는 성과가 우수해도 다른 영역에서는 성과가 평범하거나 저조할 때도 있다.

성과를 배분할 때는 사회경제적 요인을 고려하는 것도 중요하다. 예컨대 많은 나라에서 소득 불균형이 증가하고 부의 집중이 발생하고 있다. 기업이 벌어들이는 수익에서 자본 투자자에게 돌아가는 비중은 증가하는 반면, 노동자에게 돌아가는 비중은 감소하는 추세다. 얄궂게도 돈을 소비하지 않고 투자하는 주체에게 더 많은 돈이 몰린다. 부동산 투자로 주거비가 상승하면서 직장에서 가까운 곳에 집을 구하려면 이전보다 훨씬 많은 돈이 필요하다. 따라서 외재적 보상이 어떤 기준으로 평가되는지 신경 쓰지 않을 만큼 여유로운 노동자는 별로 없다. 사람들은 보상을 조금이라도 늘리는 데 관심이 지대하다.

또한 자신이 투입한 노력과 직장에서 제공하는 보상 사이에 균형이 맞기를 바란다. 이는 당연한 바람이지만 현실에서는 그 균형을 맞추는 일이 쉽지 않다. 연구 결과에 따르면 성과에 비해 보상이 적을 때 노동자들의 불만이 쌓였고, 성과에 어울리는 보상이 주어질 때 직원 참여도가 높아졌다.[1] 예를 들어 자신이 일한 만큼 인정받지 못한다고 느낄 때 불평하고 착취당한다고 느낀다. 임금이 정체되거나 부여받은 업무가 마음에 들지 않을 때 조직에 대한 기여도가 떨어졌다.

성과와 보상 간에 균형을 맞추기 어려운 이유가 또 있다. 동료가 받는 보상에 따라 만족감이 달라지기 때문이다. 어떤 사람이 현재 받은 보상에 당장은 만족하더라도 직장 동료가 현저히 적은 성과를 내고도 자신과 비슷한 보상을 받거나, 비슷한 성과를 냈는데도 훨씬 많은 보상을 받는다는 사실을 알게 되면 만족감은 온데간데없이 사라진다. 동료가 받은 보상을 기준으로 자기를 평가하다 보면 존중받지 못한다는 생각이 들고 보상 체계의 공정성에 의구심이 생긴다. 성과와 보상에 균형이 맞지 않으면 노동자는 자신의 성과가 부당한 평가를 받는다고 느낀다. 동료와의 임금 격차나 기회 격차를 알고 나면 조직 공동체의 일원으로서 자신의 위치에 의문을 품게 된다. 납득할 수 없는 보상 차이는 노동자의 소속감을 무너뜨릴 뿐 아니라 자존감을 위협한다. 게다가 그 차이를 장기적으로 따져보면 금전적 차이도 상당하다. 낮은 보상 탓에 정서적 혼란을 경험하면 기력이 빠르게 소진된다. 보상을 적게 받은 사람은 조직이 자신을 은연중에 배척한다고 느끼고 직무에서 거리감을 느끼기 시작한다. 성과보상이 낮은 것은 곧 해당 직원의 역량과 기여도가 적다는 의미이기 때문에 직무 효능감이 떨어진다. 요컨대 보상 영역에서 나타나는 불일치는 여러 영역의 번아웃을 촉진한다.

이상적인 목표를 추구했던 청년 시절에 우리 중 한 명은 소규모 비영리단체에서 일한 적이 있다. 거기서 몇 년 동안 모든 직원이 동일한 임금을 받았다. 이 같은 상황에서는 성과라는 변수 하나만 계산하면 되기에 동료가 제 역할을 다하는지만 살피면 됐다. 하지만 대부분 직장에서는 개인의 성과도 다르고 임금도 달라서 보상 차이가 합리적이고 공정한 수준인지 의구심을 느끼면서도 자신의 판단이 맞는지 확신하지 못한다. 보상 내역이 투명하게 공개되든 안 되든 보상 차이를 인지하고 나면 그 차이를 설명하려고 나름 이론을 만들어낸다. 때에 따라 아무 근거도 없이 고용주를 악의적으로 평가하며 조직 관행이 부도덕하다는 결론에 이르기도 한다. 따라서 경영진은 임금 체계와 임금 산정 방식에 관해 구성원과 열린 자세로 솔직하게 대화하는 것이 좋다. 그래야 근거 없는 추측으로 구성원이 스트레스 받는 일을 방지할 수 있다.

창립한 지 4년 된 회사를 상담한 적이 있다. 설문조사를 실시해 보니 보상 영역에서 심각한 불일치가 나타났다. 기업 고객을 대상으로 컴퓨터 기반 전문 교육 프로그램을 만드는 이 회사는 10여 명의 직원으로 출발했으나 빠르게 성장해 어느덧 직원 수가 300명에 달했다. 하지만 직원들이 번아웃 증상을 보이면서 기업은 위기를 맞았다. 설문조사를 실시할 때 경영진은 업무 부담 영역에서 문제점이 발견되리라고 예상했지만, 그 예상은 빗나갔다. 장시간 노동이 잦았지만, 직원들은 업무 부담 영역에서 직무 불일치를 경험하지 않았다. 특히 마감일이 다가오는 상황에서 장시간 노동은 어쩔 수 없는 일로 받아들였다. 다만 장시간 일한 만큼 금전적으로 더 많은 보상을 기대했다. 그런데 회사가 빠르게 몸집을 키우느라 비용과 현금 흐름에 문제가 생겼고, 그 결과 직원들이 기대했던 만큼 보상을 받지 못했다. 동료 간에는 유대감이 끈끈했는데 직원과 경영진 사이는 그러지 못했다. 대다수 직원은 회사와 경영진에 대해 어떤 기대감도 느끼지 못했다.

경영진은 과거에 여러 차례 기업 재정 상태를 설명하는 모임을 갖고 직원들의 불안감을 잠재우려고 노력했다. 현금 흐름 문제에 관해 설명하고 나서 문제는 있지만 회사의 재정 상태는 곧 좋아지리라는 낙관적 전망을 제시하며 회의를 마무리하곤 했다. 경영진의 기대와 달리 직원들은 갈수록 냉소적인 반응을 보였다. "경영진은 항상 장밋빛 미래를 얘기해요. 우리 회사가 큰 성공을 거두고 직원들도 엄청난 부를 손에 거머쥘 거라고 얘기해요. 하지만 그렇게 대단한 부의 부스러기조차 우리는 아직 맛보지 못했습니다." 창업 때부터 함께 일한 직원들은 고군분투하며 회사의 가능성을 증명했는데 규모가 커진 회사가 자신들의 성과를 망각한 듯싶다고 우려를 표했다. 최근에 합류한 직원들 역시 경영진의 행보에서 성공의 열매를 노동자와 함께 나누려는 모습을 발견하지 못했다. 경영진이 거듭해서 이익 공유를 약속했지만, 직원들은 하나같이 경영진이 약속한 바를 실천하는 모습이 보이지 않는다고 입을 모았다.

설문조사 결과를 접한 경영진은 새로운 재정 계획을 수립해 이익 공유 방안을 공식적으로 발표했다. 배당금은 처음 전망했던 것보다 평범한 수준에 그쳤지만 어쨌든 직원들의 손에 돈이 실제로 들어왔다. 경영진은 직원들에게서 신뢰를 어느 정도 회복했고 직장 내에서 냉소주의가 줄었다.

외재적 보상은 직원들의 성과를 인정함으로써 직무 효능감을 높이는 효과가 있다. 사람들은 대체로 자신의 업무 능력이 좋은지, 업무 수행에 어려움을 겪는지 스스로 인지하고 있지만, 외재적 보상 역시 능력을 인정하는 중요한 지표라고 해석한다. 자기 능력을 스스로 인지하는 것과 외재적 보상으로 성과를 확인받는 것은 둘 다 중요하다. 외재적 보상은 직무 효능감을 유지하는 데 일조한다. 이 직무 효능감이라는 자원이 있어야 실패해도 다시 일어나고 다른 어려운 도전에 응할 수 있다.[2]

내재적 보상

인간관계도 그렇지만 개인이 직장과 맺는 관계 역시 돈과 노동을 교환하는 단순한 거래로 끝나지 않는다. 해당 직무에서 지속 가능한 관계를 유지하려면 심리 욕구도 충족되어야 한다. 해야 할 일을 하면서 심리 욕구가 충족될 때 사람은 내재적 보상을 얻는다. 해당 업무를 수행하다가 어떤 일을 주도적으로 진행할 수 있게 될 때 **자율성** 욕구가 충족된다. 업무상 평판이 높은 사람들과 좋은 관계를 형성할 기회가 많을 때 이들과 좋은 인연을 맺는다면 **소속감** 욕구가 충족된다. 직무를 수행하면서 성취감과 자기 효능감을 느낀다면 **유능성** 욕구가 충족된다. 인간은 이처럼 심리 욕구를 충족하고 싶어 하고 이들 욕구가 하나라도 충족될 때 보상을 받았다고 느낀다.

사례를 하나 들어보자. 어느 대학교에서 교원들이 사무 직원들을 치하하는 방법을 개선했다. 그 결과 구성원의 소속감이 높아졌다. 이 학과에서는 사무직원들을 치하하고자 교수들이 매년 봄에 야유회를 여는 것이 전통이었다. 모든 교직원이 공원에 모였다. 교수들이 햄버거를 굽고 사무직원들에게 음식을 가져다주었다. 식사가 끝나면 장기 근속한 사무직원에게, 이를테면 10년 동안 부서에서 일한 사람에게 특별한 배지를 증정하는 의식을 거행했다. 자신이 요리하고 음식을 날라야 한다는 사실을 망각한 교수도 간혹 있었지만, 야유회는 즐거웠다. 이 야유회는 수년째 이어지고 있었다.

학과장 임기가 5년이었기 때문에 새로운 교수가 학과장으로 부임했다. 새 학과장은 교직원들과 회의하면서 현황을 점검하고 개선할 부분이 있는지 찾았다. 봄이 다가오자 학과장은 사무직원들에게 다가오는 야유회에 관해 어떻게 생각하느냐고 물었다. 사무

직원들은 "그저 그렇죠"라고 대답했다. 이 행사가 학과 전통이기는 했지만 사실 사무직원들의 노고에 감사를 표하는 자리라는 느낌은 딱히 들지 않았다. 이를테면 한 교수가 퇴근 시간이 다 되어 찾아와서 당일 처리해야 한다며 일거리를 줄 때처럼 개인 시간을 희생하며 도운 것에 대해서도 인정받지 못했다.

사무직원들이 야유회에 특별한 기대감을 품고 있지 않다는 반응을 몇 차례 접한 학과장이 물었다. "그러면 어떻게 해야 할까요? 우리는 진심으로 모든 직원에게 감사를 전하는 행사를 마련하고 싶은데요. 어떻게 하면 그 의미를 잘 전달할 수 있을까요?" 사무직원들은 이 질문을 받고 처음에는 놀랐지만 기쁜 마음으로 두 가지 제안을 내놓았다. 첫째, 식사 장소를 공원이 아닌 더 좋은 장소로 변경하고, 모든 구성원이 각자 좋은 음식을 마련해 함께 나누자고 했다. 또 캔 음료보다는 병맥주가 낫다고 제안했다. 둘째, 냉동 햄버거와 감자샐러드를 사려고 모아놓은 돈은 사무직원 휴게실이나 근무 공간을 개선하는 데 사용하자고 제안했다.

학과장은 건의안을 그대로 수용했다. 부임 첫해에 야유회 예산은 사무직원 휴게실 카펫을 교체하는 데 쓰였다. 한 사무직원이 자기 집을 모임 장소로 제공해 모든 교직원이 훨씬 즐겁고 맛있는 점심 식사를 즐겼다. 더 중요한 사실은 식사를 제공하는 방식이 바뀐 후로 사무직원과 교수 사이의 관계에도 변화가 생겼다는 점이다.

직책에 따라 구분되지 않고 모든 구성원이 하나의 인격체로서 동등하게 소통했다. 과거와 달리 교수와 사무직원이 격의 없이 서로 어울리며 좋은 시간을 보냈다. 음식을 준비하고 나르는 일에 모든 교직원이 참여했다. 등산, 공예, 농구, 좋아하는 영화, 또는 자녀가 같은 학교에 다닌다는 사실 등 공통 관심사에 따라 구성원들은 새로운 친분을 쌓았다. 이런 친분은 사무실에서도 이어졌고 덕분에 구성원 간의 소통이 훨씬 원만해졌다. 새 학과장이 선물한 새로운 야유회 전통과 개선된 근무 환경을 모든 교직원이 반겼다. 이는 이 행사의 본래 취지에 더 부합하는 것으로 느껴졌다. 또한 사무실 분위기가 화기애애해지기도 했다.

사람은 기존 역량을 맘껏 발휘하고 새로운 역량을 익힐 때 심리적 충족감을 느낀다. 역량을 기르고 연마하는 일은 장기적 관점에서 경력을 쌓고 금전적 보상을 획득하는 데 유익할 뿐 아니라 만족감을 느끼게 한다. 직장에서는 다양한 업무를 경험하는 것은 물론 한 분야의 전문성을 깊이 파고들 때도 충족감을 느낀다. 전문성 면에서는 한 가지 역량을 깊이 파고들며 연습할수록 완전히 숙달한 기분을 느끼게 된다. 다양성 면에서는 여러 프로젝트에 참여할 기회가 생기면 성장 욕구가 생기고 새로운 경험을 받아들일 마음의 준비가 된다.

직장인은 미래에 희망이 보일 때 심리적 충족감을 느끼며, 미래를 계획하고 특정 방향으로 경력을 개발하고 싶어 한다. 자신에게 일어난 사건을 해석하려고 과거를 참고하지만, 노력이 정말로 가치 있는지 평가하려면 미래를 내다봐야 한다. 자율성 욕구, 소속감 욕구, 유능성 욕구에서 충족감을 느낄 때 자신이 일을 제대로 하고 있다고 느낄 뿐 아니라 자기에게 맞는 좋은 직장에 들어왔다고 느낀다. 이럴 때 노동자는 미래를 꿈꾼다. 그리고 일상 업무에 **몰입**한다. 맡은 업무에 완전히 빠져드는 것이다. 몰입 상태에서 즐거움을 느끼고, 활력이 넘쳐 업무에 집중하며, 창의적이고 생산적으로 일한다. 몰입 상태에서 일하는 사람은 최소한의 직무 요건만 충족하는 수준을 넘어 업무에 매진하고 우수한 성과를 창출한다.[3]

돈은 중요한 동기이지만 그것만으로는 부족하다. 직장생활을 유지하려면 금전적 보상이 필수 조건이긴 하지만 대외적으로 성과를 인정받을 때 느끼는 사회적 지위, 감사하다는 말을 들을 때 느끼는 소속감, 직무에 몰입할 때 느끼는 심리적 충족감을 돈이 대신하지 못한다. 사람이 성장하려면 다양한 형태로 타인에게 인정받고 격려받아야 한다. 구성원이 다양한 경로로 격려와 인정을 받을 기회를 제공하지 못하는 기업은 직원 참여도가 높은 구성원을 보유하는 데 어려움을 겪는다.

보상 영역에서 직무 적합성을 높이는 데 전면적인 개편이 필요한 것이 아니다. 현행 업무 절차와 구조를 미세하게 조정하기만 해도 실질적인 변화가 일어나고, 조직 공동체의 단결력이 상승하며 직장생활이 더 즐거워질 수 있다. 노동자를 격려하고 성과를 인정하는 조직 분위기를 조성하려면 우선 대다수 직원을 오랜 시간 괴롭혀온 만성 스트레스 요인이 무엇이고, 아무 문제 없이 작동하는 요소는 무엇인지 파악해야 한다.

성과를 인정하고 보상할 주체는 사람이다. 날마다 접촉하는 동료 사이에 오가는 격려와 감사의 말이 직장 분위기를 결정짓는다. 다음 장에서는 노동자의 소속감 욕구를 충족하는 방법을 탐구할 것이다. 앞으로 살펴볼 테지만 조직 공동체 안에서 받는 격려와 배려는 나머지 다섯 가지 진단 영역에도 상당한 영향을 미친다.

7장

소속감

 기업은 사회적 구성체다. 사람들이 이 사회적 구성체를 발명해 법제화하고 여기에 돈과 시간, 재능을 투자하며 날마다 쉬지 않고 운영한 지 이미 수 세기가 지났다. 법인체의 발명으로 수많은 기업이 설립자 개인의 소유에서 벗어나 인간보다 훨씬 긴 수명을 지니는 법인체로 전환했다. 기업에서 진행되는 수많은 업무 절차는 기본적으로 한 개인이 혼자서 처리할 수 있는 일이 아니다. 아무리 뛰어난 개인도 주변 사람들이 무대를 준비하지 않으면 무대에 오르지 못한다. 아카데미 수상자가 "아무 도움도 받지 않고 온전히 제 노력의 결실로 이 아카데미상을 받아 기쁩니다"라고 소감을 발표하는 모습은 상상하기 어렵다.

노동자가 업무를 수행할 때 형성하는 관계의 질이 모든 업무의 성패를 좌우하는 기반이 된다. 동일한 근무 공간에서 함께 일하고, 동료들이 자신을 배척하지 않는다는 사실만으로는 소속감을 지니기에 부족하다. 동료들이 직장에서 하는 여러 활동에 자신을 적극 동참시키고 격려할 때 소속감을 느낀다. 이는 모든 직무 환경에 해당하는 진리로서 특히 팀 단위로 중대한 업무를 완수할 때 소속감의 의미를 실감하고는 한다. 모든 직원과 동료가 서로 존중하며 활발하게 소통할 때 좋은 조직 문화가 구축된다. 좋은 조직 문화가 형성된 조직에서는 상호 간에 적극적으로 지원하는 모습을 볼 수 있다. 구성원들은 적극적으로 동료를 지원한다. 나중에 도움이 필요한 상황이 닥치면 자신도 동료에게 도움이나 조언을 구할 수 있기 때문이다. 구성원들 사이에 서로 지원하는 행동이 계속 이어지려면 상호 존중과 신속한 반응 그리고 신뢰가 필수다.

직장 분위기와 문화에는 조직의 일원으로서 느끼는 소속감을 비롯해 직무 요건에는 명시되지 않은 수많은 요소가 개입된다. 조직 구성원이 서로 배척하지 않고 적극적으로 지원하는 정도를 보면 해당 조직의 역사, 리더의 자질, 업무를 수행할 때 부딪히는 문제의 종류를 짐작할 수 있다. 인간의 정체성이란 출근할 때마다 집에 두고 올 수 있는 물건이 아니다. 사람은 사무실에서도 다양한 특징과 배경을 지닌 고유한 개인이다. 젠더, 종교, 문화, 국적, 정치

성향을 비롯해 개인은 저마다 고유하다. 고용주가 직원을 채용할 때나 직원이 서비스를 제공할 때 이들 고유한 특성 가운데 일부가 법에 따라 무시되기도 한다. 예를 들어 고용주는 직원을 채용할 때 그 사람의 인종을 무시해야 한다. 직원은 고객이 어떤 인종이든 상관없이 똑같이 친절하게 서비스를 제공해야 한다. 하지만 직장에서 어떤 방침과 가치관을 강제하더라도 개인이 지닌 특성은 직장과 동료들의 관계에서 어떤 식으로든 영향을 미치기 마련이다.

노동자는 개인의 정체성 외에 직업 정체성도 지닌다. 직업 정체성이란 노동자가 직업인으로서 어떤 사람인지를 뜻하며 이는 직무 요건에서 확인할 수 있다. 직무 요건이란 해당 노동자가 직장에서 어떤 역할을 맡고 무슨 업무를 하며 권한의 범위는 어떻게 되는지 명시한다. 교사, 의사, 엔지니어, 최고경영자, 관리인 등 어떤 직업이 되었든 직업 정체성에 더해 직장에서 소통할 동료들이 생긴다. 노동자는 직업 정체성에 따라 근무 공간을 배정받는다. 근무 공간을 보면 노동자가 어떤 지위에 있고, 어떤 업무 기술과 식견을 제공하고, 어떤 방식으로 소통할지 보인다.

기업은 저마다 다양한 정체성을 지니며 이는 조직 문화와 가치관, 비전, 사회적 평판의 형태로 드러난다. 사람들도 마찬가지로 개인의 가치관, 비전, 사회적 평판의 형태로 정체성을 다양하게 드러낸다. 개인과 기업이 고용 형태로 관계를 맺을 때 양자가 서로의 정체성을 배척하지 않고 수용해야만 해당 공동체에 상호 존중하는 문화가 구축된다. 개인과 조직이 서로의 정체성을 '수용하는' 것은 선택이 아니라 필수다. 개인은 스스로 합리적이라고 판단하는 수준의 보상을 조직에 기대한다. 조직 역시 그들이 보기에 합리적인 수준의 성과를 개인에게 기대한다. 이러한 기대에 서로 호응하지 않으면 관계는 허물어진다. 어느 쪽이든 상대의 관점을 거부한다면 관계는 틀어지고 만다.

한 영국 병원에서 일하는 세 사람의 발언을 예로 들어보자. 한 직원은 이렇게 불평한다. "여기 문화는 정말 이해하기 어려워요. 우리를 학생 취급하고 실제로 그렇게 부르기도 해요. 도무지 근무 시간을 조정할 수가 없어요. 면접할 때는 분명 근무 시간을 유연하게 조정할 수 있다고 약속했어요. 우리 부서에서 1년이 안 되어 아홉 명이 퇴사했는데 과중한 업무 부담과 융통성 없는 근무 시간 때문이었죠." 또 다른 직원은 이렇게 불평했다. "경영진은 직원을 부당하게 대우하고 죽이 잘 맞는 몇몇 직원만 편애해요. 이곳에서는 제가 발전할 여지가 없어요. 일을 처리하는 과정이 전혀 투명하지 않아요. 직원을 학생 취급하고 존중할 줄 몰라요. 혁신도 없고 비전을 제시하는 리더도 없어요. 열린 자세로 소통하려는 노력이 부족하고 경영진에게 의견을 전달할 길이 없어요." 마지막으로 한 관리자가 한 말을 앞의 두 직원의 말과 연결 지어 생각해보자. "업무와 관련해서 묻기만 하면 그전까지 아무 문제없던 직원이 태도를 싹 바꾸곤 해요. 미성숙한 아이처럼 변덕을 부리는 거예요." 확실히 이 직장은 직원과 경영진이 서로 존중하기 위해 노력할 필요가 있다.

직장예절

다양한 사람이 한 공간에서 근무한다. 개인의 정체성과 직업 정체성의 차이로 언제든 갈등이 빚어질 가능성이 있다. 그렇다면 구성원이 제 역할을 다하며 높은 생산성을 올리는 조직 공동체가 되도록 구성원을 결속하는 요소는 무엇일까? 다름 아닌 **직장예절**civility이다. '공적 생활 또는 시민에게 걸맞다'라는 의미의 라틴어 치빌리스civilis에서 유래한 '예절'은 항상 공손하고 상대를 존중하는 태도로, 더 나아가 다정하고 친근하게 남을 대우하는 것을 의미한다. 최근에는 직장예절로서 상호 존중을 특히 강조한다. "직장예절은 타인을 품위 있게 대하고, 상대의 감정을 고려해 행동하고, 상호 존중하는 사회 규범을 준수하는 것을 뜻한다."[1]

구성원이 조직 공동체 일원으로서 소속감을 느끼도록 만들며 직장 내 분위기를 좋게 형성하는 직장예절은 크게 다섯 가지다. 이

다섯 가지 직장예절은 무시하지 않기, 인사, 일원으로 인정하기, 칭찬, 배려다.

곁에 직원이 있을 때 그 직원을 무시하지 않는 것이 최소한의 직장예절이다. 옆에 동료가 있어도 간혹 무시하듯 행동하는 사람이 있다. 심지어 그 사람이 같은 직장에 다닌다는 사실 자체가 머릿속에 입력되어 있지 않은 사람도 있다. 근처에 있는 동료의 존재를 **무시하지 않아야** 두 사람 사이에 좋은 일이 생길 가능성이 열린다.

무시하지 않기에서 한 단계 나아가 **인사**로 표현해야 한다. 두 사람 사이가 친하다면 그저 고개를 끄덕이는 동작이나 몸짓 또는 한마디 말을 건네는 것처럼 사소한 인사로도 충분하다. 하지만 친하지 않은 사이에서 이렇게 최소한의 동작으로 인사하다가는 자신을 무시한다고 오해할 수 있다. 조직이 자신을 어느 정도로 인정하는지 또는 자신이 조직의 주류에 포함되었는지 확신하지 못할 때 동료들이 분명히 알아듣게 인사를 건넨다면 자신감을 얻게 된다.

일원으로 인정하기는 직장에서 일어나는 여러 활동에 해당 직원을 적극 참여시키는 것을 의미한다. 공식 직함을 갖는다고 조직에 온전히 받아들여지는 게 아니다. 중요한 의사결정을 내리는 회의나 행사에 관한 정보를 해당 직원과 공유하고 챙길 때 그 직원은 조직의 일원으로서 인정받는다고 느낀다. 중요한 회의나 비공식 모임에서 제외되는 직원은 조직 공동체에서 소외당하는 것이며 이런 모임에 끼워주는 것은 공동체의 일원으로 인정한다는 신호다.

칭찬은 해당 직원이 조직에 상당히 기여한다는 사실을 구성원들도 인지한다는 뜻과 함께 성과를 공개적으로 인정하는 것이다. 칭찬을 들은 직원은 조직에서 위상이 높아진다. 그 직원은 칭찬을 들음으로써 기업의 중요한 목표 실현에서 꽤 중요한 역할을 수행했음을 인정받는다. 직장에서 한 직원을 칭찬하는 행위는 공동 목표를 이루는 일에서 핵심 그룹에 편입시키는 것이다.

배려는 한 직원의 업무를 더 발전시키고 소속감을 높이기 위해 동료들이 불편을 감수하며 기꺼이 나서서 필요한 자원을 제공하는 행동이다. 이러한 배려를 받은 직원은 소속감을 강하게 느낀다. 배려는 사람이 저마다 다르다는 인식하에 다양성의 가치를 중시한다는 메시지도 암묵적으로 전달한다. 사람은 저마다 고유한 욕구와 꿈, 기호를 지니며 조직이 이를 배려해주길 바란다.

서로 배려하며 소속감을 강하게 느끼는 근무 환경과 정반대되는 환경에서는 무례한 상황을 쉽게 목격한다. 이런 조직의 구성원은 정도가 심하지 않더라도 다양한 방식으로 무례한 일을 경험한다. 무례함은 말과 몸짓, 표정, 그리고 한 공간에서 상대와 얼마나 거리를 두고 어떤 자세로 이야기하느냐에 따라서도 전달된다. 무례한 방식으로 소통하는 사람은 상대와 불쾌한 말을 주고받을 뿐아니라 그 상황을 목격하고 있는 주변 사람들에게도 무례한 행동을 하는 것이다.

일부 무례한 행동은 그 의도가 분명치 않기도 하다. 이는 무례한 대우를 받은 당사자나 이를 지켜본 사람들이 가해자가 어떤 의도로 그렇게 행동했는지 확신하지 못함을 의미한다. 예를 들어 누군가 인사를 했는데 이를 알아차리지 못하고 그냥 지나칠 수 있다. 그냥 지나친 행위는 무시하려는 의도가 담긴 행위일까? 아니면 그저 인사하는 말을 듣지 못했거나 고개를 끄덕이는 것을 못 본 탓에 나온 행동일까? 어쨌든 인사를 건넨 사람이 **무시를 당했고** 이는 직장 예절에 어긋나지만, 상대의 기분을 상하게 할 의도 여부는 확실치 않다.

의도가 분명히 드러나는 공격적인 언행도 있다. 이런 언행은 상대를 모욕할 뿐 아니라 상대가 존중받을 가치가 없는 사람이라는 메시지를 사무실에 있는 다른 직원에게 전달한다. 소리 지르기, 욕설 같은 과격한 방식이 아니고 속삭이듯 조용하게 또는 교묘한 방식으로 전달하더라도 의도는 명확히 드러난다. 공격적인 언행을 일삼는 구성원이 있을 때도 이를 조직 차원에서 제재하기보다는 개인이 유머 감각으로 맞대응하는 문화를 선호하는 조직도 있다. 또 직장예절을 지키도록 강제하는 방침을 세웠어도 감시망을 피해서 상대를 모욕하는 사람들도 있다. 똑같은 말과 행동에라도 전혀 다른 의도가 담길 수 있다. 의도에 따라 해당 메시지가 전혀 다르게 해석될 수 있는 만큼 의도가 중의적으로 읽힐 가능성이 있는 상황은 문제가 된다. 진의가 어찌 됐든 또 아무리 점잖게 말했어도 모욕으로 받아들일 여지가 있는 사소한 언행들은 기분을 망친다.

기분 나쁜 대화는 때로 약간 무례한 정도를 넘어 상대를 협박하는 지경에 이른다. 이때는 상대가 두려움을 느끼거나 마음에 깊은 상처를 입는다. 주변 동료들이 업무에 집중하려 할 때 큰 소리로 대화하는 등 방해가 되거나 짜증을 유발하게 하는 사람도 있다. 동료에게 비인격적인 행동을 저지르며 괴롭히는 사람도 있다. 이 같은 행동은 모두 경영진이 제재해야 한다. 한 직원은 설문조사에서 이렇게 말했다. "제가 괴롭힘을 당한 적은 없지만, 동료 직원이 당하는 모습은 봤습니다. 이 회사에서는 다들 말을 곱게 하는 법이 없어요. 상대가 말하는데 아예 쳐다보지 않는 사람도 있어요. 상대를 무시하는 거죠. 저는 이런 사소한 행동도 무례하다고 생각해요. 특히 자존감이 낮은 사람은 이처럼 무례한 조직 문화를 견디기 힘들 겁니다."

동료 간에 서로 존중하는 문화를 구축하려면 회사가 행동 규범을 세워 비인격적인 언행을 제재해야 한다. 빈정대는 몇 마디 말을 처벌하는 것은 가능하지도 권장할 일도 아니지만, 노골적인 위협이나 거칠고 폭력적인 행동은 단호하게 제재하는 것이 기업의 윤리적 의무이자 법적 의무다. 별개로 '직장예절 교육' 프로그램을 마

련한다면 극단적인 행동을 줄이고 직장예절을 조직 문화에 심을
수 있다.

직장예절 정착시키기

직장예절을 준수하자는 표어를 내건다고 좋은 조직 문화가 저절로
정착되지는 않는다. 근무 공간 여기저기에 서로 존중하자고 표어
를 붙여놓는다고 구성원이 행동을 바꾸지는 않는다. 많은 기업이
법정 의무교육을 온라인으로 실시하며 직원들이 직장예절 교육을
이수하도록 조치했지만 효과를 거두었다는 근거는 없다. 기업에서
이런 교육을 강조할 때 노동자들의 반응은 흔히 냉소적이다. 노동
자들은 고용주가 법적 책임에 휘말리지 않으려고 취하는 최소한의
조치일 뿐 상호 존중하는 문화를 정착시키려는 의지는 없다고 생
각한다. 고용주는 '직장예절 교육'을 실시했으니 직장 내에서 발생
하는 문제에 더는 책임질 일이 없다고 여긴다는 것이다. 만약 정말
로 이렇게 생각하는 고용주가 있다면, 그 고용주는 노동자의 생산
성에 영향을 미치는 영역에서 자신에게 주어진 다양한 가능성을
포기해버린 셈이다. 직장 내 무례함을 경험하면 당장에 괴로운 것
도 문제지만, 불신과 앙금이 쌓여 직원 참여도가 낮은 유형이나 번

아웃을 겪는 노동자 유형이 늘어나게 된다.

대다수 노동자에게 직속 상사는 경영진과의 접촉 창구다. 직속 상사와의 접촉은 기업이 대외적으로 옹호하는 가치관과 실제 행동으로 추구하는 가치관이 얼마나 일치하는지를 검증하는 계기가 된다.[2] 관리자 역시 직원들과 면담할 때 해당 직원이 직무에 얼마나 적극적으로 참여하는지 알 수 있다. 가끔은 감정을 꾸미기도 한다는 점에서 이런 면담에는 무대 연기와 비슷한 측면이 있다. 관리자는 직원과의 면담 때 적용할 수 있는 면담 기법을 자주 교육받는다. 직원 역시 상급자와 면담할 때 속내를 쉽게 드러내지 않는다. 하지만 경험이 쌓이면 가식을 꿰뚫어 보는 능력이 생긴다. 직원은 상사가 말과 달리 실제로 중요시하는 가치가 무엇인지 파악하고, 기업이 대외적으로 주창하는 가치관과 일치하는지 판단한다.

높은 직무 적합성과 심각한 직무 불일치는 이들과 꾸준히 소통하는 일선 관리자들의 역할에 달렸다. 관리자와 직원의 관계에 따라 직원들의 번아웃 위험성이 높아지기도 낮아지기도 한다. 관리자는 직원에게 업무를 부여하는 역할 외에 조직 내에서 모범을 보여야 하는 역할도 맡는다. 관리자의 행동이 갖는 상징적 의미는 크다. 예를 들어 관리자가 휴가를 떠나는지 아니면 휴가도 미루고 추가 근무를 밥 먹듯이 하는지 직원들은 금세 알아차린다. 관리자가 직원들과 나누는 소통은 조직 문화에 막강한 영향을 끼친다. 한 설문조사에서 직원들은 번아웃을 겪는 관리자일수록 그 언행이 무례할 때가 많다고 언급했다.[3] 또 다른 설문조사에서는 업무에 열중하는 관리자를 둔 경우 직원들이 더 높은 직무 효능감을 느낀다고 대답했다.[4] 또 다른 설문조사를 보면 관리자가 직원들을 무례하게 대한 것이 상당한 영향을 미친 것으로 나타났다. 관리자가 일종의 자아의식 장애인 이인증에 걸린 경우는 그 밑에서 일한 직원 역시 이인증에 걸릴 가능성이 크다고 나타났다.[5]

직원들이 서로를 대하는 방식이 조직 내 상호주의를 조장하고 해당 조직의 문화를 보여준다. 사람은 다른 조건이 모두 대등하다면 자신을 존중하는 사람을 존중하고 자신을 무시하는 상대를 무시한다. 조사한 바에 따르면 노동자의 무례함은 상사보다 동료의 무례함과 상관관계가 더 높았다.[6] 노동자는 동료가 행동한 대로 똑같이 대응하며 해당 조직의 상호주의 문화에 동참한다. 동료 간 무례함이 비록 신뢰와 협력을 해치는 일이라도 해당 조직에서는 동등한 구성원임을 보여주려면 자신이 당한 대로 돌려주어야 한다.

설문조사 결과를 토대로 직장예절과 노동자 유형 사이에서 흥미로운 상관관계를 발견했다. 다음 도표를 보면 각 유형의 노동자가 예절에 맞는 언행과 무례한 언행을 어느 정도로 경험하는지 알 수 있다.

도표를 보면 직원 참여도가 높은 유형은 예절에 맞는 언행을 주

고받는 빈도가 높다. 직무 효능감이 낮은 유형과 과중한 업무 유형
은 예절에 맞는 언행을 나누는 일이 적다. 직원 참여도가 낮은 유
형과 번아웃을 겪는 유형은 예절에 맞는 대화를 나누는 일이 거의
드물다. 직원 참여도가 높은 유형과 직무 효능감이 낮은 유형은 무
례한 언행을 경험하는 일이 거의 없어 보이지만, 번아웃을 겪는 유
형은 거의 일상적으로 무례한 언행을 경험하는 것으로 나타난다.
과중한 업무 유형은 주로 업무 부담 문제로 관리자와 대화를 나눌
때 무례한 언행을 자주 경험한다. 직원 참여도가 낮은 유형은 무

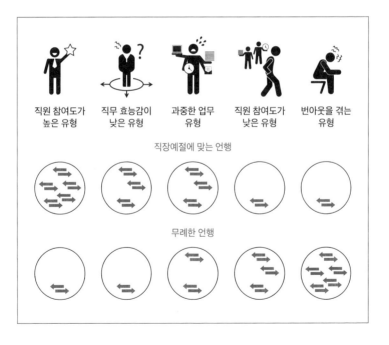

례한 언행을 겪기도 하지만 되갚기도 한다.

직원 참여도가 높은 유형과 직무 효능감이 낮은 유형 사이에는 중요한 차이가 있다. 직무 효능감이 낮은 유형은 예절에 맞는 언행을 주고받는 빈도가 평균 수준이지만, 직원 참여도가 높은 유형은 예절에 맞는 언행을 주고받는 빈도가 높다. 직원 참여도가 높은 유형이 예절에 맞는 언행을 경험하는 빈도가 가장 높았고, 상호주의에 근거해 서로 예절에 맞게 행동했다. 직원 참여도가 높은 유형과 직무 효능감이 낮은 유형이 무례한 언행을 주고받은 빈도수는 거의 동일하게 낮았다. 다른 직원의 능력을 인정하고 신뢰하며 칭찬하는 것도 직장예절에 맞는 언행이다. 이러한 언행을 접한 직원은 소속감이 깊어질 뿐 아니라 직무 효능감도 증진한다. 상호주의 원칙에 따라 상대가 긍정적인 메시지를 전하면 이쪽에서도 긍정적인 메시지로 상대를 격려해야 한다. 직원 참여도가 높은 유형과 직무 효능감이 낮은 유형 사이의 분명한 차이는, 전자는 소통이 활발한 반면 후자는 소통 수준이 그저 그렇다는 것이다.

과중한 업무 유형은 두 기준에서 평균치에 가장 근접한다. 이전에도 언급했듯이 이 유형의 노동자는 기력을 회복할 시간도 없이 처리해야 하는 과중한 업무를 가장 우려한다. 이 유형은 대인 관계에서는 문제가 거의 없지만 직장예절에 맞는 대화를 적극적으로 나누기에는 에너지도 시간도 부족하다.

이와 대조적으로 직원 참여도가 낮은 유형은 자신이 먼저 소통을 시도하는 일이 많지 않다고 인정했다. 또 무례한 언행을 경험하는 빈도가 높다고 대답했다. 관리자와 동료 모두 무례하게 행동했고 자신도 무례하게 맞대응했다고 대답했다. 직장예절에 맞는 언행을 경험하는 일은 드물지만, 이 경우에도 무례한 언행을 자주 겪었을 때처럼 상호주의 원칙에 따라 맞대응했다. 번아웃을 겪는 유형의 소통은 직원 참여도가 낮은 유형과 다르다. 언행이 훨씬 더 무례했고, 무례한 언행을 서로 주고받았다.

우리는 직장예절을 증진하는 노력을 기울이면서 무례하기 짝이 없는 언행뿐 아니라 지나치게 예의를 차린 언행 때문에도 문제가 발생한다는 사실을 발견했다. 예절에 맞는 언행보다 무례한 언행의 비율이 훨씬 높기에 번아웃을 겪고 직원 참여도가 떨어진다는 사실은 이해할 만하다. 직무 효능감이 떨어지고 기력이 소진되며 냉소적 기분이 드는 탓에 직장에서 동료들과 생산적이고 즐겁게 소통할 의욕도 사라진다는 것 역시 이해할 만하다. 원인과 결과는 서로 악순환을 일으킨다. 주고받는 언행이 기분에 영향을 미치고 이는 다시 언행에 영향을 미친다. 일단 무례한 언행을 줄이고 직장예절에 맞는 언행을 증진하는 방법을 시도해 효과가 있는지 살핀다. 개중 효과가 입증된 방법을 대상으로 번아웃 증상을 줄이는 효과가 있는지 추가로 평가하는 것이 번아웃 문제를 해결하는 방법이다. 직장예절, 존중 및 직원 참여도Civility, Respect, and Engagement with Work: CREW 개선 프로그램에 관한 조사 결과를 보면 직장예절 증진이 번아웃 감소에 효과가 있었다. 한 의료기관에서는 여러 부서에서 직무 적합성을 높이고 번아웃을 방지하려고 노력했다. 이를 위한 첫 번째 방법이 조직 내에서 직장예절에 맞는 언행을 높이는 것이었다. 이러한 노력은 직장 내 무례함 감소, 신뢰 증가, 번아웃 발생률 감소로 이어졌다.[7] 수개월 뒤 다시 실시한 설문조사 결과에서도 그 효과를 재확인했다.[8]

번아웃 완화와 예방에 관심이 있는 조직이라면 직장 내 무례함을 줄이는 데 먼저 집중하는 것이 좋다. 이 전략으로 기업이나 노동자가 손해 볼 일은 전혀 없다. 다른 전략에 비해 실행에 옮기기도 쉽다. 가령 업무를 줄이는 전략을 시도하면 누군가는 생산성 감소를 우려해 반발할 것이다. 신속성을 중시하는 기업에서 더 많은 구성원이 참여하도록 의사결정 절차를 개선하는 전략보다 직장 내 무례함을 줄이는 전략이 실행하기 더 쉽다. 여러 관점에서 반대가 예상되는 전략과 달리 직장 내 무례함을 최소화하고 예절에 맞는 언행을 늘리자는 의견에 이의를 제기하기는 어렵다. 무례함은 직장에서 어떤 이득도 없다. 직장에서 상대를 존중하고 배려하는 문화를 키우면 번아웃 발생률을 줄이는 효과도 있지만, 그 외 장점도 많다. 손해 볼 일이 전혀 없다는 뜻이다.

11장에서 직장예절을 증진하는 데 효과가 입증된 방법을 소개한다. 이 방법은 번아웃 문제를 관계 문제로 이해한다. 직장에서 구성원들이 상호작용할 때 관계에서 문제가 생기기 마련이다. 여기서 간략히 언급하자면 이 방법은 무례함의 문제를 개인 문제로 치부해 해당 직원을 내보내는 데 초점을 맞추기보다 환경 안에서 인간관계를 다루는 방식으로 해결한다.

서로 배려하는 조직 문화

직장예절을 증진하려고 노력할 때 가끔 겪는 무례함이라도 매우 큰 영향을 미칠 수 있다는 사실을 확인했다. 이는 서로 배려하는 조직 문화가 형성된 곳이든 구성원들 사이에 접촉할 일이 많지 않은 곳이든 마찬가지다. 구성원의 접촉이 많지 않은 환경에서 무례함을 경험하면 그 강도는 훨씬 세게 느껴진다. 무례함을 경험한 직원은 시간이 지나서도 그 경험을 곱씹으며 상대가 무슨 의도로 그렇게 행동했는지 이해하려고 애쓰거나 이럴 때는 어떻게 반응해야 효과적일지 고민하게 된다. 배려의 문화가 형성되지 않은 직장에서 이 같은 사건을 겪으면 두 사람의 관계가 좋게 수습되리라고 기대하기 어렵다.

이와 대조적으로 배려의 문화를 구축한 조직에서는 무례함을 경험하더라도 똑같이 맞대응하지 않고 건설적으로 반응할 여지가 많다. 서로 존중하며 소통한 경험이 많기에 그 경험을 떠올리며 이겨낸다. 불쾌한 언사를 접하더라도 동료가 잠시 이성을 잃고 실수한 것이며 잘못을 곧 깨닫고 뉘우치리라 믿는다. 직원들 간에 신뢰가 두터울수록 이후 만남에서 건설적으로 대응할 가능성이 크다. 더욱이 상대를 존중하고 배려하는 대화를 많이 나누며 포용과 존중, 감사의 메시지를 주고받을수록 냉소주의는 줄고 직무 효능감은 고양된다. 동료와 긍정적인 대화를 나눌 때 조직 일원으로서 소속감을 재확인하고 직무 효능감이 증가함을 느낀다. 설령 업무 능력에 자신이 있더라도 동료에게서 직무 기여도를 인정받는 말을 들으면 큰 힘이 생긴다. 서로 배려하는 조직 문화가 형성되면 노동자가 소속감을 재확인하는 기회가 늘고 부정적인 소통으로 자신감을 잃을 위험성이 줄어든다. 서로 격려하는 조직 문화가 정착된 직장에서 개인은 직무에 더 능동적이고 건설적으로 참여한다. 한 노동자는 말했다. "제가 일한 곳은 분위기가 좋고 팀원들도 환상적이었어요. 서로 협업하면서 다들 신나게 일했어요. 날마다 출근하는 게 즐거웠어요."

구성원의 행동과 직장 내 인간관계를 증진하려면 어떻게 해야 할까? 소속감 영역에서 불일치가 발생한 사실을 인정해야 어떤 대책이든 강구할 수 있다. 먼저 구성원이 솔직하게 의견을 말할 수 있도록 심리적 안전감을 심어주어야 한다. 관리자가 구성원의 이익을 진심으로 염려한다는 신뢰가 형성되지 않으면 관리자와 대화하려는 직원이 없을 것이다. 대부분의 노동자는 직장에 입사하기 전 대학이나 학원에서 취업을 준비할 때 도움을 주는 사람들이 있었다고 이야기했다. 교사, 진로상담사, 강사, 멘토 등 개인적으로 친분 있는 사람들이 귀중한 조언이나 피드백을 제공했다고 한다. 그런데 직장을 다니고부터는 그런 도움을 얻을 사람이 없다고 했다. 과거에 자신에게 도움을 주었던 사람들이 그립다고 말하는 노동자가 많았다.

사실 번아웃을 극복하는 데 무엇이 가장 도움이 되냐는 질문에 대다수 노동자는 개인적으로 도와주는 사람들이라고 대답했다. 조언이나 도움을 청하거나 비밀을 털어놓을 수 있는 믿음직한 친구 한두 명만 있으면 좋겠다고 했다. 앞으로 살펴볼 테지만 공정한 조직 문화와 좋은 가치관을 지닌 조직은 선임이나 경험 많은 동료에게 신입을 챙기도록 조치하는 특징이 있다. 조직 구성원 간에 도움을 주고받는 일을 활성화할 방법은 많다. 서로 도움을 주고받는 소그룹 모임을 형성하거나 업무 성과를 평가하고 건설적인 의견을 교환하는 모임을 가질 수도 있다. 조직 차원에서 새로운 업무 역량을 기를 수 있는 활동이나 상담 서비스를 제공할 수도 있다.

한 의료팀은 구성원 간에 서로 배려하며 문제를 해결한 멋진 사례를 들려주었다. 이 의료팀은 근무를 교대할 때면 항상 짧게 작전 회의를 한다. 당일 처리해야 하는 여러 과제와 환자들 상태를 확인하고 어떤 의료 조치를 취할지 계획을 세운다. 회의 시간은 대부분 담당 의사가 혼자서 발언하고 업무를 지시하며 팀원들이 지시사항을 숙지했는지 확인하는 방식이었다.

하루는 회의가 끝날 즈음 항상 경청만 하던 선임 간호사 한 명이 발언 기회를 얻더니 자신의 아이가 몹시 아파서 걱정이라고 말했다. 아이를 치료하려면 그날 근무 시간을 조정해야 한다면서 일찍 퇴근할 방법이 있을지 의견을 물었다. 그 간호사는 눈치도 보이고 겁도 나고 해서 좀처럼 입을 떼기 힘들었지만, 자녀를 돌볼 방법을 찾는 일이 절실했다. 팀원 한 명이 즉시 나서서 사정을 이해한다고 위로하고는 당일 그 간호사의 업무를 대체할 방안을 제시했다.

그 방안은 임시방편이었지만 효과가 있었다. 파급효과가 무척 컸다. 이를 계기로 의료진은 팀원을 더욱 존중하고 신뢰하고 포용하는 회의 방식을 도입했다. 회의 시간에 팀원의 당일 컨디션을 비롯해 일정을 조율할 필요성도 점검했다. 그 결과 모든 구성원의 발언 시간이 늘어났다. 이를테면 간호사도 환자의 건강 상태와 관련해 거리낌 없이 의견을 개진하는 등 의사의 눈치를 덜 보며 향후 발생할 위험성을 거론했다. 모든 팀원이 서로 더 많이 알게 되었고 신뢰가 깊어졌다. 팀원 사이에 공동체 의식이 커지면서 날마다 하는 회의에 '따뜻한 작전회의'라는 별명이 붙었다. 이런 별명을 붙이는 과정에는 비용도 시간도 들지 않았지만 효과는 좋았다. 팀원은 작전회의 방식을 조금씩 수정하며 상황을 스스로 통제한다는 기분을 느꼈다. 서로 협업하던 팀원들은 회의 방식을 개선하는 데 그치지 않고 다른 공동 업무도 개선해 나갔다. 또 이 같은 시도를 일회성으로 끝내지 않고 지속했다. 의료진은 따뜻한 작전회의에 만족하고 자부심을 느꼈다. 또 자신들이 얻은 새로운 통찰을 다른 의료진과 기꺼이 공유했다.

우리의 번아웃 강연을 듣고 서로 배려하는 문화를 구축한 사례도 있다. 한 시나리오 작가는 자신처럼 혼자서 재택근무를 하는 사람이 인간관계와 소속감을 증진하려면 어떻게 해야 하느냐고 물었다. 이 문제는 코로나19가 유행하기 전부터 이미 재택근무자들이 우려하던 사안이기도 했다. 시나리오 작가들은 노조에 소속되어 있지만 시위할 때 푯말을 들고 서 있는 경우가 아니라면 서로 만나는 일이 거의 없다. 우리는 작은 것부터 시작하라고 권했다. 인간관계가 줄어드는 문제에 관해 비슷한 생각을 지닌 몇몇 시나리오 작가들과 소모임을 가지라고 조언했다. 이 조언을 실천에 옮긴 그 시나리오 작가는 자신의 사연을 들려주었다.

저는 인간관계와 소속감 문제로 시나리오 작가 노조 위원장과 대화를 나누다가 당신이 들려준 조언을 이야기했어요. 그분은 소규모 모임을 만들어 개인적으로 친분을 쌓으며 유대감을 느낄 필요가 있다는 이야기에 흥미를 보였어요. 노조 규정 때문에 정당한 이유 없이 소수 인원으로 모임을 개최하는 일은 어려웠어요. 하지만 위원장은 설령 노조에 가입한 모든 시나리오 작가에게 화상회의가 열릴 것이라고 공지해도 참여할 사람은 극소수에 불과하리라고 판단했어요. 위원장은 2월 말쯤에 화상회의를 열었죠. 위원장의 예상이 맞았어요. 첫 번째 화상회의를 열었을 때 위원장과 노조 직원 한 명 그리고 저를 비롯한 시나리오 작가 8명, 그렇게 총 10명이 화상회의에 참여했어요. 자신을 소개하고 코로나 기간에 작가로서 경험한 것을 공유하기에 적당한 인원이었죠. 대부분 수줍음을 타는 편이었지만 따뜻한 동지애를 경험했어요. 한두 달 뒤에 위원장은 두 번째 화상회의 일정을 잡았어요. 이번 주제는 '공짜로 일을 시키려 드는 프로듀서'처럼 모든 시나리오 작가에게 중요한 관심사를 선정했죠. 몇 사람이 더 참여 의사를 밝혔는데 화상회의 시간이 다가오자 참가 신청을 취소하는 사람들이 나왔어요. 정확히 8명이 참여했습니다! 이미 눈치챘겠지만, 소규모 집단으로서 우리는 결속력이 생겼고 더욱 열린 마음으로 생각과 불만을 공유했어요. 회의가 끝날 무렵 당신이 한 말이 떠올랐어요. 보상과 인정이 중요하고 소규모 모임에서 사람들이 심리적 안전감과 따뜻함을 느끼게 할 방법을 모색해야 한다고 하셨잖아요. 그래서 우리 소그룹 회원들에게 위원장의 새 작품이 극장에서 지금 막 개봉했다는 소식을 공유했어요.

회원들은 위원장을 축하하려는 제 의도를 알아차리고 축하의 말을 이어갔습니다. 작품을 완성하는 일이 얼마나 어려운지 작가들은 알기에 그들만의 방식으로 위원장을 축하했습니다. 긍정적인 에너지를 받은 위원장이 환하게 웃었어요. 위원장과 회원들 사이에 좋은 감정이 흐르고 서로 더 강하게 결속되는 기분이 들었습니다. 이 모습을 보며 정말 감동했어요. 참석자들은 이 화상회의 시간이 매우 소중하다고 입을 모았고 모임을 더 자주 갖고 싶다고 제안했어요. 뭔가 중요한 생명의 씨앗을 뿌리고 그 씨앗이 자라 예상치 못하게 꽃을 피운 기분이랄까요. 정말 기뻤습니다.

의료진과 시나리오 작가 모임 사례에서 눈여겨볼 사실은 노동자가 직접 아이디어를 제시했고 이를 받아들여 해결 방안을 도출했다는 점이다. 이렇게 실행된 변화는 대개 구성원의 반발 없이 진행되며 많은 지지를 얻는다. 의료진은 매일 작전회의에서 새로운 점검 사항을 추가하는 일이 가치 있다고 판단했다. 시나리오 작가들은 여느 노동자들처럼 공동체의 이점을 누릴 방법을 찾아냈다. 의료진의 작전회의나 시나리오 작가들의 소모임은 모두 현재 상황에서 개인의 필요를 충족하는 방식으로 고안되었다. 사람들은 서로 배려하는 조직 공동체 구축에 협력할 필요가 있다.

짧게 만나고 스치든 장시간 대화를 나누든 상대의 말과 몸짓, 행동을 보고 자신이 조직 공동체의 일원인지 아니면 이름뿐인 구성원인지 파악한다. 예를 들어 성장 기회 부여나 성과 인정 또는 보상이나 승진과 관련해 어떤 결정이 내려졌는지 알리려고 관리자가 직원과 면담할 때 해당 직원은 몹시 긴장하고 스트레스를 많이 느낀다. 이런 대화를 나눌 때 직원은 이 회사의 공정성을 경험하게 된다. 사람들은 의사결정 절차와 결정뿐 아니라 의사결정을 내리는 과정에서 결정권자가 자신을 대하는 방식에서도 공정성을 경험한다.[9]

8장

공정성

 공정성은 관계 문제다. 조직이 공정하다면 관계를 지속하는 데 꼭 필요한 두 가지 요소, 즉 존중과 신뢰가 구성원들에게서 보일 것이다. 직장에서 사람들은 의사결정 과정이 얼마나 올바르고 공평한지를 보고 조직이 얼마나 공정한지를 가늠한다. 고용주에게 공정한 대우를 받지 못하는 구성원은 직장에서 동등한 자격을 지닌 일원으로 인정받지 못한 것이다. 반대로 조직을 공정하게 대하지 않는 구성원은 조직이 세운 정책과 절차를 무시한다. 공정성을 지키려고 쌍방이 노력해야 직원 참여도를 높일 토대가 형성된다. 근무 환경이 공정할 때 구성원은 공동 목표 달성에 협력하고 최선을 다한다.

기업이 공정하지 않을 때 노동자가 조직을 불신하는 것은 당연하다. 노동자가 기업을 불신한다면 기업을 책임진 이들이 노동자의 성과를 솔직히 인정하지 않거나 존중하지 않을 때가 많다. 공정성 문제는 업무 평가와 승진 심사 과정에서 주로 불거지지만, 일상에서 벌어지는 다양한 상호작용에서도 불거진다. 구성원 간에 업무 부담이나 임금 격차가 현저할 때 또는 속임수나 편법을 써서 승진한 사람이 보일 때 또는 자신이 저지르지 않은 일로 질책을 받을 때 사람들은 부당함을 느낀다. 고충 신고나 분란을 중재하는 과정에서 관련자에게 해명할 기회가 주어지지 않는다면 그 절차가 부당하게 느껴질 것이다. 기업 정책에 직원의 복지보다 수익 창출을 더 중시한다는 경영진의 의지가 보인다면, 노동자는 기업의 가치관에 공감하지 않고 조직을 존중하지도 않을 것이다. 사람들은 부당한 대우를 받는다고 느낄 때 존중받지 못한다고 생각하며, 그때 사람들 사이에는 냉소주의, 분노, 반감이 커진다.

상호주의 원칙과 존중

7장에서 언급했듯이 조직 공동체가 성장하고 잘되려면 직급에 무관하게 서로 존중해야 한다. 이것은 필수 조건이다. 사람들은 상대가 자신을 존중하는지 느낄 뿐 아니라 자신이 상대를 존중하는지 무시하는지 행동으로 전달하기도 한다. 이는 특정 행동을 할 때만이 아니라 하지 않을 때도 전해진다. 상황에 따라 당연히 해야 하는 행동이 있으며 하지 않으면 결례를 범하게 된다. 예를 들어 출근해서 만났을 때 웃는 얼굴로 인사하지 않거나 도움을 받고서 고맙다는 말 한마디 하지 않으면 상대는 무례하다고 느낀다. 이는 상대방을 없는 사람으로 취급하는 격이다. 말뿐이 아니라 몸짓으로도 상대가 나를 존중하는지 무시하는지 알 수 있다. 일례로 우리는 병원에서 직장예절을 조사하면서 간호사들에게 동료의 어떤 행동을 좋게 또는 나쁘게 받아들이는지 물었다. 간호사들이 제일 많이 지적하고 최악으로 꼽은 행동은 상대가 시선을 회피하며 딴청을 피우는 것이었다. 시선을 회피하며 빈정거리는 말을 덧붙이든 아무 말을 하지 않든 이 행동은 상대를 깔보며 반감을 드러내는 것으로 받아들여졌다. 그저 시선을 피하는 동작일 뿐이지만 상대의 기분을 언짢게 만드는 무례한 행동이다. 아무 말을 하지 않아도 상대의 기분을 불쾌하게 만든다. 간호사들은 이 행동을 징계해야 한다고 생각했다. "규정을 마련해야 해요! 책임을 져야 하는 상황에서 시선을 피하고 딴청을 부리며 위기를 모면하려는 사람들이 있어요!"[1]

사람 관계는 끊임없이 주고받는 행위의 연속이다. 두 사람이 서로 협력하며 알아갈 때 관계가 좋아지고, 서로 옹졸하게 처신할 때 관계가 나빠진다. 유익한 거래가 꾸준히 오가면 상호주의 원칙에 따라 존중과 지원이 늘어나지만, 시선을 회피하거나 모욕적인 언사를 하면 그에 상응하는 반응이 돌아오는 것처럼 언제든 악화할 수 있다.

좋은 관계를 유지하고 서로 존중받으려면 상호주의 원칙을 지켜야 한다. 오가는 말이나 행동이 서로에게 이득이 되어야 한다. 이 원칙은 '자신이 대접받고 싶은 대로 남을 대접하라'라는 도덕률에 담겨 있다. 이는 수십 세기에 걸쳐 이어져 내려온 거의 모든 문화와 종교의 윤리 체계에서 비슷한 의미로 반복되어왔다. "네 이웃을 네 몸처럼 사랑하라." "네가 원치 않는 일을 남에게 강요하지 말라." 상호주의는 모든 사람에게 적용되는 가장 중요한 도덕률이다. 이 상호주의가 잘 지켜지려면 공정한 조직 문화가 형성되어야 한다. 이런 조직에는 부당한 행위를 제재하는 공식 절차뿐 아니라 비공식적이면서 일상적인 행동 규범이 존재한다. 이러한 문화를 뿌리내리려면 구성원이 자신의 이익뿐 아니라 타인의 이익에도 관심을 가져야 한다. 또 타인의 말을 경청하고 이해심과 연민을 갖고 반응하는 행동이 습관이 되어야 한다.

조직 문화에는 상호주의가 개입되는 사례가 많다. 사람은 자신이 제공한 것과 상대에게 받은 것을 두고 저울질한다. 업무를 완수하려고 애쓴 노동자는 어떤 형태로든 보상이 뒤따르리라고 기대한다. 상급자에게서 칭찬을 듣거나 인정받기를 바란다. 다음에는 이번처럼 남들이 피하는 업무가 아닌 좋은 업무를 부여받기를 바란다. 더 나아가서 임금 인상이나 승진을 기대한다. 개인과 조직 간에 호혜가 지속하리라는 믿음이 쌓일 때 노동자는 좋은 성과를 내려고 계속 노력한다. 여러 관리자가 알고 있듯이 직원들을 위해 열심히 노력하면 직원들은 그 관리자를 위해 노력한다.

순번이 동일하게 돌아가도록 하는 조율에도 상호주의가 적용된다. 특정 책무를 공평하게 돌아가면서 맡기는 것이다. 프레젠테이션 담당부터 직원용 냉장소 청소, 금요일 회의에서 먹을 간식 구비까지 공평하게 나눌 일이 많다. 한 팀으로 일할 때는 모든 사람이 업무에 참여하고 그 업무 완수에 기여해야 한다. 힘든 일이나 인기 없는 일이 누군가에게 집중되지 않도록 공평하게 분배해야 한다.

두 사람 사이에 뭔가를 직접 주고받는 교환이 발생하지 않는 상호주의도 있다. 여기서는 '되갚는' 행위보다 '베푸는' 행위가 더 중요하다. 이런 상호주의를 보여주는 사례는 대부분 자선활동이다. 한 사람이 도움을 주거나 격려하면 상대가 도움이나 혜택을 받는다. 살면서 많은 사람에게서 도움을 받기 마련이고 은혜를 베푼 사람에게 직접 은혜를 갚기도 한다. 또는 적어도 자신의 삶에 큰 변화를 준 사람에게 감사하다는 말을 전한다. 하지만 형편이 좋지 않아 받은 은혜를 똑같이 갚지 못하거나 실제로 도움을 준 사람이 누구인지 알지 못할 때도 많다. 이렇듯 은혜를 베푼 사람에게 직접 갚지 못하더라도 자신이 도울 만한 일이 보이면 베푸는 것으로 받았던 은혜를 기억한다.

직장에서도 '베푸는' 행위는 다양하다. 멘토링이 가장 대표적이다. 한 직원이 다른 직원에게 업무와 관련해 조언하고 도와주며 길잡이 역할을 하는 것이다. 멘토는 직장에서 흔히 믿음직하고 숙련된 동료가 맡는다. 직무와 관련해 궁금한 점이나 걱정이 있을 때 또는 도움이나 조언이 필요할 때 멘토를 찾는다. 멘토는 주로 신뢰가 중요하기 때문에 공식적으로 지정되기보다는 비공식적 관계를 형성하지만 모든 직원에게 매우 긴요한 존재다. 노동자에게 번아웃을 방지하는 데 가장 도움이 되는 요소가 무엇이냐고 물었을 때 "문제가 생겼거나 도움이 필요할 때 안심하고 개인적으로 이야기할 수 있는 사람이 있었으면 합니다"라고 대답한 사람이 가장 많았다. '안전한 피난처'가 부재한 까닭에 주변에 많은 직원이 있다 해도 고립되고 소외된 기분을 느끼는 직장인이 많다. 이들은 직무 효능감이 떨어지고 낙오자가 된 기분을 느껴 스스로를 자주 책망한다. 이전에 선임에게 도움을 받았듯이 후임에게 도움을 베푸는 멘토가 되도록 격려하는 것이 공정한 조직 문화를 조성하는 길이다. 이런 조직 문화가 정착되면 동료 간 관계가 좋아지고 번아웃 위험성이 줄어들기에 조직에도 이득이다.

평등과 공평

"공정하다는 것은 무엇인가?"라고 물으면 사람들은 "평등한 대우를 받는 것"이라고 입을 모은다. 보통 이것은 모든 사람이 '동등한 권리', '동등한 기회', '동일 노동', '동일 임금', '법에 따른 동등한 대우'처럼 공통적인 권리를 누릴 자격이 있다는 의미다. 사람은 저마다 다르지만 모두 동일한 인권을 부여받는다. 하지만 이 평등 개념이 어떻게 노력하든 '모든 사람이 똑같은 결과를 얻는다'라는 부정적 의미로 쓰일 때도 있다. 어쨌든 사람들이 서로 누리는 결과가 다를 때, 즉 어떤 사람이 '더 큰 파이 조각'을 차지하거나 똑같은 일을 하는데 누군가 더 많은 특전이나 조건을 누릴 때 '공정하지 않다!'라는 불만이 생긴다.

공정성은 **평등**과 **공평**이라는 두 핵심 가치에 기초한다. 공평은 편견이나 편애 없이 사람을 대우하는 것이다. 하지만 사람들이 처한 조건이 다르기에 평등한 결과를 보장하려면 각기 다르게 대할 필요가 있음을 인정한다. 평등과 공평은 공정성을 달성하는 데 없어서는 안 되지만, 그 목표를 이루는 과정은 다르다. 평등은 사람들의 필요와 무관하게 모든 사람을 똑같이 대우하기 때문에 공정하다. 공평은 사람들의 필요에 따라 모든 사람을 다르게 대우하기 때문에 공정하다.

특히 평등과 공평을 이야기할 때는 한편으로 자원과 자산을 구분하는 것이 중요하고, 다른 한편으로 파급효과와 결과를 구분하는 것이 중요하다. 모든 사람에게 공정하려면 반드시 모든 사람을 평등하게 대해야 한다는 주장을 생각해보자. 이 주장은 맞을 때도 있지만 틀릴 때도 있다. 예를 들어 모든 사람이 각자 임금에서 평등한 비율로 인상된 임금을 받는다면 부유한 사람은 가난한 사람보다 훨씬 많은 임금을 받게 된다. 비율이 평등해도 그 파급효과는 평등하지 않다. 하지만 모든 사람이 평등하게 투표할 기회를 갖는다면, 모든 사람이 한 표를 행사하는 평등한 효과를 얻는다. 아무 편견 없이 모두 기회를 얻었기에 공평한 효과이기도 하다. 이래서 초기 조건 또는 경계 조건이 평등한 것과 그 효과가 평등한 것을 구분해야 한다. 정말로 모든 사람에게 평등한 효과를 보장하려면 각기 다른 단계를 밟아야 한다. 즉 평등하지 않은 단계를 밟아야 한다.

일상에서 이 점을 가장 잘 보여주는 사례가 공중화장실이다. 극장이나 경기장 같은 대형 건물에서 남자 화장실과 여자 화장실에는 동일 개수의 변기가 설치되어 있다. 하지만 그 효과는 동일하지 않다. 첫째, 남성은 화장실에 들어갔다가 금방 나올 수 있어도 여성은 장시간 줄을 서서 기다려야 한다. 둘째, 여성은 인터미션 시간 내에 용건을 해결하지 못해 연극의 2막이나 다음 쿼터 경기의 시작 부분을 놓칠 가능성이 크다. 효과가 평등했다면 모든 사람이 제시간에 생리현상을 처리할 수 있었을 것이다. 이 문제를 해결하려면 여성과 남성의 필요가 다르다는 사실을 인정하고 남성보다 여성에게 더 많은 화장실을 제공해야 한다. 그것이 **공평한** 방법이다. 마찬가지로 이전 경험이나 신체적 장애처럼 경계 조건에서 구성원 간에 차이가 있다면, 다른 조건을 적절히 적용해 모든 구성원이 승진 심사에서 **평등한** 기회를 얻되 **공평한** 효과를 누리도록 보장해야 한다.

공평함의 목표는 누구에게도 장애물이 없는 '공평한 경쟁 환경'을 보장하고, 모든 사람이 공정한 출발 기회를 갖는 것이다. 사람들은 대체로 이 목표에 동의하지만 평등한 지위를 보장하려고 조건을 각기 다르게 조정한다는 것은 여전히 불공정성 시비를 일으킬 여지가 있다. 예를 들어 자녀가 있는 노동자에게 제공되는 복지 혜택이 자녀가 없는 노동자에게는 불만일 수 있다. 이를테면 육아 지원 또는 자녀의 등하교 시간을 고려한 근무 시간 조정 등 여러 혜택이 주어지는 것을 본 무자녀 노동자는 기업이 자신의 생활방식은 간과하고 경시한다고 느낄 수 있다. 복지 혜택을 '뷔페'처럼 제공해 구성원이 각자의 필요에 따라 가장 적절한 혜택을 선별하도록 허용한다면 불필요한 사회적 갈등을 피할 수 있다. 따라서 공정한 조직 문화를 조성하려면 평등과 공평을 함께 고려해야 한다.

우리는 한 대기업 사업부와 협력한 적이 있다. 이 기업은 건물

및 부지 관리, 사업 계약, 포장 및 운송, 우편물 배달까지 다양한 업무 서비스와 행정 서비스를 제공하는 곳이었다. 이 기업에 1년 간격을 두고 두 차례 설문조사를 실시해 정보를 수집할 수 있게 해달라고 요청했다. 그래야 장시간에 걸쳐 직원 참여도와 번아웃 정도가 얼마나 변했는지 추적할 수 있기 때문이다.[2] 사업부는 1000명가량 되는 직원을 대상으로 1년 간격을 두고 두 차례 설문조사를 실시하는 데 동의했다. 설문조사는 매슬랙 번아웃 척도MBI와 직무 적합성 진단 영역Areas of Worklife Survey: AWS, 그리고 직장생활의 기타 영역을 평가하는 내용으로 구성했다. 이 설문조사는 경영진의 지지를 받았다. 경영진은 설문조사 결과를 공개하고 직무 개선책을 설계하는 데 반영하겠다고 약속했다. 여러 부서 사람들로 구성된 전략기획팀이 설문조사 과정을 감독하는 임무를 맡았다. 이들은 일부 설문 문항을 직원들이 우려하는 문제를 다루도록 조율했고, 모든 직원이 설문에 참여하도록 격려했다. 설문조사는 익명으로 진행되고 비밀이 보장되었다. 이 전략기획팀이 노력한 덕분에 첫 번째 설문조사에 참여한 직원이 87%에 달했다.

첫 번째 설문조사를 마친 후 상급 관리자들에게 설문조사 결과를 예측해보라고 했다. 이들은 직장생활의 두 가지 영역이 가장 문제가 되리라고 예측했다. 직원들이 일이 너무 많다고 항상 불평한다면서 과중한 업무를 첫째로 꼽았다. 그리고 임금 인상을 원할 거라면서 보상을 둘째로 꼽았다. 놀랍게도 설문조사 결과에서 문제로 드러난 영역은 그 두 가지가 아니었다. 직원들은 공정성 영역을 가장 큰 문제로 지적했다.

최고경영자는 믿기지 않는다는 반응을 보였지만, 여러 부서 직원과 대화를 나누고 나자 왜 그런 결과가 나왔는지 이해했다. 직원들은 많은 문제를 제기했지만, 그중에서도 상여금을 수여하는 '우수 서비스 상'을 가장 싫어했다. 보상금이 적기 때문일 것이라고 최고경영자는 짐작했다. 직원들이 그 상을 싫어하는 이유는 보상금이 적기 때문이 아니라 상을 수여하는 과정이 불공정하다고 느꼈기 때문이다. 상을 받아야 마땅한 직원 대신 엉뚱한 사람이 상을 받는 모습을 지켜본 직원들은 심사 과정이 불공정하다고 느꼈다.

심사 과정이 왜 불공정하다고 생각했을까? 여러 이유가 있겠지만 무엇보다 그 상을 수상할 후보자를 상급자가 지명해야 하는데 적잖은 상급자들이 자신이 그 상을 받으면 그만이라 후보자를 선정할 생각을 전혀 하지 않았다. 부하 직원 중에 후보로 선정된 사람은 아무도 없었다. 그 상은 해당 부서를 이끈 상급자에게 돌아갔고 함께 일한 직원들은 상을 받지 못했다. 이따금 임금 인상 협상에서 누락된 직원이 불만을 이야기할 때 상급자는 "너무 낙담하지 말게. 그 대신 우수 서비스 상을 받게 해주지"라고 말했다. 해당 직원이 그 상을 받을 만한 어떤 성과도 내지 않았는데 말이다. 처음 실시한 설문조사를 토대로 직원들과 이야기를 나눈 자리에서 모든 직원이 "나도 누구처럼 우수 서비스 상을 꿰차고 앉아 매번 받아봤으면 좋겠다"라고 의견을 적었다고 말하자 직원들 사이에서 우레와 같은 박수가 쏟아졌다.

최고경영자에게 전하는 메시지는 분명했다. 이 우수 서비스 상을 심사하는 과정을 이대로 놔둬서는 안 된다는 것이었다. 현명하게도 최고경영자는 이 문제를 개선할 적임자가 자신이 아니라고 지적했다. 정확히 무엇이 문제인지 알지 못했기 때문이다. 그 대신 여러 부서 사람들로 특별팀을 꾸려 무엇이 문제인지 평가하고, 실제로 우수한 성과를 낸 직원에게 보상이 돌아가도록 제도를 개선하는 임무를 맡겼다. 복잡하게 얽힌 조직 구조에 맞는 개선책을 마련하느라 특별팀은 많은 시간과 노력을 투자했다. 마침내 개선책이 제시되었고 경영진은 이 해결 방안을 해당 사업부에 적용했다.

이 개선책을 시행한 후 두 번째 설문조사를 실시해보니 과거에 부정 평가가 많이 나왔던 공정성 영역에서 긍정 평가가 증가했다. 더 중요한 파급효과는 미래를 낙관하며 희망을 품는 직원이 늘었다는 점이다. "우리가 이 보상 문제를 고칠 수 있다면 다른 문제도 고칠 수 있을 것이다!" 서로 협력하면 공동의 문제를 해결할 수 있다고 느낀 직원들은 특정한 근무 환경에 맞는 해결책을 설계하고 이 해결책이 효과를 거둘 때까지 개선해 나갔다. 이 기업은 1년 간격으로 실시했던 설문조사를 조직 개선 프로그램에 포함하기로 했다. 설문조사는 정기적인 '조직 진단' 프로그램이 되었고 근무 환경을 개선하려는 프로젝트가 주기적으로 실행되었다.

이 기업과 협업하면서 성과 제도를 개선한 일 외에도 가치 있는 성과를 얻었다. 설문조사 결과를 분석해 전체 보고서를 작성했지만, 그 외에도 부서별로 분류해 요약 보고서를 작성하기도 했다. 일례로 D부서가 첫 번째 설문조사 때 불일치 평가가 높게 나왔다. 나머지 부서에 비해 공정성 영역에서 불일치 평가가 높았고 번아웃 발생률도 높게 나왔다. 두 번째 설문조사를 실시하려고 D부서를 찾았을 때 첫 번째 설문조사 분석 결과를 토대로 지난해에 어떤 일들이 있었는지 근황을 물었다. D부서 직원들은 오래 뜸을 들이더니 대답 대신 질문을 던졌다. "우리 부서에 무슨 안 좋은 일이 있었는지 어떻게 아셨나요?" 알고 보니 이 부서는 지난해에 위기를 겪었다. 기업 비품을 오랫동안 훔친 직원들이 뒤늦게 적발되어 해고당한 일이 있었다. 이 사실로 미루어 보건대 첫 번째 설문조사 결과에서 나타난 공정성 영역의 심각한 불일치는 이 부서에 이미 적잖은 문제가 내재하고 제 역할을 다하지 못했음을 보여주는 단서였다. 만약 이 단서에 주목하고 더 일찍 개입해 부서 내 문제를 개선했더라면 첫 번째 설문조사 이후 부서에서 발생한 위기를 방지하거나 그 피해를 줄일 가능성도 있었다. 이렇듯 부서별 평가가 개별 평가보다 번아웃 관리에 더 유용한 이유는, 관리자가 지닌 권한의 범위와 일치할 뿐 아니라 관리자가 놓쳤을지 모를 구체적인 맥락을 제공하기 때문이다.[3]

또 다른 기업의 사례는 상급자가 특정 직원을 편애하는 행태를 근절해 공정한 조직 문화를 정착시키는 일이 얼마나 중요한지를 보여준다. 한 대형 보험사에서 몇몇 상급 관리자와 중간 관리자가 기업의 자원을 통제하고, 자기네 파벌에 속한 직원에게만 임금을 인상하거나 승진시키고 프로젝트 예산을 나눠 주었다. 이들은 파벌에 속하지 않는 직원이 거둔 뛰어난 실적이나 현저한 기여도는 무시했다. 상급자의 편애 외에도 여러 문제가 있었지만, 구성원들이 '파벌끼리 보상을 나눠 먹는 문제'를 주로 지적한 것을 보면 이 문제가 조직 전반에 걸쳐 가장 심각했음이 분명했다.

상급 관리자들도 특별팀을 꾸려 보상 절차를 점검하자는 직원들의 견해를 지지했다. 이 특별팀은 두 가지 변화에 집중했다. 첫째, 승진 절차를 투명하고 공정하게 만드는 것이었다. 승진 대상자가 어떤 직무 역량과 경험, 자격을 갖춰야 하는지 회사는 선정 기준을 공개해야 한다. 이전에는 직속 상사가 될 사람이 단독으로 승진 대상자를 정했다. 승진 심사 과정이 투명해지자 상급자가 특정 직원을 편애한다는 불만이 줄었다. 둘째, 각 부서에서 뛰어난 성과를 거둔 직원들이 주목받도록 만드는 일이었다. 기업은 혁신을 주도하거나 이러한 노력에 상당히 기여한 직원이 있으면 그때마다 작은 상이라도 수여했다. 개선된 성과보상 제도에서는 직원들의 성과가 널리 알려지면 부서의 평판을 향상하는 데 유리하기 때문에 상급자들도 자기 부서 직원들의 성과를 공개할 동기를 느꼈다. 이 성과보상 제도를 시행한 후 상급자들은 모든 직원의 성과를 보다 구체적으로 파악하게 되었다.

앞서 언급한 두 사례에서 꾸준히 등장하는 몇 가지 특징이 있다. 첫째, 두 사례 모두 많은 직원이 협업해서 문제를 해결했다. 모든 직원이 안심하고 의견을 피력할 수 있었고 더 나은 해결책 개발에 협력할 기회가 주어졌다. 직원들은 실제로 변화를 일으키는 일에 힘을 보태면서 유능성, 효능감, 자율성은 물론 소속감까지 강화되는 기분을 느꼈다. 보상 절차 개선처럼 비교적 쉬운 목표가 되었든 상사의 편애 근절처럼 상당히 어려운 목표가 되었든 어느 상황에서나 긍정적인 목표를 달성하는 데 집중했다.

둘째, 사람들은 공정성 영역에서 적합성을 높이기 위해 협업했고 더 나은 결과를 얻기까지 이 노력을 지속했다. 사람들은 무엇이 잘못되었는지 지적하고 비판하는 일보다 이 제도가 올바르게 작동하도록 재설계하기가 훨씬 어렵다는 사실을 깨달았고 협업이 가치 있는 일임을 직접 체험했다. 사람들은 이전 성과보상 제도에 결함이 있음을 알아챘고 해당 기업이 구축하려는 조직 문화에 부합하도록 문제점을 개선했다. 대다수는 협업 과정이 간단하거나 쉬우리라 예상했지만, 실제로는 전혀 쉽지 않았다. 공정성을 조직의 가치로 삼고 공정한 업무 절차를 마련하기까지 직원들은 시간과 노력을 대거 투입하고 빈번하게 소통하며 신뢰를 쌓아야 했다. 많은 직원이 특별팀에 들어와서 협업하는 사이에 서로 더 깊이 이해하고 유대를 형성했다는 것도 긍정적인 결과다. 이들은 직장 안팎에서 소통하고 교류하며 사이가 돈독해졌고, 덕분에 소속감이 깊어졌으며 향후 도움을 주고받을 인적 네트워크를 형성했다.

셋째, 우리가 "현재 상황을 어떻게 개선할 수 있을까요?"라고 질문했을 때 도덕적 영역에서 발생하는 불일치 문제를 가장 먼저 언급하는 구성원은 드물었다. 대다수가 업무 부담과 보상 문제를 가장 먼저 언급했다. 그렇다면 사람들은 어떻게 가치관이나 공정성 영역에 문제가 있음을 알아차릴까? 또는 이 영역에 문제가 있음을 인정할까? 직무 적합성 진단 영역AWS을 활용하면 이런 문제를 수면 위로 끌어낼 수 있다. 이 방법론을 적용한 설문조사를 실시하면 참가자들은 기업의 업무 절차가 모든 직원에게 공정한지, 혹시 상급자의 편애는 없는지, 개인의 가치관과 기업의 가치관이 충돌하지 않는지, 업무 부담으로 품질 저하가 불가피하지 않은지를 평가한다.

가치관 영역에서 불일치 문제가 확인되었을 때 어떤 방식으로 이 문제에 접근하는가? 구성원들을 '더 평등하게' 대우하고 구성원들 간에 '신뢰'를 쌓으려면 무엇이 필요한지에 대해 어떤 방식으로 고려하는가? 윤리 문제를 건설적으로 해결해 소수에게 특혜가 가기보다 대다수 직원이 좋은 결과를 누리도록 만들 수 있을까? 가능하다. 다음 장에서 이 문제를 살펴보겠다.

9장

가치관

 가치란 사람들이 옳거나 그르다고 여기는 것을 가리킨다. 삶에서 무슨 일을 하든 그 일에는 가치가 있고 사람들이 그 일을 하는 이유가 된다. 노동자 개인이 직장에서 추구하는 가치는 원래부터 헌신하던 가치와 조직 구성원으로서 받아들인 여러 책무에 반영된 가치가 결합한다. 사람들은 직업윤리와 성과 기준 그리고 개인이 추구하는 이상에 따라 여러 목표를 세우고 각 목표를 성취하는 데 얼마나 공을 들일지 결정한다.

개인이 어떤 직무를 선택할 때는 노동한 시간만큼 많은 임금을 받거나 출세가 보장되는지 그 여부를 따지는 실용적 동기도 있지만, 이 직무가 어떤 가치를 충족하는지를 고려할 때도 많다. 그러므로 노동자 개인이 추구하는 가치와 직장에서 추구하는 가치가 불일치할 때 이는 노동자가 번아웃을 겪는 주요 원인이 된다. 대인 관계와 개인의 능력에서 직무 적합성이 무난하더라도 가치관이나 공정성 영역에서 발생한 불일치 때문에 직무 적합성이 떨어지는 사례는 많다. 사실 가치관에서 발생하는 불일치가 나머지 영역의 적합성을 무시할 정도로 영향력이 커서 이 영역에서 불일치가 심하면 직무를 대충 처리하거나 직장을 아예 그만두기도 한다. 업무 부담이나 임금의 중요성을 모르는 사람은 없지만, 도덕적 영역의 중요성을 이해하지 못하거나 간과하는 이들은 많다. 노동자는 자신이 받는 대우가 공정한지, 자신이 하는 일이 떳떳하고 의미가 있는지에도 관심이 있다.

가치관 영역의 직무 적합성을 평가할 때 "나의 가치관과 조직의 가치관이 비슷하다"라는 문항을 어떻게 평가하는지 묻는다. 2장에서 지적했듯이 직원 참여도가 높은 유형에서는 이 물음에 "양호하다"라고 대답하는 이들이 많았지만, 반면에 번아웃을 겪는 유형에서는 "불일치한다"라고 대답하는 이들이 많았다. 일치 또는 적합성 문제는 항상 관계의 문제임을 기억하자. 개인과 직장 둘 중 어느 한 쪽이 옳고 그르냐의 문제가 아니다. 그보다는 해당 영역에서 두 주체가 서로 일치하느냐 불일치하느냐의 문제다.

사람들은 일자리를 수락할지 여부를 결정할 때 기업이 추구하는 가치를 중요하게 고려할 뿐 아니라 직장에 계속 남을지 여부를 결정할 때도 중요하게 고려한다. 처음부터 '꿈의 직장'에서 사회생활을 시작하는 사람은 소수다. 대다수는 미래에 어떤 종류의 일을 하겠다는 목표조차 없을 가능성이 크다. 우연한 계기로 이전까지 한 번도 생각해본 적 없던 일을 맡는 경우도 흔하다. 이를테면 여름에 임시로 맡은 일이 평생직장이 되기도 한다. 타인의 삶에 좋은 영향을 미치는 데 노동자가 자부심을 느낀다면 직원 참여도가 높아져 장기간 최선을 다해 일할 가능성이 크다. 다른 다섯 가지 영역보다 가치관 영역의 직무 일치가 중요한 이유다.

우리가 아는 한 여성은 대학에서 환경 문제를 공부했고 재생에너지나 자연보호 같은 '녹색' 가치를 추구하는 직장을 구했다. 여러 해가 지나 동창회에 참석한 이 여성은 현재 환경 컨설턴트로 일한다고 말했다. 축하한다는 말을 들은 이 여성은 얼굴을 찌푸리며 대답했다. "사실은 이 일을 그만두려고 해." 이 말을 듣고 친구들은 놀랐다. "진심이야? 아니 왜? 업무가 너무 많거나 시시콜콜 간섭해서 그런 거야? 근무 공간이 형편없거나 임금이 박봉이라서 그래?" 이 여성이 그런 것은 문제되지 않는다고 답했다. "골치 아픈 동료라든가 부당한 대우 때문이야?" 그것도 아니라고 했다. 그러면 왜 떠나려고 하는 것일까? "실제로 내가 하는 일은 의뢰인이 대형 쇼핑몰이나 주차장을 무사히 건설할 수 있도록 환경을 어떻게 파괴해야 하는지를 조언하는 일이기 때문이야. 내 가치관에 정면으로 위배되거든." 여성은 설명했다. "더는 이 일을 할 수 없어. 내가 자부심을 느낄 만큼 가치 있는 다른 일이 필요해."

직장에서 가치관의 불일치를 경험하는 방식은 다양하다. 가장 심각한 경우가 기업이 대외적으로 주창한 가치와 실제 업무 관행 사이에 차이가 있다고 노동자가 인지할 때다. 이런 기업을 보면 사람들은 말과 행동이 다르다고 비판한다. 노동자는 자신이 추구하는 가치와 어긋나는 방식으로 일해야 하는 상황에 자주 처한다. 예를 들어 한 보건의료 노동자는 병원 지침 때문에 1인당 진료 시간을 15분 이상 넘기지 않았다. 그렇게 해야 업무를 처리할 수 있다. 직원들이 주된 업무를 제쳐놓고 부차적인 행정 업무에 매달려야 하는 상황도 있다. 이때 노동자는 자신이 원래 하고 싶었고 더 가치 있게 여기던 업무와 어쩔 수 없이 해야만 하는 업무 사이에서 타협해야 한다. 잡무까지 처리하려면 주 업무의 품질을 떨어뜨릴 수밖에 없고 모두 감당하려면 과로할 수밖에 없다. 가치관 영역에서 불일치를 경험하면 세 가지 차원에서 번아웃을 겪게 된다. 도덕적 딜레마로 갈등하면서 냉소주의가 생기고, 직무를 제대로 처리하지 못하니 효능감이 떨어진다. 그리고 너무 많은 일을 감당하느라 기력을 소진한다.

직무 적합성은 노동자 개인이 지닌 자질과 직장에서 겪는 다양한 사건에 따라 다르다. 이는 가치관에도 분명 해당한다. 일부 노동자에게는 기업이 추구하는 가치가 자신의 이상이자 이 기업을 선택한 이유다. 이런 이유로 노동자는 열정을 느끼며 해당 직무를 잘 수행하려고 노력한다. 해당 직무가 지닌 가치가 내재적 보상이기 때문에 이를 얻으려는 욕구를 강하게 느낀다. 하지만 1장에서 사례로 들었던 의사처럼 가치관이 심각하게 충돌을 일으키면 다섯 가지 영역에서 문제가 없더라도 직장에 계속 다닐 가치를 느끼지 못하기도 한다.

고액 연봉이나 가까운 통근 거리 때문에 직장을 선택한 사람은 가치관 영역에서 불일치가 발생해도 견딜 만하다. 가치관보다 다른 영역의 직무 적합성이 더 중요하기 때문이다. 앞에서 가치관 충돌 문제를 말했던 환경 컨설턴트의 사례를 생각해보자. 이 여성과 같은 회사에 다니는 동료 한 명도 비슷한 가치관의 충돌을 경험했다. 하지만 이 동료의 사정은 달랐다. 이 여성은 결혼해서 어린 자녀가 둘 있었고 가치관보다 보상 영역에서 느끼는 적합성이 더 중요했다. 안정적인 소득, 사내 보육 서비스, 현재 거주하는 곳에서 통근하고 생활하며 얻는 여러 혜택을 더 중요하게 여겼다. 가치관 영역에서 불일치를 경험했지만, 일을 지속하며 가족 친화적인 복지 혜택을 누리기 위해서라면 타협할 수 있었다.

개인이 직장에서 추구하는 가치가 저마다 다르기 때문에 가치관 영역의 불일치 문제는 개인마다 다르다. 어떤 이에게는 윤리적으로 부당한 문제가 어떤 이에게는 문제되지 않는다. 기업의 규범에 맞춰 자신의 가치관을 일부 수정함으로써 불일치 문제를 해결하는 사람이 있는 반면, 이러한 타협을 용납하지 못하는 사람도 있다.

일례로 개인상담소를 운영하는 심리치료사 두 명의 반응을 살펴보자. 환자에게 치료를 제공하고 비용을 청구하려면 두 사람은 의료보험 회사를 직접 상대해야 한다. 환자를 제대로 치료하는 데 필요한 상담 횟수에 관해 보험사와 심리치료사 간에 이견이 있을 때 문제가 발생한다. 보험사는 상담 횟수를 줄이기를 원하고 심리치료사는 상담 횟수를 늘리기를 원한다. 이견이 생겼을 때 심리치료사는 필요한 상담 횟수에 관해 보험사의 동의를 어떻게 받아냈을까? 환자의 상태를 훨씬 심각하게 기술하거나 추가 진료가 필요한 가짜 근거를 지어내는 '편법'을 저지르는 것이다. 심리치료사가 거짓말을 해야 한다는 뜻이다. 이는 사실을 은폐하려는 의도가 아니라 선의에서 하는 거짓말이라고 옹호할 수도 있지만, 어찌 됐든 거짓말이다. 한 심리치료사는 거짓말은 상대를 속이는 행위고 도덕적으로 잘못된 일이라고 여겼다. 이 때문에 결국 번아웃이 오는 지경에 이르렀다. "이렇게 거짓말을 계속할 수는 없어요. 거울에 비친 나를 바라보기가 거북해요." 이 심리치료사는 개인상담소를 접고 보건의료 기관에 취직했다. 거기서는 다른 직원이 의료보험과 치료비 문제를 처리하기 때문에 자신은 환자들만 상대하면 되었다. 하지만 다른 심리치료사는 이 도덕적 딜레마를 자신의 가치관을 조정하는 것으로 해결했다. "환자의 복지가 가장 중요합니다. 그러니까 거짓말로 속이는 편법을 저질러서라도 환자에게 필요한 만큼 상담 횟수를 얻어내야 합니다. 그러려면 무슨 일이라도 할 겁니다. 전 떳떳합니다." 다시 말해 목적이 수단을 정당화했다. 마키아벨리식 사고에 가까웠지만 어쨌든 이 사람에게는 환자를 치료하는 일이 가장 중요했다. 물론 모든 사람에게 더 나은 해결 방안은 의료비 과금 체계를 개선해 심리치료사와 보험사 모두 신뢰할 수 있는 체계를 갖추어, 애초에 편법을 저지를 필요를 없애는 것이다.

노동의 의미

직장에서 가치관의 일치가 중요하다는 사실을 거듭 확인했다. 사람들은 무슨 일을 하든지 그 일을 제대로 하고 싶어 한다. 일에서 성취감을 느끼고 싶어 할 뿐 아니라 사회에 이바지하고 싶어 한다.

노동자는 업무 때문에 신념을 포기해야 하는 상황을 걱정하기도 한다. 이러한 우려를 보여주는 대표적인 사례가 "사악해지지 말자Don't be evil"라는 구글 사의 행동강령이다. 구글은 알파벳Alphabet

이라는 지주회사 밑으로 자회사들을 재편했을 때 이 행동강령을 "올바른 일을 하자Do the right thing"로 변경했다. 행동강령을 세우는 것만으로는 부족하다고 느낀 수백 명의 직원들은 2021년에 노조를 결성했다. 알파벳 노동조합은 임금과 수당에 관한 협상보다 사회적 가치를 지키려는 노동자 보호에 더 집중했다. 노동자들은 형사사법개혁, 인종 및 성 불평등, 인공지능 기술이 초래하는 윤리 문제까지 사회적 가치와 관련해 경영진이 내린 의사결정에 반대 성명을 내곤 했다. 한 엔지니어가 말했다. "기술회사 직원으로서 노동의 결과물이 세상을 더 낫게 바꾸는 데 사용되도록 만들고 싶은 것은 합리적인 요구입니다."[1]

가치 있는 목표와 동기는 모두 노동자가 수행하는 노동의 **의미**에서 나온다. 많은 사람이 이렇게 생각하지만, 이 의미를 찾는 방법이 분명치 않다. 경영자는 원대한 포부를 밝힌 사명문을 작성해 사무실 벽에 붙이고 직원들 앞에서 기업 사명을 고취하려고 일장 연설을 하는 등 여러모로 노력을 기울이지만, 이런 노력에 실제 효과가 있다는 근거는 없다. 많은 노동자가 세상에 선한 영향력을 미치는 사람이 되려는 희망을 품고 회사에 들어온다. 하지만 회사 시스템 속에서 자신들이 꿈꿨던 의미 있는 노동을 수행하기가 만만치 않다는 현실을 뒤늦게 깨닫는다. 초기에는 직무에 열의를 보였던 직원들도 가치관 영역에서 불일치가 발생하면 번아웃을 겪기 마련이다.

중학생에게 역사와 문학을 가르쳤던 줄리Julie의 이야기는 노동에서 의미 찾기가 왜 중요한지 잘 보여준다. 줄리는 뛰어난 교사로서 평판이 좋았다. 학생들은 줄리를 좋아했고, 부모들은 자녀를 줄리의 학급에 등록시키려 애썼으며, 교장은 줄리를 훌륭한 교사라고 칭찬했다. 젊은 나이에 좋은 평판을 얻은 줄리는 교사로서 꾸준히 경력을 쌓아나갈 것으로 기대되었다. 하지만 줄리는 교사를 그만두었다. 이 같은 결정은 모든 사람에게 충격이었다. 몇몇 동료는 이 소식을 듣고 눈물을 흘리기도 했다. 줄리는 교사라는 직무에 헌신했다. 타인의 삶에 선한 영향을 미치며 세상을 바꾸는 데 일조할 수 있다고 생각했기 때문이다. 이 가치 있는 목표를 달성할 수 있으리라 여겼기에 교사라는 직업을 사랑했다. 그러나 이제는 교사가 그만한 가치가 있는지 의문이다. 한때는 이 직무를 수행하는 데 온 정성을 다해 헌신했다. 오랜 노동 시간과 직무 요건에서 벗어난 온갖 잔업도 마다하지 않았다. 하지만 몸도 마음도 지친 줄리는 모든 일에 거리를 두기 시작했고 최소한의 직무 요건만 수행했다. 이전에 줄리는 학생들과 친밀한 관계를 맺고 학업 성취도와 성장에 주의를 기울였다. 학생들의 필요를 즉시 알아차리고 적절히 대응했다. 지금은 학생들이 정말로 동기를 느끼고 실력을 쌓는 데 자신이 일조한 것이 맞는지 냉소적이고 부정적인 생각이 들었다. 과거에는 자신이 쏟은 노력이 보상받으리라고 확신했다. 자신과 동료 교사들이 수고한 덕분에 아이들이 교육을 제대로 받고 더 나은 조건에서 사회에 진출하리라고 믿었다. 지금은 학생들이 정말로 필요한 것을 얻었는지 의문이 들었다. 자신처럼 과로로 심신이 지친 교사를 만나 오히려 학생들이 피해를 보는 게 아닌지 걱정스러웠다. 무엇보다 아무리 좋은 일을 한다지만 이를 위해 치르는 대가가 너무 크다고 생각했다.[2]

줄리에게 직면한 어려움은 날마다 처리해야 하는 잔업 때문에 고귀한 가치를 추구하려던 열망이 매번 뒷전으로 밀려난다는 데 있었다. 이상과 현실의 격차가 너무 컸다. 일상에서 처리하는 수많은 잔업이 자신이 바라던 목표를 성취할 만큼 가치 있는 일인지 확신이 서지 않았다. 최근 이루어진 한 연구는 가치 있는 목표와 현실 간의 단절을 새롭게 이해하게 해준다. 세간의 이목을 끌던 한 프로젝트가 노동이 지닌 의미를 구성원에게 어떻게 명확히 전달할 수 있었는지를 분석하면서 얻은 성과였다.

1960년대에 미 항공우주국, 나사NASA는 존 F. 케네디 대통령의 지시를 받아 우주인을 달까지 보냈다가 안전하게 지구로 데려오는 역사적 임무를 수행했다. 이 기간에 나온 기록물들을 세세히 분석한 결과 케네디가 이 목표를 전달한 소통 방식에는 '의욕을 고취하는' 네 가지 요소가 있었다. 이 소통 방식 덕분에 나사 직원과 수

많은 하청 노동자는 일상 업무를 처리하면서 나사의 우주탐사라는 원대한 목표를 떠올리게 되었다. 이 네 가지 요소는 다음과 같다.

- 하나의 목표에 집중한다.
- 추상적인 목표에서 구체적인 목표로 전환한다.
- 목표에 도달하기까지 중간에 이루어야 하는 과정을 이정표로 명확히 제시한다.
- 설득력 있는 논조와 수사로 원대한 이상에 생동감을 불어넣는다.

케네디는 이 네 가지 요소를 고려한 덕분에 사람들에게 하나의 목표를 명확히 전달했다. "우리나라는 이 세기가 지나기 전에 인간을 달에 올려놓고 다시 안전하게 지구로 데려오는 목표에 헌신해야 합니다." 나사는 이 목표를 달성하기까지 세 가지 이정표를 세웠다. 머큐리호에 사람을 태워 지구 궤도에 쏘아 올리는 것, 제미니호를 쏘아 올려 우주에서 랑데부(인공위성이나 우주선이 우주 공간에서 만나는 일 – 옮긴이)를 시도하는 것, 아폴로호를 쏘아 올려 달에 착륙하는 데 필요한 나머지 역량을 구축하는 것이었다. 이 목표를 향해 사람들이 열정을 쏟도록 케네디는 고심하며 연설문을 작성했다.

어떤 이들은 왜 달에 가야 하느냐고 묻습니다. 어째서 달 탐사가 우리 목표가 되어야 하냐는 말이죠. 가장 높은 산부터 등정하면 어떻겠냐고 물을지도 모릅니다. 사실 35년 전에도 왜 대서양을 횡단해야 하느냐고 묻는 이들이 있었습니다. 우리는 달에 가기로 선택했습니다. …… 왜냐하면 이 목표가 우리가 지닌 기술과 에너지를 최대한 활용하기에 걸맞은 목표이기 때문입니다. 이것이 우리가 기꺼이 수락할 만한 목표이고 더는 미루고 싶지 않은 목표이기 때문입니다. …… 우주가 저기 있습니다. 우리는 저곳에 오를 겁니다. 달과 우주가 저기에 있습니다. 또 지식과 평화를 얻고자 하는 새로운 희망도 저기에 있습니다.

케네디는 네 가지 요소에 유의하며 달 탐사 프로젝트의 의미를 명확히 전달하고자 애썼고 나사 직원들은 일상에서 저마다 다른 노동을 하면서도 원대한 목표에 일조한다는 감정을 강하게 느꼈다. 회로를 제작하는 사람도 바닥청소를 하는 사람도 자신의 노동이 달 탐사 프로젝트와 관련된 의미 있는 일이라고 생각했다. 한 청소부는 나사에서 무슨 일을 하느냐는 질문에 이렇게 대답했다. "저는 사람을 달에 보내는 위대한 사업에 일조하고 있습니다." 이 달 탐사 프로젝트를 가치관 영역에서 분석한 연구진은 다음과 같이 결론지었다.

- 케네디 대통령은 노동에 새로운 의미를 부여해 구성원이 각자의 업무에서 더 큰 의미를 발견하도록 했다.
- 일상 업무에서 큰 의미를 발견한 노동자는 힘들고, 박봉이고, 사회적 낙인이 찍힌 업무여도 악조건을 견디며 성장한다.
- 무릇 리더란 구성원이 수행하는 일상 업무가 기업의 사명을 달성하는 데 일조한다는 사실을 효과적으로 설명해 의욕을 고취하는 설계자다.[3]

신뢰와 일관성

노동자가 업무에 자부심을 느끼며 생산적으로 일하는 직장은 일관성과 정직을 중요시한다. 일관성이란 기업이 내건 원칙과 사명문, 그리고 행동 사이에 일관된 모습을 보이는 것이다. 이러한 기반 위에서 리더와 직원 간에, 동료와 동료 간에, 노동자와 소비자 간에 신뢰가 쌓인다. 앞에서 살폈듯이 신뢰는 업무 부담, 통제력, 소속감, 공정성을 비롯한 여러 영역에서 적합성을 높이는 주요 요인이었다. 관리자가 미세 경영에서 벗어나 직원에게 자율성을 부여하려면 신뢰가 중요하다. 신뢰는 서로 존중하는 관계와 공정한 의사결정 과정을 정착시키는 기반이 된다. 신뢰는 직원들이 능동적으로 소통할 때 생기며 저절로 생기지 않는다.

미국 대통령이 여러 번 바뀌는 동안 주요 요직에서 리더십을 발휘했던 조지 슐츠George Shultz는 동료 간 신뢰 형성이 가장 중요하다고 강조했다. 2020년에 백 번째 생일을 맞은 슐츠는 말했다. "저는 한 가지 교훈을 일찍 깨우쳤는데 돌이켜보니 놀랍게도 그 교훈을 백 년 내내 깨우치고 또 깨우쳤습니다. 한마디로 그것은 신뢰입니다. 신뢰는 사람들 사이에서 통용되는 화폐입니다. 상호 신뢰가 있을 때 예컨대 가족, 교사와 학생, 코치와 선수, 직원, 정부 관료, 군인이 서로 신뢰할 때 좋은 일이 일어났습니다. 신뢰가 없는 곳에서는 좋은 일이 일어나지 않았습니다. 다른 모든 것은 사소합니다."[4]

진실과 일관성을 중시하는 문화 덕분에 구성원이 한 말을 그대로 이행하리라고 믿을 수 있는 조직에서는 상호 신뢰가 구축되며 일을 효과적으로 수행하고 좋은 성과를 내는 것이 가능하다. 일관성과 신뢰가 중요하다는 사실은 "약속은 지켜져야 한다"라는 업계의 격언에도 들어 있다. 이와 대조적으로 '도덕적 유연성'을 중시하는 직장에서는 기업 이념이 일관되지 않기에 이 조직에서 하는 말은 신용할 수 없다. 따라서 사람들이 효과적으로 협력하며 중요한 목표를 달성하기가 어렵다.

공정성과 소속감 영역에서 살폈듯이 직무 적합성을 높이려면 상호 신뢰가 요구된다. 11장에서는 직장예절에 맞는 언행이 어떻게 동료 간 신뢰를 높이는지 살펴볼 것이다. 조직 구성원이 서로 존중하고 칭찬을 주고받는 빈도가 높을수록 상호 신뢰는 더 깊어진다. 신뢰 구축은 어느 한쪽의 노력만으로는 부족하다. 동료가 나를 신뢰하기를 바란다면 내가 먼저 동료를 신뢰하는 모습을 보여야 한다.

상호 신뢰를 쌓는 일에 투자하면 그만큼 얻는 이점이 많다. 신뢰가 쌓인 환경에서는 모든 구성원이 어려운 도전을 피하지 않고 힘써 노력하려는 의욕을 느낀다. 유익한 의견을 제시하고 잠재적 문제를 지적하며 혁신적인 해결 방안을 마련해 조직 전체의 성공에 일조하려고 한다. 신뢰는 존중의 표현이며 이 책에서 거듭 이야기했듯이 번아웃 진단 영역에서 직무 적합성을 높이는 데 필수적이다.

여러 해 전에 한 지방 병원과 협업한 적이 있다. 이 병원 직원들은 가치관 영역에서 위기를 겪었다. 직원 대다수가 이 병원이 공적 기금으로 처음 세워졌을 때부터 근무해온 사람들이었다. 민간의료보험사인 건강관리기구(이하 HMO)가 이 지역에 사업을 확장해 들어와서 해당 병원을 인수했다. 이 병원 직원들은 인수가 이루어진 순간부터 발생한 변화를 몸소 체험하며 지켜보았다. HMO는 처음에 병원 운영 방식을 점진적으로 전환할 계획이었지만, 본사에 재정 위기가 닥치자 이 계획은 폐기되었다. HMO는 의료보험 기준을 훨씬 엄격하게 적용한 과금 체계와 반드시 준수해야 하는 치료 프로토콜 등 기존 업무 방식을 빠르게 변경해 나갔다. 하지만 직원들은 새로운 통제 시스템을 달가워하지 않았다. 이 같은 환경에서 직원들을 대상으로 설문조사를 실시했다.

경영진이 처음 약속했던 점진적 전환 계획을 철회하고 갑작스럽게 변화를 단행한 사실도 문제지만, 직원들을 괴롭힌 진짜 문제는 따로 있었다. HMO의 새 운영 방침이 추구하는 가치가 이 병원에 오래 근무했던 직원들이 추구하는 가치와 상반될 뿐 아니라 여태껏 전문 의료인으로서 행사하던 재량권이 대폭 축소되었다는 점이다. 직원들은 우리에게 이렇게 말했다. "이곳은 환자들 걱정은 하지 않는 것 같아요. 어째서 제가 환자를 제일 좋은 방법으로 진료하지 못하고 이 짜증 나는 제약과 조건을 따라야만 하죠? 이러려고 의대에 들어간 게 아니에요. 저는 이 일을 사랑했고 제가 하는 일에 자긍심이 있었어요. 지금은 심신이 지쳤어요. 이 일에 염증을 느낍니다." 새 경영진이 직원들에게 강요하는 운영 방식에서는 고객 서비스, 재정 통제, 리더십 스타일을 보는 관점이 직원들과 전혀 달랐다. 이 같은 강도의 변화는 아무리 계획을 잘 수립해 진행해도 어려운 일이었다. 운영 방식 전환 계획은 내재적 가치의 충돌을 해결하지 못하고 난관에 직면했다.

직원들을 대상으로 설문조사를 실시하고 결과를 요약해보니 가치관 영역에서 불일치가 가장 두드러졌다. 병원은 여러 부서 직원들이 보건의료에서 어떤 가치를 가장 중요하게 여기는지 검토했다. 의료접근성, 환자 중심의 서비스 제공, 환자의 정서를 보듬는 노력, 의료 전문가로서 자율성 보장, 원가 관리 문제에서 직원들이 무엇을 우선시하는지 파악했다. 이어서 일련의 전체 회의, 표적 집단 심층 면접, 부서별 토론을 진행했고 추가로 현장 설문조사를 실시했다. 이 모든 과정은 공통된 가치관을 파악하기 위해 고안된 프로세스였다.

결국 병원이 새롭게 절충한 가치관을 운영 방침에 점진적으로 반영하기로 했다. 이는 공립병원으로서 추구하던 가치관과 달랐고 민간의료보험사인 HMO가 추구하던 가치관과도 달랐다. 새 경영진의 중재 노력이 효과가 있었음은 이후 실시된 설문조사에서 확인되었다. 가치관 영역의 적합성은 물론 직원 참여도가 증가했다. 다시 말해 해당 조직의 특성과 필요를 고려해 해결 방안을 찾으려고 한 시도가 성공한 것이다. 공립병원이 추구하던 가치관과 HMO가 추구하던 가치관 중 어느 한쪽이 '승자'가 되지 않았다. 두 가치관을 절충한 새로운 모델이 향후 병원이 추구할 가치관으로 정립되었다. 가치관 영역의 불일치를 해결하려고 경영진이 기울인 노력은 두 가지 측면에서 주목할 가치가 있다. 경영진이 더 나은 운영 방침을 세우려고 모든 부서의 직원과 광범위하게 협업했다. 또 모든 구성원이 공감하는 명확한 해결 방안을 찾을 때까지 계속 노력하겠다고 약속했다.

도덕적 가치관 영역의 불일치를 해소하는 일은 쉽지 않았다. 공정성이나 가치관 충돌 문제는 사람들이 감추기 마련이고 공개적으로 인정하거나 논의하지 않기 때문이다. 이 주제를 회의 안건으로 올리는 경우는 드물다. 게다가 사람들은 상사의 눈 밖에 나거나 좌천되거나 해고당하는 등 관리자에게 보복을 당할까 두려워 이런 문제를 제기할 생각도 하지 않는다. 사람들에게 도덕적 영역의 불일치는 영원히 바뀌지 않고 건드릴 수 없는 문제로 보일 가능성이 크다. 가치관 영역이 문제가 된 사람들은 그야말로 진퇴양난에 빠진 듯 어찌할 바를 모르게 된다. 기업의 가치관을 그대로 수용하든지 떠나든지 양자택일 외에는 대안이 없다고 느낀다.

컨설팅 기업에 다니는 한 직원의 사례를 보자. 이 컨설턴트는 높은 임금을 받으면서도 의뢰인을 대하는 기업의 직업윤리를 수긍하지 못했다.

우리 회사가 추천한 대안이 의뢰인의 이익에 부합하지 않는다고 지적하며 제가 두어 차례 강하게 항의했습니다. 그랬더니 가장 까다로운 의뢰인만 제게 배정하는 방법으로 상사가 저를 압박하더군요. 오죽하면 아내에게 이런 말까지 했습니다. "버스와 부딪히기라도 했으면 좋겠어. 죽고 싶지는 않고 한동안 일할 수 없을 만큼만 다쳤으면 싶어." 그러자 아내가 말하더군요. "됐어. 그만 다녀."[5]

이 같은 상황에서 최선의 해답은 회사를 그만두고 도덕적 가치관이 일치하는 다른 일자리를 찾는 것이다. 이 컨설턴트가 선택한 해결 방안도 이직이었다. 회사를 그만둘 채비를 갖춘 뒤 계획을 실행에 옮겼다. 앞에서 사례로 든 교사와 응급실 의사도 사표를 던지는 선택을 했다. 개인 차원에서는 안 좋은 상황에서 하루빨리 벗어나는 것이 좋은 해결 방안임이 분명하다. 기업 차원에서 보면 이러한 해결 방안은 조직의 문제를 해결하지 못한다. 이를테면 부당한 차별이나 상사의 편애, 성폭력 같은 문제가 해결되지 않은 채 또 다른 직원에게 피해를 줄 게 분명하다.

가치관의 영역을 환경이 아닌 개인의 영역으로 보는 사람들이 있다. 도덕적 잣대는 모두 개인이 정하기 때문에 개인의 가치는 그 자신만의 것이다. 개인의 가치는 사람마다 다르기에 도덕적 문제는 사람에 따라 매우 민감한 사안이 될 수 있다. 이렇게 가정하면 가치관 문제는 개인 소관에 맡겨두어야 하고, 노동자는 직장에서 정한 업무량과 업무 방침에 적응해야만 한다는 결론이 나온다. 하지만 이들 업무 요건과 업무 방침이 가치관의 충돌을 일으키며 악영향을 미칠 수 있다. 가치관 영역에서 불일치가 발생할 때 이를 알아차리고 인정하며 나아가 이를 해결하려고 노력하는 것이 번아웃을 예방하고 직원 참여도를 높이는 데 도움이 된다.

2부에서 개인과 직무의 관계에 대해 업무 부담, 통제감, 보상, 소속감, 공정성, 가치관이라는 여섯 가지 영역을 살펴봤다. 이 여섯 가지 중 어느 영역에서든 개인과 직무가 불일치할 때 개인은 번아웃을 겪을 위험성이 커진다. 마찬가지로 이들 영역에서 개인과 직무가 일치할 때 직원 참여도가 증가한다.

3부에서는 직무 적합성을 높이는 실질적인 전략을 소개한다. 직장에서 문제가 발생한 영역과 무관하게 모두 적용할 수 있는 기본 원칙을 살펴본다. 직무 경험 개선은 단발성으로 끝날 일이 아니기에 기본 원칙을 숙지할 필요가 있다. 사람들 사이의 관계, 조직 전반의 여건, 나아가 정치사회 환경은 계속 변한다. 직장생활에는 신속하고 창의적인 대처, 동료들과의 지속적인 협업이 요구된다. 문제를 해결하려면 그 과정에도 주의를 기울여야 한다.

3부

BURNOUT

번아웃 관리

LOGOUT

10장

직무 적합성 향상 방법 찾기

1부 '끝없는 마라톤'에서 번아웃 숍의 여러 특징과 거기서 일하는 사람들에게 미치는 영향을 자세히 다루었다. 그리고 노동자가 번아웃을 겪는 이유는 개인보다는 근무 환경과 더 관련이 있음을 확인했다. 이는 번아웃 문제를 규정하고 해결 방안을 탐색하는 데 중요한 시사점을 제공한다. 번아웃을 겪는 **이유**보다 번아웃을 겪는 **사람**에 더 집중하는 것은 탄광의 유독가스를 해결하기보다 카나리아를 이리저리 검사하고 더 튼튼하게 회복시키려고 애쓰는 것이나 마찬가지다. 번아웃을 겪는 원인은 노동자가 근무 환경과 맺는 관계에서 찾아야 하고 이 관계에서 적합성 여부를 판단해야 한다.

2부 '직무 불일치 진단'에서 개인과 직무 관계에서 나타나는 여섯 가지 불일치를 장마다 하나씩 다루었다. **업무 부담**과 **통제감** 영역에서 불일치가 발생하면 개인의 역량을 훼손해 직무를 제대로 완수하지 못한다. **보상**과 **소속감** 영역에서 불일치가 발생하면 직장 내 대인 관계에서 어려움을 겪고, 동료들과 협업하는 데 문제가 생긴다. **공정성**과 **가치관** 영역에서 발생하는 불일치는 직장에서 가치 있는 일을 하려는 목표를 훼손한다. 하지만 전략을 수정한다면 이 여섯 가지 영역에서 발생하는 불일치를 벗어나 직무 적합성을 향상할 수 있다. 여러 사례에서 확인했듯이 직무 불일치란 곧 근무 환경에서 발생하는 문제를 가리키고 조직이 어디서 해결 방안을 찾아야 하는지 안내하는 길잡이가 된다.

이제 3부에서는 '번아웃 관리'를 다룬다. 모든 구성원의 생산성을 지속 가능한 방식으로 향상하고 직무 만족도를 높이려면 근무 환경을 어떻게 재설계해야 하는지 살펴볼 것이다. 근무 환경에 변화를 도출하는 단계에 관해서는 3장에서 간단히 다뤘는데, 10장에서는 직무 적합성 향상 과정을 더 자세히 설명한다. 이어 11장에서는 직무 재설계가 실제로 현장에서 효과를 거두는 방법을 다룬다. 직무 적합성을 높이고자 근무 환경에 변화를 주거나 직무를 재설계할 때 무에서 유를 창조할 필요는 없다. 성공 사례들이 이미 많으므로 그 사례들을 활용해도 좋다. 여기서 관건은 직무 적합성을 향상할 여러 대안 중에서 성공 가능성이 가장 큰 대안을 선별하고 그 방법을 최대한 지원하는 일이다. 특히 관리자와 직원 모두에게 지지를 받는 대안이면 더욱 좋다. 목표를 이루려면 관리자와 직원 모두 협력해야 하기 때문이다.

변화를 창출하는 3C 요소

직무 불일치가 발생하는 여섯 가지 영역은 서로 영향을 미친다. 따라서 직무 적합성 향상 전략을 수립할 때 반드시 한 개 영역으로 국한할 필요는 없다. 변화에는 거대한 변화도 있지만 작은 변화도 있다. 비용이 전혀 들지 않는 변화도 있고 비용이 크게 드는 변화도 있다. 소규모 그룹에 적용되는 변화가 있는가 하면 부서 단위 또는 조직 전체에 적용되는 변화도 있다. 영역이나 범위와 무관하게 우리가 권하는 문제 해결 전략은 협업의 힘power of collaboration, 맞춤식 방안 customization, 구성원 헌신commitment 이렇게 세 가지 요소다. 이 3C 요소는 직원의 참여를 끌어올리는 원동력이자 개선을 지속하는 데 도움이 된다.

협업 요소란 모든 구성원이 더 나은 환경을 만드는 데 동참하도록 요청하는 것이다. 대인 관계 문제만 봐도 일방의 노력으로는 한계가 있듯이 직무 불일치 문제는 해당 직원 한 사람만의 문제가 아니므로 조직 구성원이 협업해 해결 방안을 찾고 실행해야 한다. 번아웃을 겪는 직원에게 휴가를 떠나 쉬다가 복귀하라는 방법은 효과가 없다. 애당초 직무 불일치가 발생한 환경에 그대로 돌아와야 하기 때문이다. 인적 자원 관리 전문가들이 아무리 훌륭한 직장 건강 증진 프로그램을 개발했어도 아무 기대가 없는 사람들에게 갑자기 들이민다면 효과를 보기 어렵다. 근무 환경을 개선하는 과정에는 모든 구성원이 첫 단계부터 마지막 단계까지 자기 역할을 담당해야 한다. 문제를 인지하는 첫 단계부터, 문제를 이해하고, 해결 방안을 도출하고, 이를 실행에 옮기고, 성과를 평가하는 과정까지 참여해야 한다. 일례로, 공정성 영역의 불일치 문제를 해결한 기업들(8장)은 해결 방안을 도출하는 과정에서 직원의 참여를 높이는 데 집중하며 협업을 독려했다.

맞춤식 방안 요소란 해당 부서의 기업문화와 직무 유형에 맞춰 해결 방안을 미세하게 조정하는 것이다. 모든 문제에 적용되는 만능 해결책이라든지 단 하나의 '모범 사례' 같은 것은 존재하지 않는다. 직무 불일치 문제와 그 해결책은 개인과 조직이 처한 상황에 따라 그 특성이 다르기에 모범 사례를 선정하기도 쉽지 않다. 조직 환경과 그 구성원은 각자 고유한 특성이 있으므로 직무 적합성을 높이려면 환경에 부합하는 방안을 도출해야 한다. 개선 방안을 마련하는 과정에서 직원들과 협업한다면 조직 문화와 환경에 맞춘 방안을 개발할 수 있고 성공 가능성도 올라간다. 일례로 4장에서는 일정 시간 방문객의 출입을 통제하고 직원들이 방해받지 않고 일하는 환경을 만들어 업무 부담 영역에서 발생한 불일치를 해결할 수 있었다. 이 방안은 해당 사례의 사무실 환경에는 적합했지만 다른 조직 환경에서도 효과가 있으리라 장담할 수 없다.

헌신 요소란 직무 적합성을 개선하기 위해 지속적으로 노력하는 것이다. 직무 불일치 문제는 단기간에 해결되지 않을 수 있으므로 직무 적합성을 높이려면 직원들이 장기간 헌신해야 한다. 새로운 변화를 익혀 적응하고 업무 관행으로 정착시키려면 많은 시간이 걸린다. 주기적으로 평가를 거쳐 문제점을 발견하고 보완하거나 수정하는 작업이 필요하다. 직무 적합성 개선 방안의 목표가 가치 있음을 모든 구성원이 인지한다면 문제점을 바로잡기 위해 장기간 기꺼이 노력할 것이다. 9장에서 소개한 병원의 사례를 보면, 가치관 영역에서 발생한 불일치 문제를 해결하고자 모든 구성원이 수용할 수 있는 혼합 가치 시스템을 개발하는 데 시간과 노력을 많이 기울였다.

직무 적합성 향상 방법 찾기

탄광이나 번아웃 숍의 유해 환경을 어떻게 개선할 수 있을까? 앞에서 설명했듯이 여섯 가지 영역에서 직무 적합성을 향상할 방법은 많다. 하지만 다수의 해결 방안 가운데 어느 방안을 선택해 어떻게 실행할지를 결정하려면 다음 세 단계를 거친다. 첫째, 직무 불일치가 발생한 영역을 파악한다. 둘째, 직무 적합성을 개선할 범위를 고려한다. 셋째, 실현 가능한 목표를 실행한다.

직무 불일치 문제가 발생한 영역은 어디인가?

현재 직무 불일치 문제가 나타나는 영역들을 파악하고 개선 가능성을 찾는다. 발견한 문제점을 목록으로 만들고 개선할 영역을 하나 선택한다. 어째서 하나만 선택해야 할까? '실현 가능한 목표'를 다룰 때 더 자세히 설명하겠지만, 직무 적합성 개선 프로젝트를 처음 실행에 옮길 때는 작은 목표부터 시작해서 성공 가능성을 극대화하는 전략이 현명하다. 일단 성공을 거두고 나면 더 유리한 위치에서 다음 목표를 공략할 수 있다. 대기업의 경우에는 불일치 문제의 성격에 따라 부서마다 '하나의 목표'가 다르게 설정될 수 있다.

'한꺼번에 전부' 변화를 시도하는 쪽보다는 '한 번에 하나씩' 실행에 옮기는 쪽이 낫다. 직무 불일치 문제를 개선할 가능성이 있는 영역을 먼저 광범위하게 살펴서 후보군을 정하는 것이 좋다.

직무 적합성을 개선할 영역이 어디인지 탐색하는 방법은 많다. 쉽게 접근할 수 있는 정보부터 살펴보자. 간부급 회의라든지 팀 미팅 같은 정규 회의에서 자주 거론되는 문제가 있는가? 예를 들어 업무 부담 문제(장시간 노동과 장비나 자재 부족)나 낮은 통제감 문제(업무 배정에서 느끼는 유연성 부족이나 개인 사정과 관련해 근무 시간을 조정하지 못할 때 느끼는 불만)로 건의 사항이 많은가? 또는 시간외근무나 추가 업무를 수행해도 적절한 보상이 이루어지지 않아 보상 영역에서 자주 불만을 토로하지는 않는가? 이와 달리 소속감, 공정성, 가치관 영역에서 발생하는 불일치 문제는 민감한 정보가 포함될 가능성이 커서 화제로 오르는 경우가 적은 편이다. 다만 상당한 갈등이나 어려움이 있는 경우에는 이런 문제도 회의에서 드러날 수 있다.

정규 회의는 다수의 일반 사원에게서 아이디어를 수집할 수 있는 주요한 통로다. 이렇게 수렴한 정보를 토대로 어느 영역에서 직무 적합성을 향상해야 좋을지 구성원들이 함께 파악하는 것이 중요하다. '신발 속 모래'가 유발하는 불편을 직접 경험하기 때문에 만성 스트레스 요인을 효과적으로 해결할 아이디어를 도출할 가능성이 크다. 나아가 직원들은 어느 영역에서 불일치 문제를 개선할지 그 해결 방안 선택에도 참여해야 한다. 자신들이 선택한 개선 프로젝트라야 그 일에 **헌신**할 수 있다. 직원들이 외면한다면 변화는 요원하다.

관리자들 역시 유용한 정보를 수집할 수 있는 통로다. 관리자들은 여러 부서 직원과 대화를 나누며 부서 간 이견이나 업무 조율 등에서 직무 불일치 문제를 비교하고 시의적절한 방식으로 정보를 수집할 수 있다. 업무 부담 영역에서 해결되지 않은 갈등이나 불만 사항이 빈번하게 보고되는 부서가 있는가? 관리자들은 이런 갈등이 발생한 배경을 통찰할 수 있으므로 현재 상황에 맞춘 개선 방안을 수립하도록 방향을 제시한다.

소속감 영역에서 발생한 불일치 문제를 해결하려 했던 한 기업을 예로 들어보자. 기업이 이 문제로 설문조사를 실시했는데 한 부서에서 엇갈리는 결과가 나왔다. 동료 간에 서로 존중한다는 평가와 서로 무시한다는 평가가 모두 높게 나온 것이다. 그 부서 관리자는 명백히 모순된 결과를 보고 부서 사람들 사이에 파벌이 형성되어 있다고 설명했다. 같은 파벌끼리는 서로 존중하고 감사하는 대화가 오갔지만, 파벌이 다른 사람들끼리는 무시하고 배려가 없었다. 기업은 이 분석을 토대로 소속감 불일치 문제를 개선할 때 해당 부서의 특성을 반영해 나머지 부서와 다르게 전략을 수립했다.

개인 단위뿐만 아니라 부서 단위 또는 직무 단위로도 직무 불일치 문제에 관한 정보를 얻을 수 있다. 이들 조직에서도 소속 구성원과 생산 제품에 관해 주기적으로 정보를 수집하기 때문이다. 특히 부서나 팀별로 정보를 구조화하면 문제없이 잘 돌아가는 부분과 껄끄러운 부분이 어디인지 발견할 수 있어 유용하다. 그동안 사내 설문조사로 수집한 데이터 역시 같은 방법으로 구조화하면 직무 불일치 유형이 눈에 들어올 것이다. 예를 들어 시간외근무나 병가를 낸 직원이 많은 부서일수록 기력 소진이 큰 탓에 번아웃 유형이나 과중한 업무 유형의 직원들이 더 많을 것이다. 8장에서 다뤘는데, 공정성 영역에서 직무 불일치가 발생했던 한 부서의 경우 나중에 알고 보니 오랫동안 비품을 빼돌린 직원들 때문에 위기를 겪고 있었다.

여러 경로로 정보를 수집하면 문제를 더 깊이 이해하는 데 도움이 된다. 하지만 여기서 그치지 말고 이들 정보를 체계적으로 구조화하여 조직의 상태를 일관되게 설명할 수 있어야 한다. 규모가 크고 복잡한 조직에서는 직무 불일치 유형이나 발생 강도가 부서마다 상당히 큰 차이를 보이기도 한다. 이 말은 문제없이 운영되는 부서의 조직 체계와 업무 절차를 토대로 직무 적합성 향상 방법을 찾을 수 있다는 뜻이다. 요컨대 직무 적합성이 높게 나타난 부서는 심각한 불일치 문제를 개선하는 데 표본이 될 수 있으며 다른 부서는 이들 부서의 관행을 활용할 수 있다.

직무 불일치 문제와 관련해 기존 정보를 충분히 활용하지 못할 때도 있다. 민감한 정보일 경우 관리자가 수집할 수 있는 정보가 제한적이거나 접근이 불가할 때가 있으며 아니면 관련 정보가 아예 없을 때도 있다. 이 경우에는 먼저 관련 정보를 수집할 새로운 통로를 찾아야 한다. 대체로 설문조사라든지 면담 방식으로 직원들을 만나 직장생활에 관해 질문하는 것을 의미한다.

직원들의 복지를 염려하는 기업은 사내 설문조사를 실시해 조직 전반에 걸쳐 번아웃을 진단한다. 공신력 있는 설문조사에 모든 직원이 참여해 성실히 답하도록 조율하고, 직원들의 답변을 분석하며 직무 불일치 측면에서 잠재적 위험을 파악한다. 그리고 이를 보고서로 발행해 모두에게 공개하고 관련 문제를 해결하도록 조치한다. 이 같은 진단평가를 수행할 전문성을 갖춘 조직은 자체적으로 조사할 수 있고, 그렇지 않다면 번아웃 진단을 수행하고 나아가 자문을 제공할 수 있는 기관에 의뢰해도 좋다.

사내 설문조사를 실시하면 정확히 진단한다는 전제하에 부서별로 겪는 직무 불일치 문제를 직원들이 모두 공유한다는 장점이 있다. 각 부서가 겪는 직무 불일치 특징을 명확히 이해하고 문제의식을 공유할 때 직원들이 협업해 부서 실정에 맞는 해결 방안을 도출할 수 있다. 이런 점에서 사내 설문조사는 근무 환경 개선 프로젝트를 설계하는 데 큰 도움이 된다. 우리도 기업과 협업할 때는 앞서 언급한 매슬랙 번아웃 척도MBI와 직무 적합성 진단 영역AWS을 활용해 다섯 가지 노동자 유형을 분류하고 여섯 가지 영역에서 직무 불일치 수준을 평가한다.[1] 물론 이 방법 말고 다른 설문조사와 진단 도구를 이용해도 좋다.

직무 적합성 진단에 투자할 역량이나 의지가 부족한 사업장도 있다. 이 경우 해당 부서나 팀이 자체적으로 직무 적합성 여부를 진단해 스스로 관리하는 게 좋다. 공식 조사가 아니라도 구성원이 현재 직무에서 겪는 어려움을 진단하면, 직무 불일치가 발생하는 영역은 물론이고 직무 적합성이 높아 재충전과 회복탄력성의 원천이 되는 영역에 관해서도 통찰을 얻는다. 직원이나 조직을 대상으로 자체 진단을 어떻게 수행해야 하는가?

우리 연구진은 직무 적합성 여부를 진단하는 설문을 개발하고 여섯 가지 영역에서 불일치 경험을 평가하는 진단 도구를 전작에서 소개했다.[2] 이번 책에서는 이 설문지를 개정해 부록에 '직무 적합성 진단표'로 담았다. 이 진단표는 객관적 통계 지표를 생성하는 공식 도구는 아니다. 하지만 조직 내에 개선할 가치가 있는 직무 불일치 영역을 점검하고 적합성을 향상하는 방향으로 직원들의 사고를 촉진할 수 있다. 진단표에는 일례로 "주도성을 충족할 기회가 있다"(통제감 영역) 또는 "조직 구성원들에게 가치를 인정받는다"(보상 영역) 같은 항목이 여섯 가지 영역별로 열거되어 있다. 진단 항목마다 양호(0점), 불일치(1점), 심각한 불일치(2점) 중 하나를 선택한다. 영역별 총 점수는 0점부터 10점까지며 점수가 높을수록 불일치 정도가 심각함을 의미한다. 수치 자체는 그렇게 중요하지 않다. 여기서 핵심은 얼마나 많은 사람이 어느 영역에서 직무 불일치를 겪는지 파악하는 데 있고, 이를 개선하는 것이 목표다. 요컨대 많은 이들이 제거하고 싶은 '신발 속 모래' 찾기가 관건이다.

직무 적합성 개선 범위를 설정한다

일단 직무 불일치가 발생하는 영역을 인지했다면 다음 단계는 직무 적합성을 높이는 일이다. 직무 불일치가 발생한 영역의 여러 요소는 무엇을 개선할 수 있는지 알려주는 중요한 단서가 된다. 4장에서는 제시간에 업무를 끝내지 못하는 문제로 갈등했던 조직을 사례로 살펴봤다. 업무 부담 문제는 대체로 업무량이 비합리적인 수준이거나 미흡한 업무 교육 또는 필요한 도구나 정보 부족으로 발생할 때가 많지만, 사례로 나온 조직에는 모두 해당하지 않았다. 이들은 문제를 분석하는 과정에서 근무 시간에 예기치 못하게 업무를 방해하는 요소가 많다는 사실을 깨달았다. 해당 직원들은 근무 시간을 조정했고 그 결과 외부인의 방해를 받지 않고 조용한 시간에 특정 업무를 처리할 수 있었다. 이들은 자신들이 처한 상황에 맞게, 통제 가능할 뿐 아니라 실현 가능한 방식으로 해결 방안을 도출하고 문제를 개선했다.

여섯 가지 불일치 영역에서 위험성을 파악하면 '빤한' 문제를 새로운 관점에서 재고할 수 있다는 이점을 제공한다. 예를 들어 **업무 부담** 영역에서 발생하는 직무 불일치 문제는 업무 자체보다는 낮은 **통제감** 또는 **소속감** 문제로 이해하면 더 정확할 때가 있다. 직원에게 성과를 제공하는 절차가 **보상** 문제로만 보일지 몰라도 8장에서 살폈듯이 사실은 **공정성** 문제일 수도 있다. 이처럼 직무 적합성을 진단하는 여섯 가지 영역은 기존 문제를 다방면으로 볼 수 있는 관점을 제공하므로 그만큼 다양한 해결 방안을 찾을 수 있다.

직무 적합성 개선 시 반드시 고려할 요소는 직무 적합성을 높일 영역 선정뿐 아니라 직무 만족도의 바탕이 되는 기본 심리 욕구에 주의를 기울이는 것이다. 예를 들어 소속감 영역에서 직무 적합성을 높이려면 부서나 팀에 느끼는 **관계성** 욕구를 충족해야 한다. 또 공정성 영역에서 직무 적합성을 높이려면 해당 부서나 팀에서 **심리적 안전감**과 **공정성**을 충족해야 한다. 가치관 영역에서 직무 적합성을 높이려면 일에서 의미를 충족하는 것이 중요하다. 그리고 보상과 사회적 인정 영역에서 직무 적합성을 높이려면 **긍정 감정**을 충족해야 한다. 또 **자율성**과 **유능성** 욕구를 충족할 때 통제감과 업무 부담 영역에서 직무 적합성을 높일 가능성이 크다.

직무 적합성을 높일 방법은 다양하다. 따라서 가능한 한 많은 대책을 고려하는 것이 중요하다. 고장 난 장비를 수리하거나 개선하는 일처럼 자명한 대책부터 환자 관리 프로그램을 새로 개발하는 일처럼 혁신적인 대책에 이르기까지 직무 적합성을 높이는 대안은 그 성격이 다양하다. 실행에 옮기는 난이도나 비용 관점에서 볼 때 실현 가능성이 더 큰 대안도 있고, 훨씬 큰 변화를 수반하는 대안도 있다. 그리고 구성원이 느끼는 의미가 남다른 대안도 있을 것이다. 각 대안에는 장단점이 있으니 주의 깊게 비교하고 분석해야 한다. 이를 위해 많은 사람, 특히 변화가 발생할 때 영향을 크게 받을 이들에게서 다양한 의견을 모아야 한다. 직무 적합성을 향상하는 최적의 방안에 관해 이견은 있겠지만, 구체적인 목표와 절차에 관해서는 대다수가 끝까지 헌신하며 변화를 실천해야 한다.

직무 적합성 개선 계획을 수립할 때 반드시 던질 질문이 있다. 이 계획이 성공을 거둘 때 그 성과는 어떻게 나타날까? 요컨대 이 절차를 완수했을 때 직장생활이 어떻게 나아지는가? 변화를 이루려면 상당한 시간과 노력이 필요한데 문제가 개선되었음을 어떻게 알 수 있을까? 모든 조직이 근사한 표어를 내걸고 요란하게 출발하지만 정작 구성원이 어떤 결과를 기대해야 하는지, 어째서 그 일에 힘써야 하는지 설명하지 않을 때가 많다. 새로운 변화가 가져올 편익이 모든 직원에게 동등하게 적용되지 않을 때도 있다. 예를 들어 새로 재정 시스템을 도입하면 회계부서에서는 업무 부담이 감소하는 반면 영업부는 업무 부담이 증가할 수도 있다. 따라서 "성공을 거둘 때 그 성과는 어떻게 나타날까?"라는 질문에 구체적으로 답해야 한다. 이를테면 '번아웃 줄이기'보다는 '직무 적합성 향상' 계획 수립이 더 구체적이다. 가령 직원 포상제도 중에 해마다 하는 직원 감사 이벤트 형식을 개선하는 일, 성과보상 기준을 더 공정하게 변경하는 일은 적절한 목표다. 목표를 달성했을 때 최종 성과가 어떠할지 직원들이 명확히 이해할 수 있고, 번아웃을 초래할 만성적 직무 불일치 문제를 줄일 수 있기 때문이다.

아무리 좋은 목표를 세우더라도 변화를 시도하는 사람들은 '상황이 나아지기 전에 오히려 더 나빠지는' 현상을 경험하기 마련이다. 이는 예외가 없으므로 분명히 인지하고 대비해야 한다. 첫째, 어떤 변화든 기존 것을 중단하거나 해체하는 과정을 수반한다. 이같은 현상 때문에 변화를 단행하는 일은 개선이 아닌 개악처럼 느껴지기도 하고 심지어 두렵기도 하다. 둘째, 새로운 변화를 도입하거나 익히는 과정이 시작된다. 이 단계에서는 혼란을 겪거나 허점이나 실수가 발생하기도 한다. 셋째, 개선 작업을 모두 마친다. 하지만 새로운 변화를 배우고 자연스럽게 익힐 때까지 시간이 많이 필요할 것이다. 따라서 직무 적합성을 개선하는 목표는 항상 눈에 보이듯 명확해야 하고 진척 상황을 주기적으로 평가해야 한다. 목표를 실현할 때까지 진행 상황을 점검하고 작은 성과를 확인하는 것은 모든 구성원이 끝까지 헌신할 수 있도록 동기를 부여한다.

실현 가능한 목표부터

앞서 언급했듯이 가치 있는 목표, 그러나 충분히 실현 가능한 목표부터 시작해야 좋다. 다시 말해, '낮게 달린 열매'부터 따야 한다. 이 전략을 권하는 데는 여러 이유가 있다. 첫째, 새로운 프로젝트는 노동자에게 업무 부담을 가중한다. 기력이 소진하고 불만이 쌓인 노동자에게 혁신에 동참하기를 호소할 때는 새로운 요구가 큰 부담이 되지 않도록 조율해야 한다. 둘째, 거창한 목표가 아니라 실현 가능한 목표를 세울 때 성공 가능성이 크다. 한번 성공을 거두고 나면 또 다른 변화를 시도하고 싶은 마음이 든다. 바람직한 방향으로 떼는 작은 발걸음이 거대한 변화의 시작이다. 셋째, 한 번에 한 가지를 잘해내는 쪽이 한꺼번에 많은 일을 시도하는 쪽보다 낫다. 많은 것을 동시에 고치기란 꼭 필요하지도 않을뿐더러 불가능할 때가 많다. 사람들이 정말로 관심을 두는 한 가지 목표에 집중하는 것이 더 나은 전략이다.

　현실적이고 실현 가능한 목표를 세우려면 해당 프로젝트와 관련된 모든 구성원에게 반드시 의견을 물어야 한다. 조직 구성원이 지닌 지식과 경험을 활용하면 실제로 변화를 일으키는 데 필요한 조치가 무엇인지 결정할 때 오판을 줄이고, 잠재적 위험을 사전에 파악할 수 있다. 나아가 구성원들이 협업해 직무 적합성 개선 프로젝트를 필요에 맞게 조율하고, 이를 실행하는 절차를 결정하는 과정에 동참한다면 더욱 헌신적으로 참여할 의욕을 불러일으킨다.

　문제점을 개선하려는 프로젝트는 아무리 실행 계획이 훌륭해도 뭔가를 더 보태야 하기 마련이다. 시간도 들여야 하고 노력도 쏟아야 하고, 중간에 계획을 수정할 일도 생긴다. 3장에서 지적했듯이 업무 부담을 가중하지 않으려면 새로운 요소를 **보태는** 만큼 기존 요소를 **덜어내** 균형을 유지해야 한다. 업무 부담을 완화하려면 어떤 요소를 제거하거나 줄여야 좋을지 또는 어떤 요소를 조정해야 좋을지 방법을 찾아야 한다. 덜어낼 요소가 쉽게 눈에 들어올 때도 있지만 통상적인 사고에서 벗어나야 할 때도 있다. 관련한 좋은 사례가 비행기에서 안내하는 안전 수칙이다. 안내 방송에서는 승객들에게 '가장 가까운 출구'를 확인하라고 요청하면서 뒤쪽에도 출구가 있음을 상기시킨다. 마찬가지로 업무에서 제거할 요소가 있는데도 타성에 젖어서 못 찾을 때가 있다.

노동자 유형에 따라 대처 전략을 세운다

노동자를 다섯 가지 유형으로 분류하면 어디서부터 환경을 개선해야 하는지 방향을 설정할 수 있다는 장점이 있다. 조직에서는 모든 방향으로 동시에 개선 조치를 취할 수 없다. 하지만 직무 불일치가 발생한 영역을 확인하고, 가장 큰 효과가 나타날 영역에 역량을 동원할 수는 있다. 더욱이 구성원이 아직 불만을 느끼지 못한 문제까지 미리 개선하고 나서면 반발을 불러올 수 있다. 노동자는 대체로 자신이 지닌 전문성과 기술로 책무를 완수하고 싶어 한다. 가령 자신이 처리하는 업무에 스스로 만족하고 있다면 성과를 더 높일 수 있다고 한들 새로운 온라인 도구를 익히느라 방해받고 싶어 하지 않는다. 그러니까 어떤 영역을 개선할지 구성원들과 협업해 목표를 정하는 작업은 여러모로 이롭다. 각 부서나 팀별로 가장 우려되는 직무 불일치 문제 파악이 중요하다.

 다섯 가지 유형 가운데 번아웃 유형은 기력 소진, 냉소주의, 낮은 직무 효능감 요인이 상호작용하며 상황을 더 악화할 가능성이 크다. 기력을 소진한 사람은 변화를 반기지 않기에 새로운 과제를 감당할 역량이 부족하다. 냉소주의 역시 동료를 향한 불신으로 나타나 동료들의 의지와 역량을 믿지 못한다. 직무 효능감이 떨어져, 역경을 극복할 수 있다는 자신감도 줄어든다. 이 세 가지 요인이 서로 영향을 주고받으며 번아웃 증상을 악화한다. 번아웃을 완화하는 의도로 개선 프로젝트를 설계한 경우라도 번아웃을 겪는 이들은 새로운 변화 자체에 마음을 열지 못해 힘들어하기도 한다. 뭔가 새로운 일을 하기에는 너무 지친 상태다. 심신을 회복하도록 지원하는 프로젝트라도 이들에게는 부담스러운 업무처럼 느껴지기 때문이다. 심리적으로나 물리적으로 동료와 점점 거리를 두면서 냉소주의가 깊어지고 이는 동료와 유대감을 맺지 못하는 원인이 된다. 번아웃을 겪는 사람은 타인의 호의를 의심하기도 한다. 가령 업무 부담을 덜어주려고 어떤 회의에 참석하지 않아도 좋다고 제안하면 자신을 소외시켜 영향력을 축소하려는 의도로 곡해한다. 직무 효능감이 낮은 만큼 자신감도 떨어져서 상황을 바꿀 수 있으리라 기대하지 않는다. 이런 점에서 볼 때 번아웃을 완화하는 첫 단계는 직무 불일치가 발생한 여섯 가지 영역을 모두 개선하는 것이 아니다. 그 대신 직장에서 느끼는 압박감을 줄여 동료들과 유대감을 쌓을 기회를 만들고, 자신뿐만 아니라 동료에 대해 신뢰를 쌓는 것이다.

다섯 가지 유형 가운데 과중한 업무 유형의 경우 번아웃 대처 방법을 설계하기가 비교적 수월한 편이다. 이 유형에 속하는 노동자는 업무 부담 영역에서 심각한 불일치가 발생한다. 업무 부담을 줄이거나 업무 수행에 필요한 자원을 늘리는 방법으로도 상당한 효과를 볼 수 있다. 업무 지원은 근무 환경에 따라 다르다. 예를 들어 주어진 시간 내에 다수의 일을 처리해야 하는 노동자라면 업무를 줄이는 방법으로 **양적** 업무 부담을 해소할 수 있다. 하지만 **질적** 업무 부담은 업무량보다는 업무가 지닌 복잡성이나 정서적 압박감과 더 관련이 깊다. 따라서 업무량을 줄이기보다 전문성을 늘리거나 정서적 안정을 얻도록 지원해야 한다. 업무 일정을 개선하고 장시간 노동 후에 심신을 회복할 기회를 제공하는 방법도 업무 부담 영역에서 발생하는 불일치를 해결하는 대안 중 하나다.

다섯 가지 유형 가운데 직원 참여도가 낮은 유형은 업무 부담 영역에서는 문제가 없지만, 다른 모든 영역에서는 불일치가 나타난다. 직원 참여도가 낮은 유형은 문제에 대처할 자신의 역량에 자신감이 있다. 새로운 변화를 버거워할 만큼 심신이 지친 상태도 아니다. 하지만 개선 프로젝트의 효과를 장담할 수 없고 자신의 이익에 부합하지 않으면 적극적으로 참여하지 않을 것이다. 업무 부담을 제외한 영역에서 모두 불일치가 발생한다는 사실은 경영진에서 실시하는 개선 프로젝트라든지 인사부나 교육부에서 제공하는 지원 서비스를 반기지 않을 수 있음을 암시한다. 이 유형의 노동자는 이런 프로그램의 효과나 의도를 의심한다. 이들이 의심하는 데는 그만한 이유가 있다. 직원 복지를 개선하겠다는 프로그램이 실패한 사례를 많이 봤고 프로그램의 효율성을 과대평가한 경영진을 수차례 경험했기 때문이다. 업무 부담을 줄이는 방법으로는 직원 참여도가 낮은 유형의 노동자에게 그다지 영향을 미치지 못한다. 그보다는 이들의 의견에 귀를 기울이고, 근무 환경에서 동료와 유대감을 형성하고 상급자와 신뢰를 쌓는 방향으로 개선 전략을 세워야 바람직하다. 이 유형의 노동자는 가치관 영역에서 심각한 불일치를 겪을 때가 많다. 따라서 일에서 의미와 가치를 발견하도록 지원할 때 개선 가능성이 열린다.

 직무 효능감이 낮은 유형은 업무 수행에 큰 문제는 없지만, 우수한 수준으로 향상할 수 있도록 자신감을 회복하는 대안이 필요하다. 이 유형의 노동자는 직무 스트레스가 심하지 않고 조직 문화에서 심각한 갈등을 겪지도 않는다. 하지만 직장생활에서 긍정 경험을 많이 하는 것도 아니고 딱히 즐겁지도 않다. 이런 유형의 노동자에게는 직장 내 대인 관계를 개선하는 프로젝트가 도움이 된다. 구성원들이 격려하고, 지원하고, 성과를 인정하는 등 소속감을 느끼게 하는 것이 좋다.

직원 참여도가 높은 유형에게도 개선 대안을 제공해야 한다. 다른 유형과 비교할 때 가장 성과가 좋아서 안심해도 좋은 유형이다. 그러니 관리자 시각에서는 따로 지원하지 않고 더 긴급한 사안에 자원을 집중하고 싶을지도 모른다. 하지만 앞으로도 직무 적합성을 높게 유지하려면 지속적인 지원이 필요하다. 직원 참여도가 높은 직원에게서 효과를 입증한 방법을 분석하면 다른 유형에 속하는 노동자들의 직무 적합성 개선에 유용한 정보를 얻을 수 있다.

직무 적합성을 향상하는 직무 재설계

개인과 직무 사이에서 발생하는 불일치는 직무 설계가 잘못되었음을 의미한다. 직무가 잘 맞지 않는다는 것은 딱딱하고 폭이 좁은 의자에 갇혀 일하는 것과 같다. 그런 의자에서는 몸을 제대로 펴지 못할 테니 일하기가 영 불편하다. 잘못 설계된 직무에서 온종일 일하는 것은 재미없는 연극을 관람하면서 질질 끌지 말고 어서 빨리 본론을 말하라고 연출가에게 다그치고 싶은 심정과 같다. 6장에서 설명했듯이 직무 불일치가 발생할 때 노동자는 업무 몰입에 어려움을 겪는다. 직무 설계가 잘못되면 업무 프로세스가 불편하게 느껴지고 업무를 하나 마치는 데 시간이 너무 오래 걸린다. 이 경우 노동자는 스트레스를 받고 불만이 쌓이게 된다.

업무를 요청하는 조직과 업무를 수행하는 개인이 서로 공명하지 못할 때 불일치가 발생한다. 예를 들어 유명 브랜드에서 나온 사무실 의자에는 사용자가 신체에 맞게 조정하는 기능이 있다. 하지만 사용자가 몸에 맞게 실제로 조절해야 비로소 편안하게 쓸 수 있다. 마찬가지로 연출가가 아무리 잘 만든 연극이라도 관객이 휴대폰을 끄고 무대에 집중하지 않으면 재미를 느끼기가 어렵다. 의자를 쓸 때도, 연극을 볼 때도 실제 사용자의 행동 방식이 설계 의도를 온전히 구현한다. 좋은 설계는 우연히 완성되는 게 아니라 사람과 환경이 조화롭게 이어질 때 가능하다.

제트 전투기가 도입되고 초창기에 미 공군은 누구에게나 잘 맞는 완벽한 조종석을 설계하고자 했다. 제트기가 너무 빨라서 조종석이 편안해야 그만큼 반응 속도를 높일 수 있었다. 공군은 남성 평균 체형에 맞춰 조종석을 설계하기로 했다. 신장과 체중만이 아니라 팔과 다리, 목, 기타 신체 부위까지 모두 평균에 맞추려고 계획했다. 하지만 엔지니어들은 오랜 시간을 연구한 끝에 신체 부위가 전부 평균인 사람은 없다는 사실을 깨달았다. 신체 부위 치수는 모두 제각각이었다. 이 사실을 깨닫고 나서 공군은 누구에게나 맞는 조종석을 만들겠다는 생각을 버렸다. 그 대신 조종사가 의자나 페달 같은 각 부분을 몸에 맞게 얼마든지 조절할 수 있도록 만들었다. 훌륭한 디자인은 다양한 필요를 고려한 것이다.

뛰어난 디자인이란 직관적이고 쉬워야 한다. 따로 의식하지 않아도 필요를 충족하는 디자인, 즉 99%가 보이지 않는 디자인이 좋은 디자인이다.[3] 문제를 정의하고 해결책을 만드는 과정은 이미 정해져 있다. 가령 문이라면 설명서가 없어도 한눈에 알아야 한다. 디자인이 좋은 문은 밀어야 하는지 당겨야 하는지 아니면 옆으로 밀쳐야 하는지 금세 알 수 있다. "당기세요" 또는 "미세요"라는 안내가 없어도 문을 열고 들어갈 수 있어야 이상적인 문이다. 훌륭한 디자인은 이해하기 쉽다.

훌륭한 설계는 일회성으로 끝나지 않고 꾸준히 진화한다. 처음 설계가 좋았다고 해서 계속 순탄하게 이루어지리라는 보장은 없다. 직무 설계가 뛰어나면 개인과 근무 환경 사이에 활발한 소통이 유지되고 이를 기반으로 개선 사항이 꾸준히 제기된다. 문제점이 발견되고 직무 설계를 개선하는 과정은 단계별로 차근차근 진행해야 한다. 일상 업무에서 작은 변화가 누적되면 올바른 방향으로 변화의 물꼬가 트인다. 한꺼번에 직무를 개선하지 않고 작게 천천히 개선하는 전략은 번아웃 증상을 겪는 이들에게도 적합한 방식이다. 번아웃 증상은 시간이 갈수록 악화하고 오랫동안 지속되는 특성이 있다. 번아웃 증상에 따라 긴급하게 대처할 문제도 있겠지만, 개선 노력이 미치는 효과는 하루아침에 나타나지 않는다. 물론 개선 프로젝트를 중단 없이 진행하는 일도 중요하지만, 무엇보다도 그 과정에 당사자들이 참여해 꾸준히 함께하는 것이 가장 중요하다.

디자인 원리 활용

잘못 설계된 직무에서 일하는 개인은 미래를 희망할 수 없고 조직이 요구하는 가치에 헌신하지 못해 번아웃을 겪는다. 직무 적합성을 향상할 목적으로 직무를 재설계할 때 디자인 원리를 활용할 수 있을까? 좋은 디자인을 만드는 데 균형성, 통일성, 리듬감, 이 세 가지 원리가 유용하다.

개인과 직무 관계에서 **균형성**을 유지하는 것이 중요하다. 균형성을 고려한 직무 설계란 사람들이 직장에서 일하는 핵심 동기 면에서 조직 구조와 업무 프로세스를 조정하는 것이다. 해당 직무는 관계성, 유능성, 자율성 욕구를 충족하는 일에서 어떤 영향을 미치는가? 공정성을 충족하는가? 해당 직무에는 노동 이상의 가치나 의미가 있는가?

직무 개선 프로젝트를 계획할 때는 어떤 방식으로 균형을 회복할지 모색해야 한다. 먼저 업무 부담과 자원 사이에 균형을 맞추는 일이 중요하다. 여기서 말하는 자원에는 직원의 시간과 에너지도 포함된다. 때로는 시간 부담을 고려하지 않고 직무를 설계한 탓에 정한 시간 내에 업무를 감당하지 못할 때도 있다. 이 경우에는 다수의 업무를 수행하는 데 필요한 시간과 근무 환경에서 실제로 이용 가능한 시간을 분석해 불균형을 최소화한다.

해당 직무에서 충족하고 싶은 심리적 동기와 이를 실현할 기회 사이에 균형을 유지하는 것도 중요하다. 익숙지 않은 신기술을 업무에 도입해야 하는 부서나 팀이라면 자신의 역량과 효능감을 높일 경험이 절실하다. 예컨대 대면 서비스 제공에 익숙한 노동자들이 가상 서비스를 이용해야 한다면 자신감이 저하되기 쉽다. 이는 특히 코로나19 팬데믹 기간에 빈번하게 발생한 문제로, 학교 교사는 새로운 기술을 미처 익히지 못한 채 온라인에서 학생들과 소통해야 했다. 이처럼 업무 방식을 전환하는 시기에는 노동자에게 새 업무 기술을 습득할 기회를 체계적으로 제공하고, 이러한 기술 습득이 장기적 관점에서 경력을 개발할 때 이득이라는 확신을 주어야 한다.

직무를 설계할 때 고려할 두 번째 원리는 **통일성(일치성)**이다. 조직이 추구하는 사명과 가치를 공유할 때 구성원은 조직과 일체감을 형성하고, 이는 업무에서 조직의 방침과 행동 규약을 충실하게 따르는 효과를 낳는다. 9장에서 나사의 아폴로 계획을 예로 들었듯이 조직이 추구하는 핵심 가치를 구성원들이 거침없이 진술한다면 이는 조직과 일체감을 형성했음을 보여주는 증거다. 모두가 기꺼이 수용하는 명확한 사명이 있을 때 구성원의 역량을 한 방향으로 통합할 수 있다. 조직이 추구하는 여러 가치의 의미를 분명히 정의하고 한 곳을 향해 나아간다는 것은 직원이나 고객이 일관된 메시지를 접하고 있음을 의미한다.

최적 환경을 구축한 조직은 기존에 정립한 원칙을 충실히 따르는 한편, 새로운 아이디어를 수용한다. 예를 들어 금융가들은 정보를 탐색하고 기록할 때 기존의 방법론을 철저히 따르지만, 한편으로는 업계에서 새로 등장하는 이론과 기술을 늘 섭렵한다. 오늘 최고로 뛰어난 해결책이라고 영원히 최고는 아니다. 다양한 가치를 추구하면서도 일관성을 유지하도록 직무를 설계하려면 필연적으로 발생할 가치관 충돌을 반드시 해결해야 한다. 예를 들어 의료진은 환자를 대할 때 비용효과를 중시하는 방침과 연민을 중시하는 방침 사이에서 가치관 충돌을 경험할 수 있다. 비용효과를 중시하는 방안은 의사들이 환자에게 할애하는 시간을 제한한다. 이 방안을 실행하면 성과를 측정하기 쉽다는 장점이 있지만, 환자를 향한 연민과 돈 중에서 어느 하나를 희생해야 하는 제로섬 게임이 전제된다. 그런데 연구 결과를 보면 연민에 기반한 서비스 정책을 실행할 때 오히려 후속 서비스 빈도를 낮추고 의료 시스템에서 발생하는 비용을 줄이는 것으로 드러났다.[4] 연민에 기반한 의료를 제공하면 그렇지 않은 경우보다 환자의 고통이 더 줄고, 치료 방침과 약물 요법을 더 충실히 따르는 것으로 나타났으며, 그 결과 환자의 만족도가 증가하고 비용은 감소했다. 비용효과와 연민이라는 두 가치를 통합하려면 연민에 기반한 치료를 제공하려는 의사와 진료 시간을 최대한 효율적으로 활용하려는 경영진이 하나의 사명을 공유하는 과정이 필요하다.

가치 충돌을 해결하고 조직과 일체감을 형성하는 일은 단기간에 완성되지 않는다. 생각의 차이를 조정하고 조직 사명에 하나로 통합되는 노력이 있어야 가능하다. 9장에서 다룬 전략, 그러니까 가치관 영역에서 발생하는 불일치를 해결하는 전략을 활용하면 일체감 형성에 도움이 된다. 오늘날 기업과 조직에서는 그 어느 때보다 다양성을 존중하면서도 조직의 핵심 가치를 중심으로 역량을 집중하는 능력이 중요하다.

직무를 설계할 때 고려할 세 번째 원리는 **리듬감**이다. 이는 직무 시간에 질서를 부여하고 리듬을 형성한다. 하루 업무가 끝나고 또 하루가 반복되는 리듬이 있고, 평소와 다른 활동에 몰입하며 다른 리듬과 변화를 느끼는 날도 있다. 일상 업무를 처리하면서 반복되는 리듬 때문에 업무는 예측 가능해지고 구성원은 업무 수행에 편안함을 느낀다. 하지만 매번 같은 리듬이 반복되면 주의집중이 무뎌져 창의성이나 민감성을 개발하지 못하고 틀에 박힌 사고에 안주할 위험이 있다. 규칙적이고 일정한 박자가 반복되는 바로크 음악조차 곡이 끝날 즈음에는 느린 박자로 변화를 주며 주의를 환기한다.

익숙함은 소중하지만 늘 같으면 지겨워진다. 직장생활은 업무 강도가 높은 분주한 시간대와 업무 강도가 낮은 한가한 시간대가 어우러져 리듬을 형성한다. 신발 가게 점원이라면 한꺼번에 손님이 몰려와 도움을 청할 때 능력을 발휘할 기회를 얻는다. 이때 뛰어난 재능을 보인 점원은 보너스를 받을지도 모른다. 하지만 매일 눈코 뜰 새 없이 뛰어다니며 일하고 싶은 사람은 거의 없다. 너무 분주한 삶은 머지않아 감당하기 힘들어진다. 분주한 때가 있으면 한가한 때도 있어야 한다. 두 리듬이 번갈아 반복될 때 근무 중에도 체력을 회복하고 업무에 집중하는 힘을 유지할 수 있다. 아울러 성과를 음미하며 직무 효능감을 높일 수 있다.

교향곡과 마찬가지로 복잡한 구조를 지닌 거대한 기업의 여러 부서나 팀은 각기 다른 속도로 움직인다. 경영진에서 경험하는 리듬은 매장이나 인사과에서 경험하는 속도와 크게 다를지도 모른다. 각 부서에서 일하는 노동자는 자신이 부여한 우선순위에 따라 흐름을 바꾸며 여러 업무를 처리할 것이다. 응급실에서 일이 진행되는 속도는 수술 후 간호 병동에서 일이 진행되는 속도와는 엄청난 차이다. 모든 구성원이 같은 프로젝트에 참여할 수는 있어도, 모든 사람이 같은 시간에 같은 리듬으로 일하기란 불가능에 가깝다.

진행 상황을 점검하는 중간 목표 세우기

지금까지 직무 불일치가 발생하는 여섯 가지 영역별로 직무 적합성을 높이는 방법을 살펴봤다. 다시 말해, 직무 불일치 문제가 발생하는 영역이 어디인지 모두 파악한다. 개선할 영역이 어디인지 전략 방향을 설정하고 대안을 모색한다. 실현 가능한 작은 목표부터 실행에 옮기고 직무를 재설계하는 일에 집중한다. 하지만 이게 끝이 아니다! 직무 적합성을 높이는 방향으로 계획을 수립하는 일도 중요하지만, 목표를 향해 잘 나아가고 있는지 점검하는 일도 중요하다. 어떤 프로젝트를 진행하든 도중에 문제나 실수가 발생하는 것은 피할 수 없으므로 대비책도 세워야 한다.

타임라인을 구축한다: 근무 환경 개선 프로젝트의 시작일과 예상

완료일을 명시한다. 단계별로 점검할 이정표와 중간 평가 일시를 명시한다. 프로젝트 로드맵을 작성해 모든 직원과 공유한다. 아울러 프로젝트를 실행하는 동안에 조율할 일정이나 업무 사항도 공유한다. 그래야 모두가 프로젝트 진행 상황을 알고 지원이 필요한 항목과 완료일을 예상할 수 있다. 일정을 구축할 때는 앞서 소개한 디자인 기본 원리 중 특히 '리듬감'을 활용하면 좋다.

리듬을 고려한다: 새로운 프로그램을 실행할 때라든지 어디에 또 언제 자원을 보충할지 올바르게 결정하려면 조직 단위별로 속도와 리듬에 주의해야 한다. 자원은 유한하다. 프로젝트 자원이 낭비되지 않도록 꼭 필요한 곳에 그리고 적기에 자원을 투입하려면 세심한 주의가 필요하다. 직무 적합성 개선에 지원이 필요한 부서를 파악했거나 새 프로그램을 실행할 준비를 마친 경우라도 속도와 리듬을 고려한 판단이 필요하다. 이때 현재 일이 어떻게 진행되고 있는지 주시하고 관찰하는 일을 우선으로 한다. 정보를 수집하는 경로에는 설문조사도 있고, 구성원들과 면담하는 방법도 있다. 또는 관리자가 가까이에서 상황을 관찰하며 확인하는 방법도 있다. 조직 단위별로 속도와 리듬을 고려하면 기존 팀의 업무 리듬에 어긋나지 않게 개선 프로젝트를 진행할 수 있다.

강조 효과로 주의를 환기한다: 규칙적인 리듬을 깨뜨리는 강조 효과를 이용한다. 음악에서 센박을 주어 긴장감을 유도하듯이, 특정 프로그램에 관심을 집중시키려면 기존과 대비되는 강조점이 필요하다. 새로운 프로젝트를 시작할 때 특별한 이벤트로 강조점을 두어 모든 구성원이 주목하도록 한다. 근무 환경 개선 프로젝트를 진행할 때도 사이사이 중요한 이벤트를 기획하면 단조로움을 예방하고 프로젝트 완성도를 높일 수 있다. 프로젝트를 강조하는 이유는 이 일이 기존 업무와 달리 진행되는 변화임을 일깨우기 위해서다. 중간 성과를 점검하고 발표하는 이벤트를 열어 성과를 관리하면 프로젝트의 영향력 확인에 도움이 된다.

끝까지 리듬을 유지한다: 근무 환경 개선 프로젝트는 단기간에 완성되지 않는다. 이 프로젝트를 계획할 때는 결함이나 단점, 부주의로 발생하는 실수나 사고까지 예상해야 한다. 모든 일이 계획대로 진행되리라 기대한다면 완전한 계획이 아니다. 직무 적합성 향상이라는 목표를 명확히 인지하고 있으면 프로젝트 진행 과정에서 예기치 못한 오류나 사고가 발생해도 구성원들이 문제를 해결할 수 있다. 따라서 이런 프로젝트를 수립할 때는 앞으로 발생할 사소한 오류나 결함까지 예상해야 좋다. 이 경우 구성원들은 이미 예상한 문제이므로 효과적으로 대응할 방침도 마련되어 있으리라 기대할 수 있다.

정기 안건을 상정한다: 중요하게 다룰 문제가 있으면 이 문제를 성공적으로 해결할 때까지 정기 안건으로 다룬다. 이렇게 주기적인 안건 점검 역시 하나의 리듬을 형성한다. 근무 환경 개선 프로젝트를 얼마나 잘 진행하고 있는지 종료할 때까지 반복해서 점검한다. 사실 목표가 무엇이든 이 프로젝트는 일회성으로 끝나지 않고 규칙적인 점검을 거치며 장기간 진행될 가능성이 크다. 가령 특정 문제 하나를 개선했다면 다음으로 해결할 것을 파악해야 한다. 정기 안건으로 상정해 주기적으로 점검하는 과제는 근무 환경을 개선할 때 구성원이 꾸준히 헌신해야 하는 일이다.

주기적으로 성과를 확인한다: 정기적으로 주고받는 피드백 외에 프로젝트가 성공적으로 진행되고 있음을 확인하는 지표는 무엇인가? 앞서 언급했듯이 프로젝트가 **성공했을 때 그 성과는 어떻게 나타날지**, 다시 말해 직무 적합성 관점에서 어떤 점이 개선되는지 구체적으로 진술해야 관련자 모두가 어떤 변화가 필요한지 정확히 이해할 수 있다. 또한 최종 목표까지 가는 중에도 이정표를 보면서 중간 목표를 달성했음을 확인할 수 있어야 한다. 가령 직원 휴게실을 새롭게 단장한다면 공사는 여러 단계에 걸쳐 진행된다. 먼저 낡은 자재를 철거하고, 벽에 새로 페인트를 칠할 준비를 하거나 장비를 새로 설치하고, 가구를 새로 들이는 등의 단계를 거친다. 각 단계가 어떻게 진행되고 있는지 점검하고, 계획을 수정하거나 조율할 부분이 있는지 확인해야 프로젝트를 순조롭게 진행할 수 있다.

내부 자원과 외부 자원

지금까지 조직에서 자체적으로 직무 적합성을 향상하는 단계, 즉 조직 내부에서 직무를 재설계하는 과정을 다뤘다. 조직 내부에서 근무 환경을 개선하는 방법도 있지만, 외부 전문가에게 맡겨 직무 불일치를 해결하는 방법도 있다. 두 가지 모두 장점이 있으니 여기서 몇 가지만 짚고 넘어가자.

근무 환경 개선 작업을 조직 내부에서 진행하는 이유는 내부 직원이 회사 사정을 가장 잘 알고 따라서 누구보다 문제를 잘 해결할 수 있다고 생각해서다. 여기에는 '우리가 더 적은 비용으로 더 가치 있는 결과를 성취할 수 있다'라는 철학이 깔려 있다. 근무 환경을 꾸준히 개선하는 일은 내부 문제를 가장 잘 아는 사람이 진행해야 한다는 것이다.

조직 내부에서 문제를 해결하려는 이들은 흔히 외부 전문가나 기관에 맡기면 특정 직무와 조직의 특성을 이해하지 못하고 기존의 '케케묵은' 관행대로 문제를 다룬다고 가정한다. 현장 상황에 맞는 맞춤형이 아니라 범용으로 적용되는 해결책을 제공할 뿐이라고 우려하는 것이다. 게다가 외부 전문가나 기관이 제공하는 서비스는 비용이 많이 드는데도 그만큼 충실한 정보를 얻기 힘들다고 생각하는 이도 많다. "우리가 모르는 정보를 알려주는 것도 아닌데 왜 외부인에게 그토록 많은 비용을 지불해야 하는가?"

외부 전문가를 다르게 보는 시선도 있다. 외부 전문가는 여러 기업에서 성공한 전략에 능통해서 조직 내 다양한 문제를 보다 포괄적으로 평가하고 상담할 수 있다고 생각한다. 구성원이 민감하게 여기는 사안이라면 외부 전문가에게 의뢰하는 것이 유용할 때도 있다. 특히 직장 내 무례함이 고질적 갈등을 일으켜 협업을 방해하는 경우에는 외부 전문가의 도움 없이는 상황을 타개하기 어려울 때가 있다. 이때 외부 전문가는 어떤 조치를 채택하고, 어떤 프로그램을 실행해야 하는지 내부 사람보다 훨씬 더 양질의 의견을 들려줄 가능성이 크다. 물론 전문 컨설턴트에게 의뢰하면 내부에서 해결할 때보다 비용이 많이 든다. 외부 전문가의 도움을 얻어 조직을 개선할 때는 내부에서 설정한 프로젝트 목표 및 절차와 전문가 의견이 조화를 이루는 것이 중요하다. 실현 가능한 범위에서 목표를 설정하고, 성공했을 때 결과가 어떨지 그 기준을 구체적으로 진술하고, 일정 구간마다 프로젝트를 점검할 절차를 마련했다면 컨설턴트도 내부 일정에 맞춘다.

직무를 재설계하고 직무 적합성을 높일 계획을 수립했다면 이제 그 계획을 실행에 옮길 단계다. 이 계획이 현실에서 효과를 거두려면 어떻게 해야 하는가? 11장에서는 이 계획을 실행할 때 중요하게 고려할 조직 내 의사소통을 다룬다. 구성원들이 상호 소통할 때 방해하는 요인을 제거하고 소통의 질을 높이는 절차를 살펴보자. 이는 **소속감** 영역에서 불일치가 발생했을 때 대응하는 방법이기도 하다. 업무 수행 과정에서 구성원 사이에 소통 경험은 직무 적합성 향상에 있어 중요하게 다룰 부분이다. 근무 환경 개선 프로젝트는 모두가 협업해야 달성 가능하므로 경영진과 관련 부서 구성원의 적극적인 참여가 필요하다.

$$\overbrace{}^{}$$

11장

직무 적합성 개선 방안이
효과를 거두는 방법

_____ 개인과 근무 환경에서 발생하는 불일치 탓에 번아웃이 발생한다면 개선 프로젝트는 이 둘의 관계를 바꾸는 것을 의미한다. 이 책 전반에 걸쳐 언급했듯 근무 시간과 장소, 근무 방식과 관련해 노동자가 느끼는 통제감과 유연성은 근무 환경과 건설적이고 만족스러운 관계를 유지하는 데 중요한 요소다. 통제감과 유연성이 있을 때 자신이 원하는 방식에 부합하도록 상황을 변경하고, 더 알맞은 업무 방식을 채택해 직무 적합성을 높인다. 마찬가지로 조직 역시 통제감과 유연성이 있어야 효과적인 조치를 실행한다. 유연성과 통제감을 지닌 관리자는 직원이 직무 불일치를 겪을 때 적절히 대처할 수 있다. 해결 방안을 찾을 때는 항

상 개인과 조직 사이에서 통제감과 유연성을 조율하는 일이 관건이다. 따라서 개인과 조직은 끊임없이 소통해야 한다.

현재 실행되는 몇몇 번아웃 대책을 보면 번아웃 위험성을 줄이려는 의도가 크지만, 직무 불일치 문제에 실제로 대처하지는 않는다. 환경을 바꾸기보다는 직원들이 불일치 상황을 견디는 능력을 기르는 것이 목표다. 스트레스 반응을 악화하는 조건을 그대로 두고 개인이 스트레스 반응을 성공적으로 관리하기를 기대한다. 이는 탄광이 아니라 '카나리아'가 문제라고 전제하는 것과 같다. 환경이 문제가 아니라 업무 부담을 감당하지 못하는 개인 역량이 문제라는 생각이다. 이 같은 관점에서는 개인과 환경 간 관계를 다룬다 해도 한편에 있는 개인에게만 집중하고 반대편에 있는 '탄광' 환경은 바꾸지 않고 그대로 둔다.

만약 노동자 대다수가 합리적이라고 수긍할 만한 근무 환경이라면 노동자가 어려움을 겪더라도 참고 환경에 적응하라고 격려하는 방법도 일리가 있다. 하지만 오늘날 많은 사업장이 그렇듯이 노동자들의 욕구와 본질상 어긋나는 근무 환경이라면, 현재 여건을 인내하고 적응하라는 조언은 힘든 상황에서 아무것도 하지 말고 포기하라고 권하는 것이나 마찬가지다. 1880년대에 산업혁명과 더불어 공장이 생겨난 이래 사람들은 인간의 한계와 열망을 고려한 노동 환경을 만들려고 노력해왔다. 오늘날 노동자가 누리는 근무 여건은 그냥 주어진 것이 아니라 많은 이들이 단합해서 쟁취한 결과물이다. 그러나 고용 불안이며 일반 노동자와 경영자 간의 엄청난 임금 격차라든지 터무니없는 업무 부담에서 나타나듯이 근무 여건에는 여전히 상당한 격차가 존재한다. 대다수 직무 불일치 문제는 개인의 역량 부족에서 기인하지 않는다. 직무 구조와 직무 절차에 그 원인이 있을 가능성이 크다.

변화를 이끄는 성공 조건

개인과 직무 간 관계 개선은 복잡하다. 여섯 가지 불일치 영역, 곧 업무 부담, 통제감, 보상, 소속감, 공정성, 가치관에서 경영진의 조정이 필요할 뿐 아니라 구성원의 적극적인 참여가 필요하다. 건강 증진 프로젝트를 모든 부서에 공통으로 실행하거나 불일치를 경험하는 직원에게 명상 등을 실천하며 스트레스를 줄이라고 권유하는 쪽이 간단하기는 하다. 하지만 개인이 조직과 소통하는 방식 그리고 조직이 개인과 소통하는 방식 곳곳에서 개선이 이루어져야 진정한 변화가 일어난다. 여러 구성원을 대상으로 실행하는 번아웃 대책은 조직 생활에서 상호작용에 긍정적인 영향을 미쳐 직원 참여도와 직무 적합성이 향상되고 성장 잠재력이 높은 관계를 형성한다. 근무 환경을 바꾸는 작업의 복잡성과 정서적 부담을 고려할 때 이런 프로젝트는 철저한 계획하에 진행해야 한다.

직무와 관련한 여섯 가지 영역에서 개인과 직무 사이의 독특한 상황을 고려해 개인에게 맞는 번아웃 대책을 실행할 때 바람직한 변화가 일어나고 장기간 효과가 지속된다. 부서나 팀은 각기 성격이 다르고, 조직 문화는 집단의 정체성과 배경에 따라 다르다. 사람들은 저마다 고유하고 조직에 기대하는 내용이 다르다. 조직 역시 구성원에게 바라는 바가 다르다. 우리는 '근무 환경 개선 프로젝트'를 연구하면서 성공한 프로젝트의 여섯 가지 특징을 발견했다. 성공한 프로젝트는 긴급성, 구체성, 지속성, 협업, 영향력 평가, 적시성을 충족하는 특징이 있었다. 이 여섯 가지 요소를 간략히 살피고 소속감 영역에서 발생하는 불일치 문제를 해결하는 전략을 다룰 것이다.

이 여섯 가지 요소를 고려하지 않으면 프로젝트가 계획대로 실행되지 않거나 실행되어도 구성원이 외면하기 쉽다. 아니면 아예 시작하지 못할 수도 있다. 직무 적합성을 향상하려면 개인과 직무 사이에서 애초에 불일치를 초래한 요소를 반드시 해결해야 한다. 근무 환경은 '저절로 생겨나지' 않는다. 이 환경은 분명한 의도를 갖고 내린 결정과 투자가 장기간 지속된 결과이며, 이 환경을 바꾸기로 계획한 후에도 그 영향력은 여전히 남는다. 구성원이 새로운 변화에 저항할 의도가 없다 해도 관성적으로 저항은 존재한다. 일이 순조롭게만 진행되리라고 가정할 수 없으므로 개선 프로젝트를 계획하고 실행할 때 이 여섯 가지 요소를 고려하는 것이 중요하다.

긴급성: 어째서 지금인가?

개선 프로젝트가 성공하려면 첫째, 긴급성을 충족해야 한다. 어느 조직이든 이미 정립된 근무 환경에는 현재 방식과 절차대로 일을 진행하려는 관성이 존재한다. 긴급하게 변화를 단행할 필요성을 모두가 인지할 때 비로소 관성을 거슬러 다른 방향으로 움직일 힘이 생긴다. 긴급성에는 두 가지가 있다. 중요한 가치를 실현하려는 열망에서 생기는 긴급성이 있고, 시급하게 처리할 문제로 압박감이 심할 때 발생하는 긴급성이 있다.

조직이 추구하는 핵심 가치를 실현하려는 열망이 클 때 긴급성이 생긴다. 예를 들어 지속 가능한 환경, 인간 존중, 건강한 삶과 같은 사회적 가치에 헌신하기로 선택한 기업이라면 이들 가치와 관련해 내린 결정이 다른 선택보다 우선하고, 이는 더 편리하게 기업을 운영할 방침을 포기한다는 의미다. 근무 환경에서 문제가 발생해 불만이 커질 때 발생하는 긴급성도 있다. 공식 보고 절차든 관리자와 나누는 사적 대화든 직무 불일치 문제에 관해 여러 경로에서 불평과 건의 사항이 증가할 때 조직은 환경을 개선할 압박감을 느낀다. 종업원 건강과 작업장 환경을 규제하는 정부나 기업에 돈을 투자하는 외부 기관이 압박할 때도 긴급성이 발생한다.

긴급성이 발생하는 배경이 무엇이든 변화를 향한 열망은 현재에 안주하려는 수많은 요인을 극복할 만큼 강렬해야 한다. 변화를 거부하고 현상을 유지하려는 첫 번째 이유는 **비용** 때문이다. 컨설팅 회사에 의뢰하는 비용이 들고 새 프로젝트를 계획하고 실시하는 데 상당한 시간을 투입해야 한다. 두 번째, **관리 업무가 증가한다.** 조직에서 희소한 인적 자원에 해당하는 관리자들이 기존 업무 외에 여러 프로젝트와 책무를 돌봐야 한다. 세 번째, 조직 구성원은 새 프로그램과 기존 프로그램 사이에서 **갈등하면서 인지 자원을 배분해야** 한다. 일례로 요즘은 노동자들이 직장에서 진행하는 설문조사에 피로감을 토로하는 일이 많다. 기업에서는 이들 설문조사를 바탕으로 건강을 증진하고 역량을 개발하고 구성원 간의 관계를 증진하는 프로그램을 다수 제공한다. 네 번째, 이렇게 제공되는 프로그램을 실행한 과거 경험에 비춰볼 때 새 프로그램에 **회의감**이 들기 때문이다. 경영진의 변덕을 자주 경험한 노동자들은 "이 또한 지나가리라"라고 냉소적으로 반응하며 새로운 변화에 신경 쓰지 않을 가능성이 크다.

요컨대, 이 네 가지 원인이 서로 결합하면 변화를 단행하는 쪽보다 현재 상태를 유지하는 쪽을 선택하기 쉽다. 이 관성의 힘을 이겨내려면 직원들이 긴급한 필요성을 느껴야 한다. 긴급성을 충족했다고 해서 각 부서나 팀의 특성을 반영하는 작업과 동료들이 협업하는 과정을 건너뛰어도 좋다는 뜻이 아니다. 맞춤 방안을 설계하고 협업을 끌어내려면 시간이 많이 소요되기 때문에 긴급성과 상충한다고 느낄지도 모른다. 하지만 조직이 추구하는 핵심 가치를 향한 열망과 외부로부터 받는 압박을 구성원 모두가 이해하고 긴급성을 공유하는 경우는 예외다. 서로 대립하는 관점과 이견이 있는 채로 개선 프로젝트를 시작할 때 프로젝트는 위기에 처할 가능성이 크다. 설령 해당 프로젝트를 계속 진행하더라도 목표에 집중하는 데 어려움을 겪는다. 하지만 긴급성과 압박감을 공유하고 해당 프로젝트에 의견이 일치한다면 끝까지 협업할 기반이 마련된다. 이 기반 위에서 조직과 구성원은 특정 가치와 관심을 고려해 맞춤식 방안을 마련하고, 올바른 방향으로 프로젝트를 실행할 동력을 얻는다.

구체성: 명쾌하고 분명한 목표가 행동을 이끈다

모든 프로젝트는 각각 어떤 가치를 실현하는지 간단명료하게 전달해야 한다. 시간을 절약하는 차원도 있지만, 주의를 모으는 효과도 있다. 무엇보다 노동자의 편익을 챙기려 한다는 경영진의 의도를 노동자들이 쉽사리 믿지 않기 때문이다. 근무 환경 개선 프로젝트가 자신들의 기대를 저버리는 경우가 많았다면 불신은 더욱 크다. 프로젝트가 동력을 얻으려면 프로젝트의 목표를 구체적으로 제시해야 한다.

목표를 구체적으로 제시하려면 지원이 필요한 개인과 근무 환경의 특성을 고려해야 한다. 아울러 프로젝트에 관련된 이들이 중요하게 여기는 문제라야 참여를 촉진한다. 근무 환경 개선이라는 포괄적 목표보다 직무 불일치가 발생하는 특정 영역을 개선 대상으로 제시하는 것이 더 구체적이고 관심을 끈다. 4장에서 살펴봤듯이 특정 시간대에 오가는 방문객을 차단하는 방안에 부서원 모두가 합의하여 업무 부담 문제를 해결한 사례가 있다. 이 방안은 모든 부서에 맞는 해결 방안은 아니지만, 해당 부서에서 발생하는 독특한 업무 부담 문제를 해결했다.

지속성: 장기 프로젝트

개인과 직무 간 관계는 더디게 개선되고 개선된 관계는 언제든 나빠질 수 있다. 번아웃 대책이 효과를 보려면 지속적인 헌신이 필요하다. 프로젝트가 완료된 후에도 필요하다면 후속 조치를 단행해야 한다는 의미다. 특효약으로 보이는 대책도 자세히 들여다보면 특효약이 아닌 경우가 많다. 일례로 독재자처럼 군림하는 리더 대신 타인의 의견을 경청하는 리더로 바꾸면 곧바로 더 많은 구성원이 적극적으로 의사결정에 참여할 것 같아도 그렇지 않다. 리더 변경과 구성원이 의견을 열심히 제시하는 일은 별개다. 우선 구성원이 거리낌 없이 목소리를 낼 만큼 심리적 안전감을 느껴야 한다. 또 머리를 맞대고 좋은 결정을 내리려면 개개인이 문제를 파악하고 해결하는 능력을 길러야 한다. 번아웃 문제는 복잡하고 언제든 예측하지 못한 문제가 등장할 수 있다. 따라서 프로젝트를 진행하는 도중과 그 후에도 문제를 심층적으로 들여다보면서 더 나은 해결 방안을 찾아야 한다.

협업: 구성원들의 참여가 중요하다

직무 적합성 개선 프로젝트를 구상하는 방식이 중요하다는 점은 앞에서도 언급했다. 리더는 프로젝트를 처음 구상할 때부터 향후 프로젝트를 실행할 구성원들과 대화를 나누고 의견을 공유하며 목표를 정해야 한다. 그리고 구성원들은 이 프로젝트가 곧 자신들이 직장에서 겪는 불일치 문제에 대응 방법이라고 기대할 수 있어야 한다. 리더가 이 불일치 문제에 공감하지 못하는 모습을 비칠수록 구성원의 참여를 끌어내기가 어렵다.

협업을 시작하는 단계는 빠를수록 좋고 늦을수록 손해다. 구성원과 협업하는 첫 단계는 사람들이 어떤 문제를 겪는지 경청하고 의견을 참고해 프로젝트 실행 방법을 계획하는 것이다. 다음 단계는 구성원과 함께 실행 가능한 목표를 정하고 이를 실현하는 전략을 세우는 것이다. 그 후에 프로젝트를 실행하고 평가하는 단계에서도 협업이 중요하다. 6장에서 다룬 보상 체계 개선 사례에서도 협업을 통해 동력을 얻었다. 컴퓨터 기반 교육 프로그램을 개발하는 이 기업은 구성원과 함께 금전적 보상 체계를 정비해 보상 영역에서 발생한 불일치 문제를 해결했다. 또 어느 대학의 교직원들은 단체 야유회에 돈을 쓰는 대신 직원 휴게실을 새롭게 단장하는 방안을 도출해 문제를 해결했다. 하향식 의사결정 구조에서 실행하던 보상 체계도 의도는 좋았다. 하지만 보상 방법 자체를 구성원들이 구상하고 실행한 경우와 달리 구성원의 적극적인 참여를 끌어내지는 못했다.

영향력 평가: 개선 프로젝트가 미친 효과를 평가한다

객관적인 근거에 기반한 관리 방식을 정착시키려면 근무 여건과 직무 경험을 체계적으로 추적하고 관찰해야 한다. 개선 프로젝트를 실행하기 전과 후, 또 후속 조치를 실행한 후로 구성원의 경험을 각각 평가해야 한다. 또한 가능하면 해당 프로젝트를 실행하지 않은 부서나 팀과 대조해 그 영향력을 평가한다.

프로젝트를 실행하기 전후로 각각 실시한 설문조사를 활용해 영향력을 평가하는 방법도 있다. 첫 번째 설문조사는 해당 부서나 팀이 출발선에 있을 때 어떤 모습이었는지 설명하고, 두 번째 설문조사는 프로젝트를 실행해 얻은 이득이나 손실을 보여준다. 사람들은 개선 프로젝트를 마치고 난 후에 직무 경험이 더 좋아졌다고 평가하는가?

설문조사 결과와는 별개로 사람들이 설문조사에 참여하는 태도만 봐도 어느 정도 준비가 되었는지 가늠할 수 있다. 설문조사 참여율이 저조할수록 조사의 타당성이 떨어질 뿐 아니라 개선 프로젝트에 협업하려는 역량과 의지가 부족함을 암시한다. 설문조사 참여율이 저조한 것은 그동안 경영진이 신뢰를 얻지 못했거나 소통 전략이 실패했음을 나타낸다. 반면에 설문조사 참여율이 높고 개선 프로젝트에 관한 정보를 적극적으로 이해하려는 태도를 보인다면 구성원이 사안의 긴급성을 충분히 인지하고 있음을 나타낸다. 따라서 향후 프로젝트를 실행하는 과정에서도 열심히 참여하리라 기대할 만하다.

적시성: 시기적절한 프로젝트

변화를 향한 마음은 순식간에 사라지기도 한다. 수많은 조직을 대상으로 설문조사를 실시하면서 이 사실을 목격했다. 개선 프로젝트를 실행하기 전에 설문조사를 활용하면 관찰만으로는 알아내기 어려운 사람들의 생각과 감정, 인식을 포착할 수 있다. 사람들은 설문에 참여하면서 문제를 깊이 성찰할 기회를 얻는다. 또한 직무 불일치 문제에 주목하고 해결되기를 열망하게 된다. 설문조사 실시부터 결과 파악, 이를 토대로 대책을 실시하기까지의 기간은 되도록 짧을수록 효과가 좋다. 설문 결과는 빠르게 반영해야 하는데, 설문조사에 성실히 참여했지만 조직에서 아무 대책을 내놓지 않는다는 사실을 자주 경험하기 때문이다. 설문조사에 이미 회의적이었던 사람들이 "아무리 노력해도 아무 일도 일어나지 않는다"라고 결론짓는 데는 그리 많은 시간이 걸리지 않는다.

적시성은 **성급한 실행**과는 다르다. 부서에 문제가 있음을 구성원이 공감하기까지는 상당한 시일이 걸릴 수 있다. 예컨대, 괴롭힘을 일삼던 직원이 부서를 떠났는데 시일이 꽤 지나고 나서도 여전히 문제가 해결되지 않은 경우가 있다. 그 가해자의 행동이 사실은 소속감 영역에서 발생한 불일치 때문이고 이는 조직 문화에 뿌리 깊게 내린 병폐 탓임을 뒤늦게야 깨닫기도 한다. 대책을 실행하기 좋은 적기를 찾으려면 구성원들의 직무 경험을 세심하게 살펴야 한다. 아울러 구성원들의 특성과 그들이 처한 상황을 가까이서 관찰하면서 최적의 시간을 찾아야 한다.

7장에서 소개했듯이 어느 의료기관에서는 근무 교대 전에 '따뜻한 작전회의'를 실행해 정서적 지원을 효과적으로 마련했다. 이 조치를 적시에 실행할 수 있었던 것은 무엇보다 해당 의료팀 내에서 재량껏 해결할 수 있는 사안이었기 때문이다. 경영진의 승인을 따로 받지 않아도 시행 가능한 조치였다. 정서적인 면에서 지원이 필요하다는 사실을 인지한 해당 부서는 곧바로 해결 방안을 마련했다.

상기한 몇 가지 원칙에 유의한다면 불일치 문제를 다루는 과정에서 상당한 진전을 거둘 수 있다. 개선 프로젝트를 실행할 때 조직과 구성원이 협업해야 하는 이유는 이 프로젝트에서 혜택을 누릴 당사자이기 때문이다. 하지만 문제 행동이나 상황을 개선하려는 의도가 있다고 늘 효과적인 대책이 실행되는 것은 아니다. 일부 불일치 문제는 외부 전문가의 도움을 받거나 조직 내부가 아니라 새로운 관점에서 문제를 보는 노력이 필요하다.

소속감 영역에서 발생하는 불일치를 다루는 법

조직 내에서 문제가 발생하면 내부 특성을 잘 아는 구성원들이 효과적으로 해결할 때도 있지만, 내부에서 해결하기 껄끄러운 상황도 있다. 이를테면 구성원 간에 갈등이 켜켜이 쌓여 협업에 필요한 신뢰를 형성하지 못하기도 한다. 구성원 간에 감정이 격렬하게 충돌할 때도 사람들은 쉽사리 문제에 접근하지 못한다. 이전 책에서는 '직장예절 함양 프로젝트'에 자원한 직원들이 경험이나 권위가 부족한 탓에 상담 중 발생한 뜻밖의 갈등을 해결하지 못하고 애를 먹은 사례를 다루었다. 이때 전문성과 역량을 갖춘 외부 전문가를 활용하면 구성원이 협업하는 데 필요한 심리적 안전감을 제공할 수 있다.

직장 내 대인 관계를 개선하는 방법 중에 '존중하고 참여하는 문화 Strengthening a Culture of Respect and Engagement: SCORE'라는 프로그램이 있다.[1] 한 명의 관리자 밑에 여러 구성원이 정기적으로 교류하는 그룹은 이런 종류의 관계 개선 프로그램을 활용해 구성원과 대면하고 소통하는 방식을 개선해 나간다. 말하자면 가족상담치료 기법을 조직에 적용한 경우다.

스코어SCORE 프로그램에서는 먼저 조직의 소통 방식에 관해 설문조사를 하고 이어서 일련의 상담을 진행한다. 상담은 몇 주 간격을 두고 진행된다. 조직 구성원들이 프로그램 진행자가 내준 '과제'를 실천하며 새로운 방식으로 소통하는 법을 배우는 데 시간이 필요하기 때문이다. 모든 상담 과정이 종료된 후 다시 설문조사를 실시해 프로그램 실행 후 조직 내 대인 관계에 어떤 변화가 생겼는지 평가한다.

내부에서 프로그램 진행자를 선정하고 이 진행자는 해당 조직의 단체 상담 과정에 깊숙이 개입하며 중요한 역할을 한다. 정보를 공유하고 참여를 독려하는 일반적인 역할 외에도 단체 상담 중에 새로운 소통 방식을 연습할 때 상대역을 맡기도 한다. 단체 상담 중에 순간적으로 감정이 격해지는 사람도 있고 갈등의 골이 깊은 사람도 있어서 연습할 때는 원칙에 따르되 융통성을 발휘하며 세심하게 접근해야 한다. 구성원의 협업을 촉진하려면 다른 조력자도 필요하다. 보조진행자는 해당 조직을 잘 알지만, 대개는 다른 부서나 팀에 속한 사람들이 맡는다. 보조진행자는 조직 문화를 잘 알기 때문에 단체 상담 과정을 옆에서 돕고 프로그램이 실제 근무 현장에서도 효과를 지속하도록 지원한다. 또한 이 과정에 적극적으로 참여하면서 새로운 소통 방식을 전달하는 매개체가 된다.

최근에 이 스코어 프로그램을 적용한 사례를 자세히 살펴보면서 소속감 영역에서 직무 적합성을 향상한 방법을 살펴보겠다. 호주에서는 보건의료, 경찰, 소방, 방송, 금융서비스, 정부 기관 등 다양한 조직을 대상으로 이런 종류의 단체 상담 프로그램을 진행했다. 여기서는 한 병원에서 그룹별로 스코어 프로그램을 실행한 사례를 설명하겠다.

몇 년 전 호주 정부는 '보건의료 산업 부문의 따돌림과 괴롭힘 실태'라는 보고서를 발표했다. 이 보고서를 작성한 팀은 여러 보건의료 기관에서 직원들이 학대받는 문제를 들여다보았다. 그리고 의료기관 경영진이 불합리한 대우를 겪은 직원들의 신고에 적절히 대응하지 않고 심각한 사태에 이르도록 방관한 사실을 발견했다. "이번에 감사를 받은 의료기관 경영진은 최근 직장 내 따돌림과 괴롭힘을 관리하고 감독해야 하는 직무를 적절히 수행하지 않았다. 경영진은 '직업 안전 및 건강에 관한 법률OHS: Occupational Health and

Safety'에 따라 직원들을 관리할 주의 의무가 있지만, 직장 내 따돌림과 괴롭힘의 위험성이 높은 수준인데도 이 문제에 합당한 우선순위를 부여하지 않았다."[2]

보건의료 기관의 여러 경영진은 이 보고서에 주목했다. '주의 의무'를 간과했다는 지적은 경영진이 최소한의 기준조차 지키지 않았음을 분명히 지적할 뿐만 아니라 손해배상 책임이 있음을 암시했다. 공공기관이라면 당연히 정부의 감사에 상당한 부담을 느끼므로 긴급하게 해결 방안을 찾아 나섰다. 한 병원에서는 이 보고서가 시의적절한 소식이었다. 업무 중 겪은 부당한 대우에 관해 직원들의 불만을 해소할 절차를 검토하고 있었기 때문이다. 직장 내 따돌림 및 괴롭힘 실태조사 보고서가 발표된 덕분에 이 절차 마련이 더욱 중요한 과제가 되었다. 이 병원은 조직 문화를 개선하는 프로젝트를 진행할 때 외부 컨설턴트를 고용하기로 했다. 조직에서 부당한 대우를 받는 여러 구성원을 파악하고 지원하기 위함이었다.

이 병원은 조직 전체에 프로그램을 적용하지 않고 특정 부서별로 문제를 파악해 해결 방안을 찾는 데 집중했고 시의적절하게 문제에 대처할 수 있었다. 병원 경영진은 일상에서 일어나는 상호 소통 수준을 즉각 개선하는 것을 목표로 정했다. 구성원 간에 무례한 언행을 줄여나감으로써 차츰 서로 존중하고 배려하는 분위기를 조성하도록 유도했다. 이 프로그램은 총 다섯 차례의 단체 상담으로 구성되었고, 상담은 3주 간격으로 진행되었다. 3주 간격은 상담 시간에 배운 소통 방법을 의식적으로 연습하는 기간이었다. 병원은 몇 개월 만에 직장 내 무례함이 감소하는 효과를 보고 나서 이 스코어 프로그램을 다른 조직에도 적용하기 시작했다. 필요한 경우에는 추가로 상담을 진행해 이전에 학습한 내용을 강화할 수 있었다. 스코어 프로그램을 진행하는 순서를 요약하면 다음과 같다.

상호 존중이 중요한 이유를 이해한다(1차 상담). 1차 상담 때 설문조사를 실시하고 그 결과를 토대로 조직의 현재 상황을 점검한다. 구성원은 어째서 상호 존중이 중요한지 이야기를 나누고, 어떻게 하면 상대를 존중하는 문화를 촉진할 수 있는지 세부 목표를 세운다. 단체 상담 때 구성원에게 하는 질문은 모두 개방형 질문으로 그들이 내부 상황과 필요에 맞게 세부 목표를 스스로 제시하고 결정하게 한다. 구성원은 1차 단체 상담 시간에 기본 규칙을 정하고, 프로그램을 진행하는 내내 이들 규칙을 준수하기로 합의한다.

해당 병원에서 이 프로그램을 진행할 때 참여한 조직 중에는 '소속감' 영역에서 심각한 직무 불일치를 겪는 이들이 있었다. 특히 권력 관계에서 발생하는 심리적 긴장으로 어려움을 겪고 있었다. 조직 구성원 사이에서 오가는 의사소통 유형을 살펴보니 특정 구성원들이 나머지 구성원을 무시하고 동등한 자격을 지닌 일원으로 인정하지 않았다. 이들은 자신들을 '내부인'이라 여기고 나머지 구성원을 '외부인'으로 취급했다. 1차 상담에서 이 문제를 조명했고 구성원들은 두 가지 목표에 합의했다. 동일 임무를 수행하는 구성원끼리 동등하게 서로를 인정하는 것, 그리고 직장 내 무례함을 규제하고 서로 존중하고 배려하는 행동 규범을 마련하자는 것이었다. 직장 내 무례함이 줄고 강도가 약해지면 서로 존중하고 배려하는 분위기가 형성되리라 내다봤다.

단체 상담에 참여한 조직의 구성원은 이 프로그램 기간에 어떤 행동을 개선할지 구체적으로 정했다. 예를 들어 한 그룹은 상대의 말을 끊지 않고 열심히 경청하는 자세를 기르기로 했다. 특히 근무 중에는 요점만 간단히 얘기할 필요성이 있지만, 그렇지 않을 때도 상대의 말을 함부로 끊는 경우가 많았다. 또한 동료가 없을 때 험담하는 일도 줄이기로 했다. 이 그룹은 상담 시간에 병원이 추구하는 핵심 가치를 공유하고 일체감을 형성하는 데 힘을 모았다. 프로그램 진행 과정을 모두 공개하기 때문에 해당 그룹이 현재 우려하는 문제에 대해 시의적절한 대응이 가능했다.

프로그램 진행 초기에 하나의 목표를 중심으로 일체감을 형성하는 것이 중요하다. 상담 프로그램이 진행되는 기간에 기본 규칙을 정하는 것은 구성원이 단일 목표를 중심으로 일체감을 강화하는 데 좋은 방법이었다. 프로그램에 참여한 구성원은 자신들이 직접 정한 기본 규칙을 진행 기간 내내 준수하기로 동의했는지 여부를 분명히 밝혀야 했다. 참가자들이 규칙에 합의하고 이를 준수하기로 약속한 기록은 준거 기준이 되었다. 프로그램 진행자는 참가자들이 마찰을 빚거나 지시에 불응할 때 이 기본 규칙에 합의한 사실을 상기시켰다. 기본 규칙을 세우는 과정은 그 자체로 나머지 상담 시간이 어떻게 운영될지 알려주는 표본 역할을 한다. 한 프로그램 진행자는 말했다. "저는 참가자들이 무슨 주제든 안심하고 이야기할 수 있는 분위기를 조성해야 합니다. 민감한 주제로 넘어갈 때도 위협이나 회유를 받는 느낌이 들지 않게 분위기를 이끌어야 합니다. 프로그램 규칙을 스스로 정하는 일은 심리적 안전감을 키우는 데 유용한 장치입니다." 상호 존중 문화를 선포하는 것도 좋지만, 규칙에 따라 매일 근무 현장에서 동료를 존중하는 법을 실천하지 않으면 조직과 깊은 일체감을 느끼기 어렵다.

상호 존중을 장려한다(2차 상담). 2차 상담이 시작되었을 때 참가자들은 지난 3주 동안의 '과제'를 마친 상태였다. 이들은 자신이 얼마나 상대를 배려하며 소통했는지 3주간 관찰했다. 2차 상담은 이전 상담 시간에 배운 소통 방식을 강화하고 예의 바른 태도를 갖추는 데 집중했다. 프로그램 진행자는 예의 바른 태도를 조금씩 늘리도록 격려했다. 2차 상담 시간 활동에는 역할극이 포함되었다. 역할극에서 사람들은 무례한 방식으로 뭔가를 요청하는 시나리오를 먼저 연기한다. 이어서 같은 사안을 이번에는 예의 바르게 요청하는 연기를 한다. 스코어 프로그램에서 가장 좋은 장점은 구성원이 직접 참여하는 활동이 많다는 점이다. 참가자들도 프로그램을 진행한다. 스코어 프로그램의 핵심은 협업이다. 참가자는 주어진 숙제를 충실히 실천해야 한다. 팔짱을 끼고 가만히 앉아서 프로그램 진행자가 시연하는 것을 구경만 하는 행동은 허락되지 않는다. 미리 말해두지만 모두가 이 방법을 선호하지는 않는다. 협업을 기반으로 진행되는 프로그램이 장기적으로 최상의 결과를 가져온다는 사실을 모르는 이가 없겠지만, 그렇다고 사람들이 알아서 프로그램에 적극적으로 참여하지는 않는다. 참가자들이 대화에 뛰어들고 역할극에 몰입해서 의자를 박차고 일어나 방 안을 돌아다니게 만드는 요소가 필요하다. 스코어 프로그램을 완수한 후에 면담을 진행했을 때 참가자와 진행자 들은 프로그램의 능동적 요소에 관해 이야기했다. 참가자들은 대체로 상담 시간에 능동적으로 활동에 참여한 게 성공의 원동력이었다고 평가했다.

2차 상담 시간에는 변화를 일으키는 데 중요한 호혜성의 원리에 초점을 맞췄다. 무례한 행동이 무례한 행동을 낳는다는 사실을 사람들은 쉽게 이해했다. 이보다는 시간이 더 걸렸지만, 상대를 존중하고 고마움을 표현하면 배로 돌려받는다는 원리도 깨달았다. 이 사실을 실감하는 데는 역할극에 참여한 경험이 크게 작용했다. 사람들은 예절에 맞는 태도가 올바른 방향으로 일을 이끈다는 사실을 배웠다. 팀의 일원으로서 일할 때 예절에 맞는 언행이 미치는 영향은 크다. 한 참가자는 말했다. "한번은 배려받은 경험에 관해 사연을 나눴어요. 이를테면 '제가 정말 바쁠 때 J씨가 도와주었는데 정말 감사했어요'라는 식으로 다른 사람이 보인 배려를 칭찬하는데 회의실 안에 긍정 에너지가 충만해지는 느낌이었어요."

이 참가자는 말을 이었다. "아시겠지만 이 프로그램을 하면서 역할극이 정말 중요했어요. 병원 자체 프로그램으로 도입하고 싶을 만큼 좋았습니다. 상담 시간에 내준 과제대로 예절에 맞는 소통을 시도해보고 나서 역할극에 참여해보세요. 그때 사람들은 예절에 맞는 소통이 무엇인지 실감하게 되고 친절을 나눈다는 것이 어떤 기분인지 이해하게 됩니다. 그러니까 직원 중에 무척 소심하고 감정 표현을 어려워하는 사람이 있거든 이런 역할극에 참여시키면 좋을 것입니다."

무례한 언행에 대응한다(3차 상담). 3차 상담에서 구성원들은 자신들이 직접 경험한 상황이든 타인의 경험을 목격한 상황이든 무례한 언행을 접할 때 어떻게 행동해야 건설적인 대응 방법인지 토론했다. 그리고 여기서 찾아낸 대응 방법을 3주 동안의 과제로 삼고 실천했다. 현장에서 대응 방법을 실천하는 것은 의료기관 노동자들에게 안성맞춤이었다. 의료계 종사자들은 근거에 기반한 진료 지침을 따르는 데 익숙하기 때문이다. 이들은 상담 시간에 규칙대로 행동했을 때 최상의 결과를 얻는다는 확신을 얻었다. 합의한 규칙에 따라 소통하면 사적인 감정이 실려 충돌하는 일도 줄일 수 있었다. 직장예절에 어긋나는 행동을 고발할 때도 "당신을 괴롭히려고 이 말을 하는 게 아니다"라고 말할 수 있었다. 구성원들은 상담 시간에 합의한 규칙대로 행동하는 것뿐이다.

여기서 주목할 점은 역할극에 참여하고 있음을 알면서도 무례한 언행을 접하면 몸도 마음도 그 일이 실제로 벌어진 양 반응했다는 사실이다. 사람들은 누가 자신을 무례하게 대하는 연기를 할 때 진심으로 분노했다. 또 역할극을 할 때 자신이 보인 무례함이나 정중함에 관해 누가 평가하면 자신의 언행이 실제로는 어땠는지 미처 인지하지 못한 경우가 많았다. 보조진행자 한 명은 이 상담 프로그램의 성공 요인이 역할극에 있다고 설명했다. "가장 중요한 요인은 역할극이었다고 생각해요. 사람들이 역할극에 익숙해지기까지 정말 오래 걸렸어요. 저는 동료랑 같이 참가자들 사이를 다니면서 상대 역할을 해주었죠. '제가 먼저 할게요'라고 말하고 참가자가 긴장을 풀도록 돕고 나서 참가자와 역할을 바꿔 진행했어요. 그렇게 진행하는 것이 도움이 되었다고 생각해요. 참가자들이 바싹 긴장한 상태였거든요. 역할극 중 하나는 병원을 배경으로 하지 않았던 점이 좋았어요. 사무실 업무 환경이 배경이었는데 별반 차이가 없다고 생각하실지 몰라도 그렇지 않아요. 사무실 환경에서는 환자나 환자 가족이 개입하지 않으니까요."

상기한 진술에서 알 수 있듯이 해당 조직의 구성원들은 상담 프로그램에 열심히 참여했다. 역할극 기록을 보면 상담 참가자들 사이에 오간 대화도 알 수 있다. 참가자들은 진행자에게서 정보를 수동적으로 흡수하는 데 그치지 않고 자신들이 얻은 통찰과 경험담을 제공했다.

프로그램이 진행되는 내내 참가자들은 대인 관계 문제를 타인에게만 의지할 수 없음을 깨달았다. 아울러 타인의 대인 관계를 자신이 일방적으로 통제할 수 없다는 사실도 깨달았다. 상담 프로그램 기간에 협업한 방식은 이 프로그램이 끝난 후에도 유지되었다.

무례한 언행을 무시하고 일하는 방법을 배운다(4차 상담). 구성원들이 직장예절에 맞는 언행을 기르고자 노력하지만, 모두가 예절을 몸에 익힐 때까지는 시간이 훨씬 오래 걸릴지도 모른다. 4차 상담 시간에는 직장예절을 익히도록 계속 격려하는 한편 무례한 사람을 대할 때 인내하고 서로 격려할 방법을 모색했다.

병원에서는 각기 다른 부서 사람과 소통하는 일이 잦은데 이때 어려움을 많이 겪는다. 예를 들어 진단검사실 근무자들은 응급실과 집중치료실로부터 전화를 자주 받는데 이들은 소리를 질러야 신속하게 결과를 확인할 수 있다고 생각할 때가 많았다. 진단검사실 근무자들에게는 타부서 사람들이 행동하는 방식까지 바꿀 역량은 없었지만, 이처럼 무례한 행동을 용납하지 않는 방식으로 대응했다.

수간호사 한 명은 예비간호사가 현장실습과 관련해 질문했을 때 묵살한 적이 있다고 얘기했다. 예비간호사가 의기소침해져서 자리를 뜬 후에 뒤늦게 자신의 행동을 반성했다. 상급자로서, 멘토로서의 역할을 다하지 못했음을 깨달았다. 수간호사는 곧바로 예비간호사가 일하는 곳으로 가서 사과했다. "저는 그 예비간호사에게 물어볼 것이 있으면 언제든지 찾아오라고 말했어요. 그를 돕는 게 제 일이니까요. 책임감을 느껴야 마땅합니다."

상담 시간에 한 참가자는 동료가 전날 무례한 일을 겪었을 때 효과적으로 대처했다며 칭찬했다. 동료는 침착함을 잃지 않고 상대의 시선을 피하지 않은 채 상담 시간에 구성원들이 합의한 문구를 사용했다고 한다. "그렇게 소리를 지르면 대화할 수 없습니다. 진정하시죠."

동료들과 함께 있는 자리에서 자신이 저지른 실수까지 드러내기란 쉽지 않다. 따라서 프로그램 진행자는 참가자들이 적극적으로 참여하도록 독려하고 솔직하게 자기 모습을 드러냈을 때는 칭찬하며 심리적 안전감을 느끼도록 도왔다. 이 같은 경험담을 공유하면서 참가자들은 어떤 조직 문화를 바라는지 성찰했다. 긍정적인 자세로 협조하는 것도 중요하지만 능동적으로 프로그램을 이끄는 자세가 필요할 때가 많다.

존중의 문화를 실천한다(5차 상담). 마지막 상담 시간에는 지금까지 배운 내용을 일상에 통합하고 직장에서 구체적으로 실천할 방법을 모색한다. 부서 특성에 맞게 예절 규범을 만들거나 주기적으로 시행하는 의식을 정해 스코어 프로그램으로 얻은 추진력을 유지하면 좋다.

병원 근무자들에게 스코어 프로그램은 정보 제공을 넘어 자기 성찰의 계기가 됐다는 점에서 중요한 의미가 있었다. 통찰만으로 조직 문화를 바꾸지는 못할 테지만, 통찰이 없으면 프로그램을 진행하면서 이룬 발전도 쉽게 물거품이 된다. 프로그램을 통해 통찰을 얻은 참가자들은 직장생활에서 어려운 상황에 맞닥뜨릴 때 적절하게 반응할 역량을 개발했다.

마지막 상담 시간에 참가자들은 이 프로그램에서 얻은 통찰과 성과를 지속할 방법을 모색해 병원 업무 절차에 통합했다. 그 가운데 하나가 정규 회의 시간에 직장예절과 존중 문제를 꾸준히 회의 안건으로 올리는 방안이었다. 한 그룹은 자신들의 기분을 날씨 예보하듯이 맑고 화창함 또는 태풍 전야 등의 표현으로 팻말을 붙이기로 했다. 이 아이디어는 부서 내에서 안전하게 소통하는 채널을 제공했다. 또 한 그룹은 고충 신고 절차와 관련된 병원 정책을 수정하자고 제안했다.

스코어 프로그램의 목표는 경솔하거나 무례한 언행을 직장에서 완전히 없애는 것이 아니다. 상대에게 건네는 건설적인 비판이 그 사람에게는 주제넘은 언사로 들릴지도 모른다. 하지만 무례하게 들릴지 모를 그 비판이 문제를 제대로 파악하는 계기를 제공한다. 한 그룹에서는 더 느긋하게 대화하기로 목표를 정했다. 상대에게 다음에 무슨 말을 꺼낼지 집중하기보다 상대가 다음에 무슨 말을 할지 온전히 집중하면서 대화 리듬을 늦추려고 노력했다. 이 프로그램은 상호 존중하는 조직 문화 안에서 이따금 무례한 대화가 발생할 수 있지만 이는 규칙이 아닌 예외로 설정했다. 성과가 좋은 부서를 보면 비율로 따졌을 때 상대를 존중하는 언행은 90% 정도다. 항상 상대를 존중하는 대화만 오고 가는 부서는 없다.

상담 프로그램 종료 후 성과를 평가한다(영향력 평가 과정). 평가 시간에 가장 중요한 부분은 애초 프로그램에서 계획한 변화를 얼마나 달성했는지 점검하는 일이다. 상담 프로그램의 성과가 자명하게 눈에 들어오지 않을 수도 있다. 개인 또는 소그룹별로 면담을 진행해 프로그램 성과에 관해 참가자들이 어떻게 평가하는지 파악하는 일이 중요하지만, 이런 면담만으로는 전체 그림을 파악하기가 어렵다. 이런 까닭에 설문조사를 활용한다.

정확한 설문조사는 효과적인 성과 평가 도구로 인정받고 있다. 번아웃 대책으로서 공정성 영역의 문제를 개선하는 프로젝트를 실행했다면 성과 평가에서 가장 알고 싶은 숫자는 그로 인해 감소한 번아웃 위험률이다. 하지만 성과 평가에서는 프로젝트가 개선한 사항을 구체적으로 확인하는 것이 중요하다. 예를 들어 승진 절차의 투명성을 높이려는 의도로 개선 프로그램을 실행했다면 이후에 승진 심사의 공정성에 관해 구성원들이 어떻게 느끼는지 평가해야 한다. 다시 말해, 의사결정의 투명성이 증가하고 그로 인해 조직 내 냉소주의가 감소했는지 확인했을 때 해당 프로그램의 신뢰성이 증가한다.

사례의 병원에서는 경영 방침에 따라 스코어 프로그램의 유효성을 다각도에서 평가했다. 프로그램을 시작하기 전후로 설문조사를 각각 실시했다. 또 스코어 프로그램에 참여하지 않은 부서나 팀을 대상으로도 설문조사를 실시해 효과를 비교했다. 나아가 프로그램 진행자와 참가자 들을 면담해 이들의 변화와 사람들에게 미친 영향이 무엇인지 구체적으로 파악했다. 첫 상담 시간에 실시한 설문조사는 참가자들이 어떤 영역에서 문제를 느끼는지 특정하는 데 도움이 되었다. 이후 설문조사는 참가자와 관리자 들에게 이 프로그램이 얼마나 영향을 미쳤는지 측정하는 데 도움이 되었다.

해당 병원은 첫 번째 설문조사와 두 번째 설문조사 결과에서 스코어 프로그램 실행 이후 조직 문화 개선에 상당한 효과를 보았음을 확인했다. 프로그램에 참여한 한 그룹을 예로 들면 첫 번째 설문조사에서는 긍정적 대인 관계 경험, 상호 존중, 감사한 마음 표현하기, 이렇게 세 가지 영역에서 빈도를 비교했을 때 평균 이하로 나타났다. 또한 직장 내 무례함을 경험한 빈도는 평균 이상이었다. 스코어 프로그램이 끝나고 사회적 경험 척도Social Encounters Scale에 따라 평가한 바에 따르면 상호 존중하는 언행 부문에서 이전보다 빈도가 증가한 것으로 나타났다.[3]

동료들 역시 대인 관계에서 무례한 언행을 접하는 빈도가 줄었다고 보고했다.

스코어 프로그램에 참여하지 않은 그룹은 상호 존중과 무례한 언행에서 변화가 없었다.

매슬랙 번아웃 척도를 사용해 조사한 설문도 있었다.[4] 이 조사 결과에서도 번아웃 증상이 감소하고 직원 참여도가 증가한 것으로 나타났다.

기력 소진과 냉소주의 측면에서 증상이 완화됐다. 참가자들은 프로그램에 참여하기 전보다 더 활력을 느꼈고, 직무에 열중하며 동료들과 더 원만한 관계를 유지한다고 보고했다. 직무 효능감도 높아졌다고 말했다.

스코어 프로그램으로 조직 문화가 개선됨에 따라 직무 적합성이 향상되는 결과로 이어졌다. 해당 병원은 조직 내에서 발생하는 권력 불균형에 주목하고 있었다. 연령대, 근무 기간, 자격증, 친분, 정보 접근 권한, 젠더, 파벌, 회의 때 앉는 자리에 따라 힘의 불균형

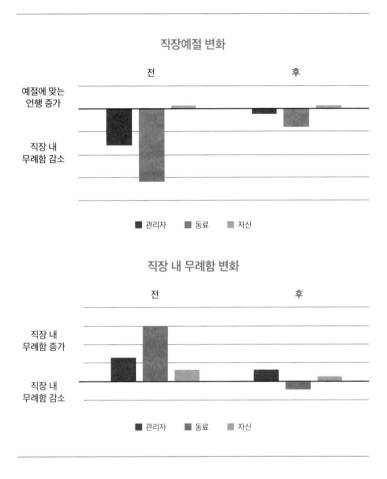

직장예절 변화

전   후

예절에 맞는
언행 증가

직장 내
무례함 감소

■ 관리자   ■ 동료   ■ 자신

직장 내 무례함 변화

전   후

직장 내
무례함 증가

직장 내
무례함 감소

■ 관리자   ■ 동료   ■ 자신

은 다양하게 나타났다. 병원은 구성원 모두가 인정받고 칭찬받는
문화를 구축하고 싶었다. 또한 스코어 프로그램을 실행하면서 수
평적 조직 문화 구축을 목표로 삼았다. 병원은 힘의 균형을 회복할

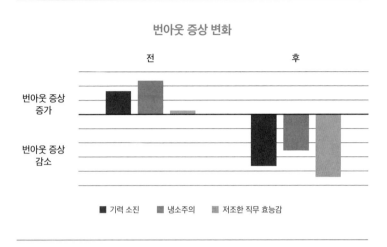

번아웃 증상 변화

전   후

번아웃 증상
증가

번아웃 증상
감소

■ 기력 소진   ■ 냉소주의   ■ 저조한 직무 효능감

의도로 프로그램을 실행했고, 상담 사이사이 3주간 '실천 기간'에
달성할 중간 목표로 삼았으며 프로그램이 완료된 후에도 장기간의
실천 목표로 정했다.

　상기한 사례뿐 아니라 앞에서도 줄곧 살펴보았듯이 조직 구성
원들은 서로 협력해 업무 절차를 수정함으로써 효율성을 떨어뜨리
는 골칫거리를 제거할 수 있다. 관리자는 직원들을 감독하면서 업
무 효율성을 높이도록 지원하거나 업무 부담을 감당할 수 있도록
일정을 유연하게 조정할 수 있다. 부서나 팀은 조직 문화 개선 프
로젝트를 실행해 갈등을 줄임으로써 업무 집중력을 높여 더 높은
성과를 올릴 수 있다. 기업은 체질 개선 프로젝트를 단행해 정책과

구조를 재편하고 조직의 유연성을 확보해 구성원이 느끼는 주체성을 고취할 수 있다. 개인과 직무 사이에 발생하는 불일치를 해결해 직무 적합성을 향상할 방법은 무척 다양하고 그 가능성도 크다. 하지만 모든 경우에 적절한 마법 처방은 없고 다양한 해결 방안을 꾸준히 모색하는 일이 필요하다.

개인과 직무 간에 발생하는 불일치를 해결하려면 조직은 마음을 열고 노동자들과 **협업해야** 하며, 유연한 태도로 각 조직 문화의 정책과 절차를 적절히 조율해야 한다. 그리고 기업이 추구하는 핵심 가치와 직원 복지, 직무 만족도를 높이는 일에 **헌신해야** 한다. 오늘날 노동은 정해진 시간과 장소에서 하는 전통적 형태와 점차 결별을 고하고 있지만, 노동은 본래 사회적 활동이다. 협업 능력, 리더십 능력, 분명하고 정중하게 소통하는 능력은 갈수록 중요해지고 있다.

⟨ 12장 ⟩

번아웃에 맞서다

─────────────── 사람들이 일하는 동기와 업무 방식을 재
고하고, 모든 노동자가 성장하는 근무 환경을 조성하는 방법에 대
해 다시 생각할 때가 왔다. 노동자가 언제, 어디서든 일할 수 있게
허용하는 것으로 끝날 일이 아니다. 노동은 수많은 사람의 시간과
재능, 가능성을 소진하므로 조직이 노동자에게 보람 있고 지속 가
능한 삶을 꾸릴 기회를 보장해야 한다.

우리는 번아웃 문제를 확실하게 제거할 해결 방안이나 모범 사
례가 있다고 주장하는 것이 아니다. 그보다는 번아웃이 무엇인지,
왜 발생하는지 이해하고, 어떻게 번아웃을 개선할 수 있는지 그 방
법을 공유하고자 한다. 이 책에서 배운 내용을 새기고 실천한다면

각자 자신을 위해, 관리자는 조직 구성원들을 위해 직무 경험을 개선할 수 있다. 일할 의욕이 올라가며 더 만족스럽고 성장 가능성이 있는 근무 환경에서 일할 수 있다는 뜻이다.

우리는 수십 년 전부터 근무 환경의 문제점을 조사했고, 번아웃이란 조직에서 자신이 맡은 역할을 잘해내려고 애쓰지만 여의치 않은 상태에서 발생하는 현상임을 발견했다. 번아웃은 몸과 마음이 지친 당사자뿐 아니라 일터에서 대면하는 사람들, 그리고 가족에게도 유해하고 적잖은 피해를 준다. 일반인들이 번아웃이라는 용어를 사용하는 방식과 달리 번아웃은 개인 문제가 아니다. 번아웃은 개인과 근무 환경 간의 관계 문제다.

직무 적합성 개념은 노동자 개인과 직무 맥락 간의 **관계**에 초점을 맞춘다. 이 관계에서 어느 한쪽만 번아웃 원인으로 지목하거나 어느 한쪽만 고치면 번아웃 문제를 해결하리라 주장하는 것은 잘못이다. 근무 환경보다 노동자 개인에게 초점을 맞추는 편향된 사고 탓에 번아웃 문제를 개인의 나약함이나 결함 또는 질병으로 간주하고, 해결 방안 역시 개인에게서 찾아야 한다고 오해한다. 하지만 **환경** 맥락에서 개인을 더 폭넓고 정확하게 들여다보면 개인과 직무 맥락이 만나는 지점에서 번아웃 문제가 발생한다는 사실이 뚜렷하게 드러난다. 따라서 개인과 직무 간 적합성을 높이는 전략이 훨씬 설득력 있으며 실제로 이 같은 전략 아래 번아웃 문제를 개선한 여러 사례를 이 책에서 소개했다.

이미 살펴봤듯이 번아웃 문제를 들여다보면 그 상황을 감당하는 개인보다 그들이 직면한 근무 환경에 관해 더 많은 이야기를 듣는다. 개인이 어떤 직무 맥락에서 번아웃을 겪든 간에 그 환경에는 예외 없이 사람들의 행동, 동기, 성장에 크게 영향을 미치는 핵심 특성이 있다. 직무 **적합성** 또는 **일치**를 결정하는 이 핵심 특성을 살피는 것이 번아웃 유형의 노동자를 이해하는 데 무엇보다 중요한 열쇠다. 물론 이뿐 아니라 나머지 노동자 유형(직원 참여도가 낮은 유형, 과중한 업무 유형, 직무 효능감이 낮은 유형, 직원 참여도가 높은 유형)을 이해하는 데도 중요하다.

다음 세 가지 범주에서 나타나는 직무 적합성은 업무를 효율적으로 완수하는 역량, 동료와 협업하는 능력, 올바른 가치에 헌신하는 자세에 영향을 미친다. 첫째, 노동자 역량 범주에서 중요한 영역은 업무 부담과 통제감이다. 둘째, 사회적 범주에서 중요한 영역은 소속감과 보상이다. 셋째, 도덕적 범주에서는 공정성과 가치관 영역이 가장 중요하다. 이들 영역에서 발생하는 불일치를 해결하고 적합성을 높이는 길이 곧 직원 참여도가 높은 근무 환경을 조성하는 방법이다.

직무 적합성을 개선하는 길에는 여러 방법이 있다. 어디에나 통하는 만능 해결책은 없다. 직무 불일치가 발생하는 여섯 가지 영역

어디나 변화의 대상이 된다. 대규모 개선 작업도 가능하고 소규모 개선 작업도 가능하다. 비용이 크게 드는 변화도 있고 작게 드는 변화도 있다. 변화의 범위는 소그룹이나 팀 또는 부서 단위에 적용할 수도 있고 조직 전체에 적용할 수도 있다. 직무 적합성을 개선하는 작업에는 시간과 노력이 많이 요구되지만 그만한 가치가 있다. 전략을 세울 때는 변화를 창출하는 3C 요소를 고려해야 좋다. 3C 요소란 모든 직원에게 개선 프로젝트에 참여할 것을 요청하는 협업collaboration, 특정 조직 문화와 직무에 맞게 변화를 도모하는 맞춤식 변화customization, 직무 적합성 개선까지 꾸준히 노력하는 헌신commitment이다.

직무 적합성 개선 전략 복습하기

가장 먼저 할 일은 심각한 격차와 불일치가 발생한 영역을 파악하는 일이다. 개인과 직무가 불일치할 때는 양쪽을 모두 살피고 어떻게 불일치를 해결하고 조율할지 방법을 찾아야 한다. 손바닥도 마주쳐야 소리가 나듯이 어느 한쪽만 노력해서는 문제를 해결하기가 쉽지 않다. 모든 구성원이 자신뿐 아니라 타인의 관점을 고려해 전략을 도출하고 함께 그 전략을 실천해야 한다.

직무 적합성 프로젝트를 하나 성공한 후에는 그것으로 만족할 게 아니라 또 다른 영역으로 초점을 옮겨 꾸준히 근무 환경을 개선하는 시스템을 구축해야 한다. 세계는 끊임없이 변화하고 이 변화를 항상 예측할 수 있는 것도 아니기에 새로 발생하는 불일치 문제를 조율하는 일은 피할 수 없다. 어떤 문제든 완벽한 해답이란 없다. 그 형태가 바뀔 뿐 '문제'는 사라지지 않으므로 기존과 다른 방식으로 불일치 격차를 메워야 한다. 물건을 만드는 조립생산 라인이든, 환자나 고객을 치료하는 곳이든, 국제 계약을 협상하는 곳이든, 노동자가 일하는 작업장은 신기술이 등장할 때마다 큰 변화를 겪었음을 생각해보자. 코로나19 팬데믹 기간에는 또 얼마나 많이 바뀌었는가? 사무실 업무가 재택근무로 바뀌었고 대면회의가 화상회의로 바뀌었다. 우리가 살아가는 세상과 일하는 작업장 환경은 지금까지 그랬듯이 앞으로도 변화할 것이다. 이 변화 안에서 장점을 극대화하는 한편 단점을 최소화하도록 직무 적합성을 개선하는 일은 중단할 수 없는 과제다.

개인 차원의 변화

개인 차원에서 번아웃 문제를 해결하려는 노력은 대다수가 **자기**

관리 중심이다. 이를테면 심신의 건강을 단련하고 회복탄력성을 높이는 방법에 집중한다. 개인이 건강을 챙기는 전략도 좋지만, 근무 여건과 조율할 수 있으면 더욱 효과적이다. 예를 들어 초과근무가 필요할 정도로 업무량이 많다면 이를 해결할 방법을 찾아서 수면 시간이나 운동 또는 취미 활동 시간을 늘릴 수는 없을까? 직무와 개인을 함께 살펴보면 업무 부담을 해소할 대안을 찾아, 개인 시간을 예기치 못한 방해로부터 더 잘 보호할 수 있다. 개인과 직무를 모두 고려하는 몇 가지 유용한 원칙을 소개한다.

직무 맥락에서 자신을 관찰한다. 직무와 관련해서 시간을 최대한 유연하게 활용하려면 자신에게 정말로 중요한 일이 무엇인지 알아야 한다. 어느 영역에서 직무 불일치가 발생하는지 파악하려면 몇 가지 점검할 사안이 있다. 무슨 일에 시간과 에너지를 투자하고 싶은가? 최근에 정말로 중요한 업무를 했다면 그 일에서 가장 좋았던 점은 무엇인가? 이 장점은 노동자 역량, 도덕성, 사회적 범주 가운데 어느 범주와 가장 관련이 깊은가? 이와 반대로 가장 나쁘게 여긴 단점이 있다면 어느 범주와 관련이 깊은가?

유연하게 사고한다. 좋은 관계를 유지하려면 개인과 조직 모두에게 유연성이 필요하다. 조직은 개인이 지닌 열망과 한계를 이해하려고 노력해야 하고, 개인 역시 조직이 지닌 열망과 한계를 이해하려고 노력해야 마땅하다. 처음부터 아무 문제없이 완벽한 환경은 드물다. 관계는 경험과 대화를 거치며 발전한다. 문제가 생겼을 때 건설적인 반응은 해결 방안을 찾는 것이다.

직장예절에 맞는 본을 보인다. 무례한 언행이 오가는 환경에서는 최악의 상황으로 치달을 수 있다. 나를 무례하게 대하는 사람에게 화가 나서 똑같이 무례하게 대하는 것은 이해할 만하다. 받은 만큼 돌려주는 상호주의 원칙에는 설득력이 있기 때문이다. 하지만 상대에게 더 무례하게 돌려주겠다고 마음먹는다면 문제다. 때로는 아무 말도 하지 않는 것이 최선이다. 그때 더 건설적인 방향으로 기회가 온다.

상대에게 감사한 마음을 표현한다. 사소한 감사 표현으로도 큰 효과를 거둘 수 있다. 열렬한 박수가 필요한 때도 있다. 예를 들어 오페라 가수는 아리아를 끝내고 우레 같은 갈채가 쏟아지지 않으면 그날 밤에 잠을 이루지 못할 수도 있다. 하지만 고개를 가볍게 끄덕이는 인사와 미소만으로 충분할 때도 많다. 진심이 느껴지지 않는 감사 표현은 오히려 부담스럽다.

끈질긴 노력이 필요하다. 직장과의 관계 개선에는 오랜 시간이 걸린다. 게다가 좋은 관계란 본질상 고정되지 않고 서로 변화하는 관계다. 그러니까 이 일은 단기에 완성하는 프로젝트가 아니라 하나의 생활방식에 가깝다.

딱 필요한 만큼만 조심한다. 엄격한 정책을 들이대며 개인이 품은 열망과 기호를 전혀 반영하지 않는 사업장도 있다. 이 경우 노동자는 고충이 있어도 말하지 못하는 게 당연하다. 관리자는 노동자에게 문제 해결의 실마리일 때보다 문제의 근원일 때가 많다. 관리자에게 고충을 이야기할 때는 위험과 기회가 공존하므로 냉정하게 판단하는 게 좋다. 고충을 너무 솔직히 털어놓았다가 곤경에 빠질 수 있으나, 지나치게 조심하며 말을 아낀다면 불필요하게 괴로움을 연장할 수도 있다. 신중하되 관리자가 도움을 줄 가능성도 고려해야 한다.

조직 차원에서 일으키는 변화

기업이나 기관의 의뢰로 설문조사를 실시하고 불공정성, 가치관 충돌, 미세 경영 같은 직무 불일치 문제가 드러났을 때, 이 결과에 사람들은 좀처럼 놀라지 않는다. "미세 경영이 번아웃 발생에 일조할지 누가 상상이나 했겠어요?"라든가 "어떻게 우리 회사에서 부당한 대우를 받는다고 느낄 수가 있어요?"라는 말을 들은 기억이 별로 없다. 이보다는 "그렇죠, 이럴 줄 알았어요"라는 반응일 때가 많다. 요컨대 직무 평가 조사에서 아무도 예상하지 못한 문제가 발견되는 일은 드물다. 직원들이 입 밖으로 꺼내지 않았던 문제가 드러날 때도 있지만, 사실은 많은 이가 짐작했던 문제를 확인하고 수량화할 때가 많다.

상기한 이유로 번아웃 대책을 실행할 때는 직무 평가 설문조사부터 시작하면 좋다. 설문조사를 실시하는 주된 이유는 개선 프로젝트를 긴급하게 실행할 영역이 어디인지 찾기 위해서이고, 이 프로젝트를 실행할 근거를 제시하기 위해서다. 직무 불일치 문제가 조직 전반에 고르게 나타나는 경우는 드물다. 대부분의 사업장에서는 운영이나 업무 프로세스를 다른 곳보다 훨씬 더 잘 관리한다. 게다가 효과적인 설문조사라면 모든 구성원에게 자기 목소리를 분명하게 낼 기회를 제공한다. 설문은 익명으로 진행되므로 섣불리 입에 올리지 못하던 심각한 문제에 관해 의견을 낼 수 있다. 나아가 설문조사에 참여한 모든 구성원은 조직이 개선할 문제와 방법을 함께 찾는 동반자로서 향후 이 프로젝트를 완수하는 데 더 열심히 참여하게 된다.

설문조사를 실시한 후에는 그 결과를 토대로 반드시 변화를 끌어내야 한다. 앞에서도 지적했지만, 구성원들이 설문에 응한 뒤 그 결과에 관해 아무 말도 듣지 못하고 건설적인 변화가 일어나지 않으면 조직의 냉소주의가 악화한다. 향후 설문조사 자체를 거부할지도 모른다. 따라서 조직을 개선할 계획이 있을 때만 직무 평가 설문조사를 실시해야 한다. "무엇이 번아웃을 일으키는가?"는 중요한 질문이 아니다. 이 답은 이미 잘 알려져 있다. "번아웃을 일으키는 모든 요소 가운데 우리가 바꿀 수 있는 요소는 무엇인가?"라는 질문을 던져야 한다.

직무 적합성을 개선하는 일은 일회성으로 끝나지 않기 때문에 프로젝트를 반복 수행하면서 이를 꾸준히 개선할 방법을 결정하는 일이 가장 어려운 과제에 해당한다. 어떻게 하면 직무 불일치 영역을 찾아내고 직무 적합성 개선 과정을 표준화할 수 있을까? 누구나 아는 건강검진처럼 정기 평가 모델을 적용하는 것도 방법이다. 사람들은 대부분 사는 동안 신체 건강을 걱정하며, 어떻게 하면 건강을 유지하고 원하는 일을 할 수 있는지 알고 싶어 한다. 이 방법을 알고 싶은 사람은 십중팔구 정기 건강검진을 받는다. 건강검진을 받으면 어느 부위가 건강하고 제대로 기능하는지, 어느 부위에 이상이 있는지, 장차 닥칠 위험 요소는 무엇이고 또 어떻게 예방할지 정기적으로 정보를 갱신한다. 건강검진은 매년 또는 2년에 한 번씩 반복하는 표준 절차로 현재 몸 상태를 살피고 문제점을 개선하면서 꾸준히 건강을 증진하는 데 목표가 있다.

앞서 소개한 여러 조직 개선 프로젝트 역시 건강검진과 마찬가지다. 직원 복지와 관련해 현재 조직 상태를 평가하고 진단하는 것이다. 어느 영역에서 직원 참여도가 높고 업무 수행력이 좋은지, 어느 영역에서 이상이 생겨 번아웃을 겪는지, 특히 주목할 조직 문제는 무엇인지 평가하는 방법이다. 이 같은 조직 진단은 향후 생산적인 업무 혁신을 끌어낸다는 점에서 미래 지향적이다. "지금보다 더 나은 근무 환경을 만들려면 어떻게 해야 하는가?" 이런 의미에서 조직 진단은 '그동안 성취한 것을 평가하는' 칭찬 카드와는 다르다. 칭찬 카드는 평가에 집중하고 과거를 지향한다.

건강검진과 마찬가지로 조직 진단 검사를 실행하면 조직 내에서 어떤 문제가 일어나고 있으며 어디에서 문제가 발생하는지 파악하게 된다. 조직 진단만으로는 해결 방안까지 도출할 수 없다. 병원에서 건강검진을 받고 결과지를 보면, 가령 콜레스테롤 수치가 너무 높다는 정보는 제공하지만 가장 좋은 치료 방안이 무엇인지 제시하지 않는 것과 같은 이치다. 마찬가지로 조직 진단 검사를 실행하면 번아웃을 겪는 직원과 임금 평등 같은 공정성 영역 사이에서 연결고리를 발견할 수 있다. 조직 내에서 특별히 주의가 필요한 위험을 진단하지만, 조직이 여기에 대응할 방법까지 제시하지는 않는다. 진단 결과가 나오면 조직은 다양한 방법으로 문제에 개입할 수 있다. 다행히 직무 불일치를 개선할 방안은 많고 조직은 어떤 상황에서든 대안을 찾을 수 있다. 다만 문제에 개입할 때는 반드시 해당 조직이 지닌 고유한 특성에 맞게 개선 프로젝트를 개발해야 한다. 여섯 가지 불일치 영역과 번아웃 문제에 처방 가능한 만능 해법은 없다.

사람들은 병원에서 해마다 정기 검진을 받지만, 기업은 해마다 조직 진단을 시행할 필요는 없다. 하지만 조직 진단을 받는다면 적어도 두 차례는 실시해야 번아웃과 직원 복지 관점에서 개선 추이를 비교할 수 있다. 다시 말해 프로젝트가 잘 진행되고 있는지, 문제에 개입한 후 상황이 얼마나 호전되었는지, 새로운 문제점이 발생했는지를 평가해야 한다. 아울러 합병이나 구조조정 같은 큰 변화에 조직이 미리 준비하도록 돕고, 실제로 변화가 진행되는 기간에 조직을 지원하고, 이후 단기 및 장기적 관점에서 해당 변화가 끼친 영향을 추적하는 데도 조직 진단 검사가 유용하다.

병원에서 우리 몸을 정기적으로 검진하듯이 조직 진단 검사 역시 위기 상황에서만 시행하지 말고 주기적으로 시행해야 한다. 조직 구성원들이 보기에 위기 때만 시행하는 조직 진단 검사는 공정한 평가 절차로 보이지 않는다. 오히려 비난받을 사람들을 찾는 과정으로 여겨질 것이며, 이는 조직 내에서 불신과 저항을 일으킬 뿐만 아니라 직원들이 매사 경영진의 의도를 의심하는 지경에 이를 수 있다. 경영진은 조직이 위기에 처할 때 원인을 찾아 당면 문제를 해결하고 싶겠지만, 이보다는 정기 조직 진단 검사를 시행하는 것이 효과가 더 크고 장기적으로 훨씬 유용하다. 조직 진단 검사를 정기적으로 시행하면 무슨 문제에 직면하든 장기적 관점에서 조직의 상태와 반응을 평가할 수 있다. 따라서 직원들의 몸과 마음이 건강하길 바란다면 조직 진단 검사를 직원 복지 제도 안에 포함하는 것이 가장 좋다. 조직 진단 검사를 정규 프로그램으로 실행한다는 것은 번아웃 대책을 단발성으로 끝내지 않고 지속적인 과제로 수행한다는 뜻이고, 전체 구성원뿐만 아니라 조직 진단을 실행하는 관리자나 팀에게도 더 유익하다.

코로나 이후 시대에 나타날 변화

2020년에 코로나19가 창궐하면서 일하는 방식이 크게 바뀌었다. 수많은 기업과 조직은 환자, 고객, 학생, 의뢰인의 필요를 충족하는 동시에 노동자들의 삶을 보호하려고 분투했고, 주요 산업 부문에서는 급격한 변화가 닥쳤다. 사람들은 갑작스럽게 직장을 잃었고, 감염 때문에 대면 서비스업이 위험에 처했으며 사무실 근무에서 재택근무로 전환이 일어났다. 일자리를 잃고 하루아침에 업무 부담이 사라진 노동자가 있었고 업무 부담이 극단적으로 치솟은 노동자도 있었다. 근무 환경의 특성상 코로나19 위기를 견디지 못한 이들도 있었고, 시행착오를 거치며 새로운 길을 찾는 이들도 있었으며 난관을 타개하고 위기를 극복한 이들도 있었다. 이 같은 변화는 다수에게 힘겨운 시련이었고 일부에게는 치명타였다. 하지만 사람들은 대부분 유례없이 혼란스러운 여건에서도 이에 적응하고 문제에 대처하며 제 역할에 충실했다.

2021년이 끝날 무렵 코로나 종식을 전망하는 기대의 목소리가 나오기 시작했고, 노동 방식에서 거스를 수 없는 변화가 일어났음을 깨닫게 되었다. 각 기업과 기관은 코로나 이후 일터를 재건할 작업에 들어가기 때문에 지금 우리에게는 과거보다 나은 근무 환경, 조직과 그 구성원이 함께 성장하는 새로운 일터를 구축할 기회가 열렸다. 달라진 세계에 효과적으로 대응하는 조직일수록 유능한 인재를 유치하고 유지할 조직 역량을 갖추게 되어 미래 성장 동력을 확보할 수 있다. 현재 기업이 처한 상황에서는 생산성만이 아니라 노동자의 심리 욕구를 수용하는 넓은 관점이 필요하다.

세계는 코로나 위기를 지나왔다. 이 위기를 극복한 경험이 얼마나 소중한지 먼저 인식해야 한다. 회복탄력성의 본질은 일상이 무너지는 위기와 고통을 겪더라도 성장을 지속하는 데 있다. 사람들은 코로나 위기를 지나며 자신과 주변 사람들에 관해 새로운 사실을 많이 배웠다. 새로운 방식으로 업무를 처리하는 법도 배웠다. 직종에 따라 다르지만, 사무실이 아닌 곳에서 업무 효율성이 더 증가하는 경험을 비롯해 이들이 새로 깨달은 사실은 미래를 혁신할 계기를 제공한다. 이 계기를 제대로 활용하려면 새로운 깨달음과 경험을 조직에서 공유해야 하고 조직은 이런 경험을 토대로 가치를 끌어내야 한다.

우리는 이미 위기를 극복한 사람들을 지켜봤다. 이들은 위기 속에서도 새로운 교훈을 배웠다. 보건의료 종사자들은 새로운 방법을 시험하고 그 결과를 공유하며 바이러스에 효과적으로 대응하는 방법을 찾아내 환자들의 회복 속도를 높였다. 아울러 의료 인력이 필요한 우선순위에 따라 팀을 재구성하면서 새로운 사람들과 협력하는 법을 배웠다. 코로나19 중증 의료 센터와 외래 진료 센터는 각자 쌓은 기술과 경험을 공유하며 방역 역량을 높여 나갔다. 여기서 중요한 사실은 전염병이 초래한 위기 상황에 적응하며 지식과 지혜를 얻었고, 이를 공유함으로써 많은 이익을 얻었다는 점이다. 중대한 위기 상황이란 현재 상태를 개선할 방법을 모색할 기회이기도 하다. 이에 더해 그동안 특정 프로젝트가 어째서 제대로 작동하지 않았는지 성찰하는 계기도 제공한다. 비록 실수하고 실패해도 애초에 정한 목표대로 최선을 다했다면 원하는 결과를 얻지 못했을지라도 배울 점이 많다는 사실을 기억해야 한다.

재택근무가 가능한 직군에서는 우리 사회가 미래에 직면할 문제를 해결할 가능성뿐만 아니라 새로운 직무 불일치 문제와 위험성을 제시했다. 코로나 기간에 원격근무 노동자들을 조사한 바에 따르면 재택근무 경험과 번아웃에 미치는 영향이 상이하게 나타났다. 그 이유를 살펴보면 첫째, 재택근무가 가능한 노동자도 있었지만, 직장을 아예 잃은 노동자도 있고 사무실에서 일했던 노동자들은 코로나에 감염되는 일이 잦았다. 둘째, 원격근무 노동자 가운데 어떤 이들은 주변에 방해받지 않고 인터넷 설비가 잘 갖춰진 너른 공간에서 일했다. 또 어떤 이들은 사람들이 북적이고 인터넷 환경이 열악하고 좁은 공간에서 일했다. 혼자서 일하는 사람들도 있었고, 성인 식구가 생활하는 공간에서 업무를 보는 사람들도 있었다. 또 아이들을 돌보거나 재택학습을 시키면서 일해야 하는 노동자도 있었다. 원격근무를 했다는 사실만으로 그 일을 수행한 장소를 특정하기는 어렵다. 갑자기 도입한 원격근무로 여러 고충이 있었는데도 여론조사 결과를 보면, 많은 이들이 재택근무로 인해 생산성이 감소하지 않았으며 오히려 향상되었다고 보고했다.[1] 하지만 같은 기간에 실시한 또 다른 여론조사에 따르면 고용주나 회사는 생산성 향상에 대해 회의적인 반응을 보였다. 하지만 여전히 생산성이 감소했다고 보고한 이들은 소수에 불과했다.

코로나 이후 재택근무와 사무실 근무를 병행하는 혼합 형태를 도입한 기업이 많아졌다. 그전에는 사무실에서 함께 일하는 방식이 조직 문화를 강화할 뿐 아니라 승진이나 경력 개발에 유리하다는 것이 통념이었다. 요컨대 눈에 보이지 않으면 마음에서도 멀어진다는 말이다. 이 같은 시각은 고위 임원들의 입장을 그대로 대변한다. 고위 임원은 하루 시간을 잘게 쪼개서 여러 부서의 정책을 처리하고 그 과정에서 신속하게 의사결정을 내려야 한다. 고위 임원 가까이에 있는 사람 역시 그만한 업무량을 안게 되는데 이 가운데 일부는 굉장한 기회가 되기도 한다. 고위 임원이 재택근무를 하는 직원을 애써 기억해 일을 요청할 가능성은 지극히 낮다.

코로나 이후 시대에 도입될 혼합형 근무제도는 기회이면서 위기임이 분명하다. 재택근무의 장점부터 살펴보자면, 사무실에 출근하거나 멀리 출장을 떠나 일할 때보다 가족들과 집에서 보내는 시간이 더 많아졌다. 사무실에서 일할 때보다 집에서 일할 때 업무 생산성이 더 올라간 노동자들도 있었다. 일례로 한 변호사는 의뢰인 면담을 온라인으로 진행했을 때 훨씬 성과가 좋았다며 한마디 덧붙였다. "제가 운동복 차림이었기 때문일까요?" 하지만 재택근무 방식에서는 노동과 노동이 아닌 것 사이에 경계가 불분명해진다. 지겹게 되풀이되는 통근 시간은 악명이 높지만, 사실은 시간적으로나 공간적으로 일과 생활의 경계를 나누는 기능도 있다. 재택근무 방식은 통근 시간이 없어지면서 생기는 장점이 있었지만, 일과 생활의 경계가 희미해지는 결과를 낳았다.[2] 이전에는 통근 시간을 과연 개인 시간으로 볼지 아니면 근무 시간으로 볼지가 의문이었다. 기업은 통근 시간을 절약할 방안을 모색함으로써 생산성을 향상할 수도 있었지만, 고용주들은 통근 시간을 업무와 전혀 상관없는 개인 시간으로 간주했다. 재택근무의 경우 사적인 문제가 근무 시간에 지장을 초래할 가능성이 크다는 점도 단점으로 꼽는다.

혼합형 근무제에서 발생하는 근무 시간과 근무 장소 문제는 혼자 해결할 문제가 아니라 관계의 문제다. 근무 방식 변화에 따른 편익과 불이익을 미리 계산한다면 전환기에 일어날 어려운 문제나 고충을 방지할 수 있다. 조직 리더와 구성원은 서로 의견과 정보를 공유하고 협업하면서 일관된 이해관계를 구축해야 한다. 특히 각 직무와 구성원의 특성을 고려해 맞춤식 해법을 마련하려면 창의적으로 사고해야 한다. 조직은 상호 이해를 기반으로 업무 부담을 재조정하고 새로운 환경에 맞게 일과 생활의 균형을 유지하는 데 힘써야 한다.

혼합형 근무제를 도입하면 새로운 환경에서 공정성 시비가 발생할 수 있음을 예상해야 한다. 일례로 누가 사무실에서 근무해야 하고, 얼마나 자주 해야 하는지를 정하는 문제가 있다. 통근이 쉽지 않고 시간도 비용도 많이 소요되는 사람들의 경우에는 재택근무가 가치 있는 대안이다. 사무실에 나와서 일해야만 하는 노동자도 분명히 있다. 체크아웃하는 손님을 응대해야 하는 직원이라든지, 머리를 직접 손질해야 하는 미용사는 근무 현장에 있어야 한다. 반드시 사무실 출근이 필요한 경우가 아니라면 사무실 근무와 재택근무를 혼합하는 방식이 가능하다. 8장에서 우수 서비스 상을 사례로 들었듯이 사람들은 의사결정 과정이 투명할 때 공정하다고 느낀다. 관리자는 부서 구성원들과 협업하며 모두가 합리적으로 받아들이는 재택근무 방침과 요건을 정해야 한다. 아울러 사무실에 없다는 사실이 업무 성과를 평가하는 과정에서 불리하게 작용할 가능성을 보완할 방법도 미리 논의해야 한다. 부서나 팀은 성과를 평가할 때 근무 장소와 무관하게 구성원 모두를 공정하게 평가할 기준을 마련해야 한다. 객관적 기준에 따라 정당하게 성과를 평가받는다는 신뢰가 있을 때 구성원은 업무에 열심히 참여할 가능성이 크다.

원격근무 장소 자체로 업무 부담 영역에서 불일치가 발생할 수도 있다. 사무실 중심으로 노동을 보는 고용주들은 재택근무자의 근무 공간에 필요한 가구와 장비를 설치하고 통신을 연결하는 일을 노동자 개인이 책임질 일로 여긴다. 인체공학적으로 제작된 사무용 의자에 앉아 장시간 일하는 것은 그래도 참을 만하다. 하지만 허리 받침대도 없는 주방 의자에 앉아 장시간, 그것도 매일 일을 하다 보면 몸에 무리가 따른다. 코로나19 초기에는 임시방편으로 버텼다고 해도 언제까지고 이런 식으로 일할 수는 없다. 업무 방식을 전환하는 초기에는 직무 불일치가 발생할 가능성이 크다. 사람들은 새로운 제도에 적응하고 그 가능성과 제약을 이해하는 과정에서 예기치 못한 직무 불일치를 경험할 수 있다. 그럴 때마다 조직과 대화하며 문제를 해결할 필요가 있다.

강력한 조직 문화가 필요하다. 조직 문화가 구축되지 않은 곳은 소속감 영역에서 관계 문제가 있음을 암시한다. 혼합 근무제 시대의 조직 문화란 온라인 소통과 관련해 구성원이 조직에 바라는 사항과 동료에게 기대하는 에티켓, 상호 간 준수할 행동 규범까지 아우른다. 화상회의에 불참할 때 어떤 불이익이 있는지 공식이든 비공식이든 규정이 마련되어 있는가? 회의에 참석하는 구성원 모두가 발언하는 것을 중요하게 여기는 문화인가? 발언하지 않을 때는 오디오를 꺼서 소음이 발생하지 않도록 주의하는 일이 중요하게 여겨지는가? 영상을 꺼두어도 문제 삼지 않는 문화인가? 메신저로 소통할 경우 메시지를 받을 때마다 확인했다고 알리는 것을 중요하게 여기는 문화인가? 아니면 그런 알림을 생략해도 문제 삼지 않는 문화인가? 다시 말해, 부서나 팀의 구성원들은 서로 마땅히 지켜줬으면 하는 사항에 관해 대화를 나누고 비대면 소통을 위한 기본 규칙을 꼼꼼히 세워야 한다. 이 과정이 없으면 개개인이 소통하는 과정에서 서로 기분을 상하게 만들 수 있고, 문제가 있다는 사실조차 인지하지 못한 채 중요한 단서를 놓치기도 한다. 재택근무를 하면 단체 화상회의 외에도 일대일 비대면 소통이 많다. 비대면 소통 시 관리자 감독에서 벗어날 때가 많아 무례하거나 험악한 경험에 노출되기도 한다.[3] 기업과 기관은 스코어 프로그램 같은 협업 프로젝트를 이용해 소속감 영역의 불일치 문제를 예측하고 각 부서나 팀 문화에 맞게 해결 방안을 모색해야 한다. 직장 내 무례함을 예방하는 정책을 세워 일관되게 실행하면 구성원이 심리적 안전감을 느끼므로, 다양한 장소에서 일하는 수많은 노동자가 온라인 통신으로 원만히 소통할 수 있다.

코로나 위기와 그 여파로 유례없는 사건을 다양하게 경험하면서 가치관 영역에서 불일치가 발생할 가능성이 증가했다. 가치관 영역의 불일치 문제를 해결하기 위해 협업하려면 우선 모두가 각자의 사정이 있고 생각이 다르다는 사실을 인정해야 한다. 사랑하는 사람을 잃은 상실감을 견뎌야 했던 사람이 있는가 하면 잠깐의 불편함이 다였던 사람도 있다. 힘든 결정을 내려야 했던 사람도 있고 누군가 내린 힘든 결정을 강제로 집행해야 했던 사람도 있다. 조사에 따르면 보건의료 전문가들은 방역 방침에 따라 중증 환자 대상으로 가족 면회를 금지할 때 무척 고통스러웠다고 보고했다. 감염 차단 목적으로 결정한 면회 금지 조치와 관련해 의료인들의 윤리적 판단에는 차이가 있었지만, 그와 별개로 해당 방침을 강제하는 일은 스트레스를 가중했다. 개인의 경험과 가치관 차이를 인정하는 것은 핵심 가치를 명확히 하는 기회이며, 코로나19 팬데믹이 전 세계에 미친 영향을 깊이 이해할 수 있다.

미국은 코로나 기간에 대규모 경기부양책을 실시하고 재난지원금을 지급했다. 미국 정부는 재난지원금과 아울러 그 밖의 보조금

정책이 국민에게 어떤 영향을 미쳤는지 평가했다. 코로나19라든지 코로나 방역 정책으로 실직한 사람들은 코로나 이전보다 훨씬 많은 실업급여를 받았고 연장 근로 수당 역시 동일하게 받았다. 코로나 감염으로 수많은 이들이 목숨을 잃는 상황에서 재난지원금과 각종 보조금은 여러 산업 분야의 종사자가 노동의 의미를 되짚어 보는 계기가 되었다. 코로나 위기는 사람들에게 기존과 다른 직업 형태를 모색할 동기를 부여했으며 실제로 사람들은 정부지원금을 활용해 대안을 탐색했다. 이런 변화는 사람들이 생계 수단만이 아니라 꿈과 행복한 삶을 실현하는 수단으로서 노동의 의미를 생각하게 되었음을 나타내는 신호였다.

실제로 '대퇴직 시대' 현상이 이어지며 여러 산업 분야에서 퇴직자가 대폭 증가했다. 코로나19 팬데믹 기간의 통계 자료를 보면 일자리가 많은데도 실업률까지 높아지는 기이한 현상이 나타났다. 한쪽에서는 퇴사자들이 이어지고 다른 쪽에서는 실직한 많은 이들이 새 일자리를 찾지 않는 듯 보였다. 이 문제와 관련해서는 남녀 차이가 뚜렷하게 나타났는데 여성의 노동 시장 복귀율이 더 낮았다.[4] 다른 이유도 있겠지만 무엇보다 코로나 위기 동안 육아 부담이 급격히 늘었고, 주로 여성이 이 새로운 변화에 대응해야 했기 때문이다. 이 같은 변화는 그동안 여성의 경제활동을 지원하던 학교와 보육 서비스에 장애가 발생했음을 나타낸다. 이들 서비스 덕분에 양육 부담이 줄었고 부모는 많은 시간과 에너지를 직장에 쏟을 수 있었다. 고용주들은 이 같은 기반시설이 제공하는 편익에 무임승차했다. 이들 시설이 제공하는 서비스가 없었다면 노동자들은 지금처럼 많은 시간과 에너지를 업무에 쏟지 못했을 테다. 고용주들은 이런 혜택에 아무런 비용도 내지 않았다.

노동 시장 복귀율이 낮은 데는 다른 요인도 일조했다. 코로나19 팬데믹으로 직장생활에 큰 지장이 발생한 사람들은 다니는 직장 또는 다녔던 직장에 관해 깊이 성찰하게 되었다. 많은 이들이 일과 생활을 공평하게 저울에 올려놓고 직장을 평가했고, 통제감처럼 중요한 영역에서 불일치가 발생했음을 깨달았다. 봉쇄 조치와 격리 조치, 결핍으로 일상이 불확실해지자 사람들은 근무 여건이 엄격하고 유연성이 부족한 직장을 꺼렸다. 직장 내 무례함에 시달렸던 노동자에게는 사람들과 부딪히는 일로 스트레스가 많은 사무실 근무보다 재택근무가 더 매력적인 대안이다.

몇몇 기업은 '조용한 사직' 움직임에 대응해 휴식을 연장하는 방안을 제안했다. 근무가 없는 '휴일'을 늘리거나 아예 일주일 동안 회사 문을 닫는 조치를 단행하기도 했다. 4장에서 업무 부담 문제를 살펴보았듯이 휴식과 여가를 이용하는 것은 노동자에게 환영받는 중요한 대응 전략이다. 하지만 노동자들이 휴가를 마치고 돌아갈 곳이 직무 불일치 문제가 여전하고 스트레스가 심한 근무 환경이라면, 휴가 때 회복한 에너지는 금세 소진되고 번아웃 위험성을 막지 못할 것이다.

이 책 앞부분에서 언급했지만 수많은 노동자가 지겹도록 듣는 말이 있다. "직장생활이란 게 원래 그런 겁니다. 당신이 참고 거기에 적응하는 수밖에 없어요." 하지만 코로나19 팬데믹을 겪으며 우리는 중요한 사실을 배웠다. "일을 꼭 그런 식으로 처리하라는 법은 없습니다. 상황이 달라졌고, 우린 새로운 방법을 찾았습니다." 이것은 중요한 깨달음이다. 직무는 개선될 수 있다. 오늘날 사람들은 근무 환경과 맺는 관계를 개선해 직무 적합성을 높일 기회를 찾고 있다.

글을 마무리하며

노동의 세계에서 생산성 못지않게 중요하게 다뤄야 하는 문제가 있다. 인간의 자아실현이다. 직장에서 임금을 주는 것에 더해 노동자들이 가치 있는 삶을 영위하도록 지원하고 만족감과 행복을 누릴 기회를 제공하면 어떨까? 영업 이익에만 주의를 기울일 게 아니라 노동자에게도 세심하게 주의를 기울이면 어떨까? 미국의 건국 이념을 담은 독립선언문에는 창조주가 모든 인간에게 부여한, 누구도 빼앗을 수 없는 세 가지 권리가 적혀 있다. 바로 생명권, 자유권, 행복 추구권이다. 그리고 이 천부인권을 지키는 것이 정부가 할 일이다. 우리가 이 천부인권 사상을 다시 새기면서 더 나은 노동 환경을 구축한다면 어떨까?

지금은 새로운 노동 모델을 개발하기에 더없이 좋은 때다. 번아웃 위험성을 경고하는 목소리가 그 어느 때보다 크고, 노동자들은 코로나19 팬데믹으로 심각한 타격을 입었다. 이 같은 위기에서 근무 환경을 개선하자고 요청하면 언뜻 이해가 되지 않고 다소 정신 나간 제안처럼 들릴지도 모른다. 이처럼 위험한 시기에는 잘 아는 것들을 고수해야 한다고 주장하고 싶을지도 모른다. 하지만 이미 많은 문제가 발생했고 많은 변화가 일어났다는 사실을 고려한다면 우리 모두 고정관념에서 벗어나 새로운 절차와 대안을 모색하고 실험할 기회가 온 것이다.

요컨대 번아웃은 나약한 개인의 문제가 아니라 사회 현상이다. '내 문제'가 아니라 '우리 문제'라는 관점에서 조직 내 대인 관계와 직무 문제에 초점을 맞춘 해결 방안을 마련해야 한다. 따라서 모든 구성원이 참여해 정보를 공유하면서 공동의 문제를 해결해야 한다. 코로나19에 대응하는 차원에서 사회적 거리 두기를 실천했지만, 지금은 심리적 거리를 좁히고 마음을 모아 공동의 목표를 향해 협력할 때다. 우리가 나아갈 곳은 모든 사람이 일터와 가정에서 더 건강하고 행복하게 사는 삶이다. 우리가 할 일은 직급에 상관없이 모든 구성원이 일터에서 더 나은 성과를 내도록 좋은 근무 환경을 설계하는 것이다. 노동자가 근무 환경과 맺는 관계에 문제가 없을 때 노동자는 성장하고 조직은 번창한다. 모두가 승자가 되는 길이다.

부록

직무 적합성 진단표

지시 사항

여섯 가지 영역에서 현재 직무가 기호, 업무 패턴 그리고 자신이 직장에 거는 기대와 일치하는가?

- 해당 영역에서 특별한 문제가 없으면 '양호'에 표시한다.
- 해당 영역에서 조직이 요구한 방식과 자신이 선호하는 방식에 차이가 있으면 '불일치'에 표시한다.
- 해당 특성이 자신의 이상과 크게 어긋나면 '심각한 불일치'에 표시한다.

업무 부담

평가	양호	불일치	심각한 불일치	점수
	0	1	2	점수
개인 시간을 업무에 뺏긴다.				
새로운 업무를 자주 할당받는다.				
예기치 못한 사건이 자주 발생한다.				
타인이 업무 흐름을 자주 끊는다.				
처리할 문자메시지와 이메일이 많다.				
업무 부담 총합				

통제감

평가	양호	불일치	심각한 불일치	점수
	0	1	2	점수
협업에 참여하는 정도				
의사결정 과정에 참여하는 정도				
내게 주어진 권한과 책임이 균형을 이룬다.				
전문가로서 내 판단이 존중받는다.				
과제를 주도할 기회가 주어진다.				
통제감 총합				

보상

평가	양호	불일치	심각한 불일치	점수
	0	1	2	
임금과 복지 혜택 수준				
상사와 동료들에게 받는 인정				
마음에 드는 업무를 수행할 기회				
승진 가능성				
업무 몰입 빈도				
보상 총합				

소속감

평가	양호	불일치	심각한 불일치	점수
	0	1	2	
직장에서 느끼는 심리적 안전감				
동료를 향한 신뢰감				
조직 내에서 경험하는 상호 존중				
사무실에서 동료들과 함께 일하는 시간				
화상회의를 이용하는 빈도				
소속감 총합				

공정성

평가	양호	불일치	심각한 불일치	점수
	0	1	2	
경영진의 의사결정이 공정하다.				
부서나 팀에 충분한 자원이 배정된다.				
인사과에 고충 처리 절차가 있다.				
직장예절을 준수하는 조직 문화다.				
다양성을 존중하는 조직 문화다.				
공정성 총합				

가치관

평가	양호	불일치	심각한 불일치	점수
	0	1	2	
기업이 추구하는 가치가 타당하다.				
기업의 핵심 가치에 동의한다.				
경영진이 기업 사명에 헌신한다.				
내 직무가 내 가치관에 부합한다.				
소속 기업이 환경에 미치는 영향을 고려한다.				
가치관 총합				

감사의
글

우리가 처음 번아웃 책을 집필한 지 25년이 지났다. 당시에 우리는 북미 대륙 양편에 떨어져서 전자우편이라는 신기술을 이용해 수정 원고를 주고받았다. 이 책도 그 과정을 되풀이했지만, 이번에는 코로나 위기 동안 집에 틀어박혀 지냈다. 믿기지 않을 만큼 큰 파급력을 지닌 코로나는 노동의 세계를 바꿔놓았으며 2023년에 종식되었다. 이 책을 통해 번아웃이 무엇이고, 왜 발생하고, 어떻게 대처할 수 있는지를 분명히 이해함으로써 더 나은 미래로 안내할 귀중한 지식을 조금이라도 얻게 되기를 바란다.

무엇보다 매슬랙 번아웃 척도 덕분에 번아웃의 특성을 계속해서 발견할 수 있었다. 이 도구를 개발해 40년이 넘게 이용하는 데 도움을 준 해리슨 고Harrison Gough, 수전 E. 잭슨Susan E. Jackson, 롭 모스트Robb Most에게 특히 감사하다. 우리 책을 좀 더 보기 좋게 꾸미고자 시각적 이미지를 디자인해준 파올라 코다Paola Coda에게 감사하다. 이 책을 집필하도록 권유하고 이어서 좋은 의견을 제공하며 출판되도록 도운 재니스 오데Janice Audet에게 감사하다.

주석

서문

1　J. Rothwell and S. Crabtree, "Not Just a Job: New Evidence on the Quality of Work in the United States," Gallup, October 20, 2019, https://www.gallup.com/education/267650/great-jobs-lumina-gates-omidyar-gallup-quality-download-report-2019.aspx.

2　Gallup, *State of the Global Workplace* (New York: Gallup Press, 2021).

3　A. Bryson and G. MacKerron, "Are You Happy While You Work?" *Economic Journal* 127, no. 599 (2017): 106-125.

4　H. Selye, *The Stress of Life* (New York: McGraw-Hill,1956).

5　G. Greene, *A Burnt-Out Case* (London: Heinemann, 1961).

6　C. Maslach, "Burned-out," *Human Behavior* 9, no. 5 (1976): 16-22; C. Maslach, Burnout: *The Cost of Caring* (Englewood Cliffs, NJ: Prentice-Hall, 1982).

7　C. Maslach and M. P. Leiter, *The Truth about Burnout* (San Francisco: Jossey-Bass, 1997).

8　"Burnout an 'Occupational Phenomenon': International Classification of Diseases," World Health Organization, May 28, 2019, https://www.who.int/news/item/28-05-2019-burn-out-an-occupational-phenomenon-international-classification-of-diseases.

9　J. Pfeffer, *Dying for a Paycheck: How Modern Management Harms Employee Health and Company Performance—and What We Can Do about It* (New York: HarperCollins, 2018).

1장 번아웃 숍 노동자

1   Rachel Feintzeig, "Feeling Burned Out at Work? Join the Club," *Wall Street Journal*, February 28, 2017.

2   A. Spurgeon, J. M. Harrington, and C. L. Cooper, "Health and Safety Problems Associated with Long Working Hours: A Review of the Current Position," *Occupational and Environmental Medicine* 54, no. 6 (1997): 367-375.

3   N. K. Semmer, F. Tschan, L. L. Meier, S. Facchin, and N. Jacobshagen, "Illegitimate Tasks and Counterproductive Work Behavior," *Applied Psychology* 59, no. 1 (2010): 70-96.

4   T. Henderson, "In Most States, a Spike in 'Super Commuters,'" Stateline, Pew Charitable Trusts, June 5, 2017, https://www.pewtrusts.org/en/research-and-analysis/blogs/stateline/2017/06/05/in-most-states-a-spike-in-super-commuters.

5   C. Maslach and S. E. Jackson, "Lawyer Burn-out," *Barrister* 5, no. 2 (1978): 8.

6   Quote in "Burnout: Bertram Gawronski's Perspective," in L. M. Jaremka, J. M. Ackerman, B. Gawronski, et al., "Common Academic Experiences No One Talks About: Repeated Rejection, Imposter Syndrome, and Burnout," *Perspectives on Psychological Science* 15, no. 3 (2020): 519-543, 534.

7   T. Sharot, "What Motivates Employees More: Rewards or Punishments?" *Harvard Business Review*, September 26, 2017.

8   C. Purpora, M. A. Blegen, and N. A. Stotts, "Horizontal Violence among Hospital Staff Nurses Related to Oppressed Self or Oppressed Group," *Journal of Professional Nursing* 28, no. 5 (2012): 306-314.

9 M. E. Gomes, "The Rewards and Stresses of Social Change: A Qualitative Study of Peace Activists," *Journal of Humanistic Psychology* 32 (1992): 138-146.

10 C. Maslach and M. E. Gomes, "Overcoming Burnout," in *Working for Peace: A Handbook of Practical Psychology and Other Tools*, ed. R. M. Mc-Nair, 43-49 (Atascadero CA: Impact, 2006), 44.

11 Cheryl Biswas and Joshua Corman, interview by Matt Stephenson, "Hacking Our Way from Vicious-to-VirtuousCycle," ThreatVector blog, Black-Berry, February 28, 2020, https://threatvector.cylance.com/enus/home/video-cheryl-biswas-and-joshua-corman-hacking-our-way-from-vicious-to-virtuous -cycle.html.

12 J. A. Hollands, *Red Ink Behaviors* (Mountain View, CA: Blake / Madsen, 1997)

13 C. Goldin and C. Rouse, "Orchestrating Impartiality: The Impact of 'Blind' Auditions on Female Musicians," NBER Working Paper no. 5903, National Bureau of Economic Research, Cambridge MA, January 1997.

14 C. Goldin, "A Grand Gender Convergence: Its Last Chapter," American Economic Review 104, no. 4 (2014): 1091-1119.

15 Case study cited in M. Sacks, "Physician, Heal Thyself," Stanford Magazine, Stanford Alumni Association (May 2018): 28-29.

16 R. A. Karasek and T. Theorell, Healthy Work: Stress, Productivity and the Reconstruction of Working Life (New York: Basic Books, 1990).

17 C. Maslach, Burnout: *The Cost of Caring* (Englewood Cliffs, NJ: Prentice-Hall, 1982).

18 A. B. Bakker, P. M. LeBlanc, and W. B. Schaufeli, "Burnout Contagion among Intensive Care Nurses," Journal of Advanced Nursing 51 (2005): 276-287.

19 A. Jameton, "Dilemmas of Moral Distress: Moral Responsibility and Nursing Practice," *AWHONNS Clinical Issues in Perinatal and Women's Health Nursing* 4, no. 4 (1993): 542-551.

20   A. Montgomery, "Covid-19 and the Problem of Employee Silence in Healthcare," BMJ Opinion blog, June 23, 2020, https://blogs.bmj.com/bmj/2020/06/23/covid-19-and-the-problem-of-employee-silence-in-healthcare/?utmcampaign=shareaholic&utm_medium=twitter&utm_source=socialnetwork.

2장 위험 경고를 울리는 카나리아

1   Quoted in C. Maslach, Burnout: *The Cost of Caring* (Englewood Cliffs, NJ: Prentice-Hall, 1982), 8.

2   C. Maslach and S. E. Jackson, "The Measurement of Experienced Burnout," *Journal of Occupational Behavior* 2 (1981): 99-113. MBI는 심리 테스트 서적을 출판하는 Mind Garden에서 발행하는 저작권이 있는 도구다. C. Maslach, S. E. Jackson, M. P. Leiter, W. B. Schaufeli, and R. L. Schwab, Maslach Burnout Inventory Manual, 4th ed. (Menlo Park, CA: Mind Garden, 2017). MBI의 개발과 사용법에 관한 정보는 MBI 사용 설명서에 포함되어 있다.

3   C. Maslach and S. E. Jackson, MBI: Human Services Survey (Menlo Park, CA: Mind Garden, 1981).

4   John Willis, "Karōjisatsu: Death from Overwork," *IT Revolution Blog*, February 27, 2015, https://itrevolution.com/karojisatsu/.

5   P. F. Hewlin, "And the Award Goes To . . . : Facades of Conformity in Organizational Settings," *Academy of Management Review* 28, no. 4 (2003): 633-642.

6   A. R. Hochschild, The Managed Heart: *Commercialization of Human Feeling* (Berkeley: University of California Press, 1983).

7   "Burnout an 'Occupational Phenomenon': International Classification of Diseases," World Health Organization, May 28, 2019, https:// www.who.int/news/item/28-05-2019-burn-out-an-occupational-phenomenon-

international-classification-of-diseases.

8   A. Frances, letter, *New Yorker*, June 14, 2021, 5.

9   American Psychological Association, "Building Your Resilience," APA Psychology Topics, January 1, 2012, updated February 1, 2020, https://www.apa.org/topics/resilience;I. T. Robertson, C. L. Cooper, M. Sarkar, and T. Curran, "Resilience Training in the Workplace from 2003 to 2014: A Systematic Review," *Journal of Occupational and Organizational Psychology* 88, no. 3 (2015): 533-562.

10   M. P. Leiter and C. Maslach, "Interventions to Prevent and Alleviate Burnout," in *Burnout at Work: A Psychological Perspective*, ed. M. P. Leiter, A. B. Bakker, and C. Maslach, 145-167 (New York: Psychology Press, 2014).

11   M. P. Leiter and C. Maslach, "Latent Burnout Profiles: A New Approach to Understanding the Burnout Experience," *Burnout Research* 3 (2016): 89-100.

12   M. P. Leiter and C. Maslach, *Areas of Worklife Scale Manual*, 5th ed. (Menlo Park, CA: Mind Garden, 2011); Maslach, Jackson, Leiter, Schaufeli, and Schwab, Maslach Burnout Inventory Manual.

13   W. Schaufeli and A. Bakker, "UWES Utrecht Work Engagement Scale," Preliminary Manual, Version 1, November 2003, Occupational Health Psychology Unit, Utrecht University.

14   J. K. Harter, T. L. Hayes, and F. L. Schmidt, "Meta-analytic Predictive Validity of Gallup Selection Research Instruments (SRI)," technical report, Gallup Organization, Omaha, NE, January 2004.

15   C. Maslach and M. P. Leiter, "Burnout: What It Is and How to Measure It," in *HBR Guide to Beating Burnout*, 211-221 (Boston: Harvard Business Review Press, 2020).

16   Leiter and Maslach, "Latent Burnout Profiles."

1   W. E. Deming, *The New Economics for Industry, Government, and Education* (Cambridge, MA: MIT Center for Advanced Engineering Study, 1993).

2   C. Maslach and C. G. Banks, "Psychological Connections with Work," in *The Routledge Companion to Wellbeing at Work*, ed. C. L. Cooper and M. P. Leiter, 37-54 (New York: Routledge, 2017).

3   R. M. Ryan and E. L. Deci, *Self-Determination Theory: Basic Psychological Needs in Motivation, Development, and Wellness* (New York: Guilford Press, 2017).

4   L. Ross and R. E. Nisbett, *The Person and the Situation* (New York: McGraw-Hill, 1991).

5   C. Maslach and S. E. Jackson, "Patterns of Burnout among a National Sample of Public Contact Workers," *Journal of Health and Human Resources Administration* 7, no. 2 (1984): 189-212.

6   C. G. Banks, "Collection of Critical Incidents: Identifying Organizational Features That Promote or Diminish Employee Health, Well-Being, and Productivity in Organizations," research tool, Interdisciplinary Center for Healthy Workplaces, University of California, Berkeley; L. D. Butterfield, W. A. Borgen, N. E. Amundson, and A. T. Maglio, "Fifty Years of the Critical Incident Technique: 1954-2004 and Beyond," *Qualitative Research* 5, no. 4 (2005): 475-497.

7   E. Seppälä, *The Happiness Track: How to Apply the Science of Happiness to Accelerate Your Success* (New York: HarperCollins, 2016).

4장   업무 부담

1   B. S. Asgari, P. Pickar, and V. Garay, "Karoshi and Karo-jisatsu in Japan:

Causes, Statistics and Prevention Mechanisms," *Asia Pacific Business and Economics Perspectives* 4, no. 2 (2016): 49-72.

2   C. Weller, "Japan Is Facing a 'Death by Overwork' Problem—Here's What It's All About," *BusinessInsider*, October 18, 2017.

3   H. Hwang, W. M. Hur, and Y. Shin, "Emotional Exhaustion among the South Korean Workforce before and after COVID-19," *Psychology and Psychotherapy: Theory, Research and Practice* 94, no. 2 (2021): 371-381.

4   M. Drillinger, "The Tired Generation: 4 Reasons Millennials Are Always Exhausted," Healthline, March 29, 2020, https://www.healthline.com/health/millennials-exhausted-all-the-time.

5   Eight Hour Day Monument, Russell and Victoria Streets, Melbourne, https://citycollection.melbourne.vic.gov.au/eight-hour-day-memorial/.

6   C. Maslach, Burnout: *The Cost of Caring* (Englewood Cliffs, NJ: Prentice-Hall, 1982), 110.

7   J. O'Connell, "Burnout Left Me on the Floor, Unable to Move," *Irish Times Magazine*, September 16, 2017, 12.

8   H. Davidson, " 'Touching Fish' Craze Sees China's Youth Find Ways to Laze amid '996' Work Culture," *Guardian*, January 22, 2021.

9   P. F. DeChant, A. Acs, K. B. Rhee, T. S. Boulanger, J. L. Snowdon, M. A. Tutty, C. A. Sinsky, and K. J. T. Craig, "Effect of Organization-Directed Workplace Interventions on Physician Burnout: A Systematic Review," *Mayo Clinic Proceedings: Innovations, Quality and Outcomes* 3, no. 4 (2019): 384-408.

10   Medscape, " 'Death by 1000 Cuts': Medscape National Physician Burnout and Suicide Report," 2021.

11   M. Valcour, "Beating Burnout," *Harvard Business Review* 94, no. 11 (2016): 98-101.

12   Maslach, *Burnout*.

13   S. Sonnentag and C. Fritz, "The Recovery Experience Questionnaire:

Development and Validation of a Measure for Assessing Recuperation and Unwinding from Work," *Journal of Occupational Health Psychology* 12, no. 3(2007): 204-221.

14   T. Shlain, *24 / 6: The Power of Unplugging One Day a Week* (New York: Simon and Schuster, 2019), xii.

15   O'Connell, "Burnout Left Me on the Floor."

5장 통제감

1   D. McGregor, *The Human Side of Enterprise* (New York: McGraw-Hill, 1960).

2   Price Waterhouse Cooper, "It's Time to Reimagine Where and How Work Will Get Done," PwC's US Remote Work Survey, January 12, 2021, https://www.pwc.com/us/en/library/covid-19/us-remote-work-survey.html.

3   C. Merrill, "As a CEO, I Worry about the Erosion of Office Culture with More Remote Work," *Washington Post*, May 6, 2021.

4   일례로 Andrew Beaujon의 트윗을 참고하라. @abeaujon, May 7, 2021.

5   C. Brown and T. Wond, "Building Career Mobility: A Critical Exploration of Career Capital," *Journal of the National Institute for Career Education and Counselling* 41, no. 1 (2018): 56-63.

6   J. McWhinney, "The Demise of the Defined-Benefit Plan," Investopedia, updated November 28, 2021, https://www.investopedia.com/articles/retirement/06/demiseofdbplan.asp.

6장 보상

1   J. Siegrist, "Adverse Health Effects of High-Effort/Low-Reward Conditions,"

Journal of Occupational Health Psychology 1, no. 1 (1996): 27-41; K. Hyvönen, T. Feldt, K. Salmela-Aro, U. Kinnunen, and A. Mäkikangas, "Young Managers' Drive to Thrive: A Personal Work Goal Approach to Burnout and Work Engagement," Journal of Vocational Behavior 75, no. 2 (2009): 183-196.

2   D. B. Morris and E. L. Usher, "Developing Teaching Self-Efficacy in Research Institutions: A Study of Award-Winning Professors," *Contemporary Educational Psychology* 36, no. 3 (2011): 232-245.

3   C. Newport, *Deep Work: Rules for Focused Success in a Distracted World* (New York: Grand Central, 2016).

7장 소속감

1   L. M. Andersson and C. M. Pearson, "Tit for Tat? The Spiraling Effect of Incivility in the Workplace," *Academy of Management Review* 24, no. 3 (1999): 452-471, 454.

2   E. H. Schein, "Organizational Culture," *American Psychologist* 45, no. 2(1990): 109-119.

3   W. Hernandez, A. Luthanen, D. Ramsel, and K. Osatuke, "The Mediating Relationship of Self-Awareness on Supervisor Burnout and Workgroup Civility and Psychological Safety: A Multilevel Path Analysis," *Burnout Research* 2, no. 1 (2015): 36-49.

4   M. R. Tuckey, A. B. Bakker, and M. F. Dollard, "Empowering Leaders Optimize Working Conditions for Engagement: A Multilevel Study," *Journal of Occupational Health Psychology* 17, no. 1 (2012): 15-27.

5   C. L. Chullen, "How Does Supervisor Burnout Affect Leader-Member Exchange? A Dyadic Perspective," *International Business and Economics Research Journal* 13, no. 5 (2014): 1113-1126.

6   M. P. Leiter, "Assessment of Workplace Social Encounters: Social Profiles,

Burnout, and Engagement," *International Journal of Environmental Research and Public Health* 18, no. 7 (2021), 3533.

7   M. P. Leiter, H. K. S. Laschinger, A. Day, and D. Gilin-Oore, "The Impact of Civility Interventions on Employee Social Behavior, Distress, and Attitudes," *Journal of Applied Psychology* 96, no. 6 (2011): 1258-1274.

8   M. P. Leiter, A. Day, D. Gilin-Oore, and H. K. S. Laschinger, "Getting Better and Staying Better: Assessing Civility, Incivility, Distress and Job Attitudes One Year after a Civility Intervention," *Journal of Occupational Health Psychology* 17, no. 4 (2012): 425-434.

9   M. van Dijke, D. De Cremer, D. M. Mayer, and N. Van Quaquebeke, "When Does Procedural Fairness Promote Organizational Citizenship Behavior? Integrating Empowering Leadership Types in Relational Justice Models," *Organizational Behavior and Human Decision Processes* 117, no. 2 (2012): 235-248.

8장 공정성

1   M. P. Leiter, H. K. S. Laschinger, A. Day, and D. Gilin-Oore, "The Impact of Civility Interventions on Employee Social Behavior, Distress, and Attitudes," *Journal of Applied Psychology* 96, no. 6 (2011): 1258-1274.

2   C. Maslach and M. P. Leiter, "Early Predictors of Job Burnout and Engagement," *Journal of Applied Psychology* 93, no. 3 (2008): 498-512.

3   A. Montgomery, E. Panagopoulou, A. Esmail, T. Richards, and C. Maslach, "Burnout in Healthcare: The Case for Organizational Change," *BMJ* 366 (2019):l4774 (1-5).

9장 가치관

1   B. Allyn, "Google Workers Speak Out about Why They Formed a Union: 'To Protect Ourselves,'" *Morning Edition*, NPR, January 8, 2021, https://www.npr.org/2021/01/08/954710407/at-google-hundreds-of-workers-formed-a-labor-union-why-to-protect-ourselves.

2   C. Maslach and M. P. Leiter, *The Truth about Burnout* (San Francisco: Jossey-Bass, 1997).

3   A. M. Carton, "'I'm Not Mopping the Floors, I'm Putting a Man on the Moon': How NASA Leaders Enhanced the Meaningfulness of Work by Changing the Meaning of Work," *Administrative Science Quarterly* 63, no. 2 (2018): 323-369.

4   G. P. Shultz, "Trust Is the Coin of the Realm," Hoover Institution, December 11, 2020, https://www.hoover.org/research/trust-coin-realm.

5   M. Valcour, "Beating Burnout," *Harvard Business Review* 94, no. 11 (2016): 98-101.

10장 직무 적합성 향상 방법 찾기

1   Maslach Burnout Toolkit (MBI and AWS): C. Maslach, S. E. Jackson, M. P. Leiter, W. B. Schaufeli, and R. L. Schwab, "Maslach Burnout Inventory," 2016; and M. P. Leiter and C. Maslach, "Areas of Worklife Survey," 2000, Mind Garden Press, https://www.mindgarden.com/184-maslach-burnout-toolkit.

2   M. P. Leiter and C. Maslach, *Banishing Burnout: Six Strategies for Improving Your Relationship with Work* (San Francisco: Jossey-Bass, 2005).

3   "99%가 보이지 않는(99% invisible)"이라는 표현을 사용한 사람은 Roman Mars로 팟캐스트(http://99percentinvisible.org/) 운영자다. "눈에 보이지

않는" 디자인에 관한 오래된 논의는 다음 참고. Don Norman, *The Design of Everyday Things: Revised and Expanded Edition* (New York: Basic Books, 2013).

4   S. Trzeciak, B. W. Roberts, and A. J. Mazzarelli, "Compassionomics: Hypothesis and Experimental Approach," *Medical Hypotheses* 107 (2017): 92-97.

11장 직무 적합성 개선 방안이 효과를 거두는 방법

1   M. Leiter, "SCORE (Strengthening a Culture of Respect and Engagement) Overview," WorkEngagement, January 8, 2020, https://mpleiter. com/2020/01/08/score-strengthening-a-culture-of-respect-and-engagement-overview/.

2   "Bullying and Harassment in the Health Sector," Victorian Auditor-General's Report, PP No. 148, Melbourne, Victoria, Australia, March 2016, https://www.audit.vic.gov.au/sites/default/files/20160323-Bullying. pdf. Quote on 12.

3   M. P. Leiter, *Social Encounters Scale Manual* (Menlo Park, CA: Mind Garden Press, 2019).

4   C. Maslach, S. E. Jackson, M. P. Leiter, W. B. Schaufeli, and R. L. Schwab, *Maslach Burnout Inventory Manual*, 4th ed. (Menlo Park, CA: Mind Garden, 2017).

12장 번아웃에 맞서다

1   "Will Workers Return to the Office?" *Economist*, June 6, 2021.

2   J. Useem, "The Psychological Benefits of Commuting to Work," *Atlantic* (July / August 2021).

3   M. P. Leiter, *Social Encounters Scale Manual* (Menlo Park, CA: Mind Garden Press, 2019).

4   "Seven Charts That Show Covid-19's Impact on Women's Employment," McKinsey and Company report, March 8, 2021, https://www.mckinsey.com/featured-insights/diversity-and-inclusion/seven-charts-that-show-covid-19s-impact-on-womens-employment.

번아웃 로그아웃

초판 1쇄 인쇄 2024년 12월 16일
초판 1쇄 발행 2024년 12월 26일

지은이 크리스티나 매슬랙, 마이클 P. 라이터
옮긴이 이주만
펴낸이 고영성

책임편집 김주연　　**디자인** 이화연　　**저작권** 주민숙

펴낸곳 ㈜상상스퀘어
출판등록 2021년 4월 29일 제2021-000079호
주소 경기도 성남시 분당구 성남대로 52, 그랜드프라자 604호
팩스 02-6499-3031
이메일 publication@sangsangsquare.com
홈페이지 www.sangsangsquare-books.com

ISBN 979-11-92389-79-0 03320